Quando DEUS FALOU COMIGO

David Paul Doyle

Quando DEUS FALOU COMIGO

Histórias extraordinárias
de pessoas comuns
que ouviram a voz de Deus

Traduzido por Lena Aranha

Thomas Nelson Brasil
Rio de Janeiro – 2010

Título original
When God spoke to me

Editor responsável	*Omar Souza*
Supervisão editorial	*Clarisse de Athayde Costa Cintra*
Produção editorial	*Fernanda Silveira*
Capa	*Douglas Lucas*
Tradução	*Lena Aranha*
Revisão	*Margarida Seltmann*
	Magda de Oliveira Carlos
Diagramação	*Julio Fado*

CIP-BRASIL. CATALOGAÇÃO NA FONTE
SINDICATO NACIONAL DOS EDITORES DE LIVROS, RJ

D784q

Doyle, David Paul
Quando Deus falou comigo: histórias extraordinárias de pessoas comuns que ouviram a voz de Deus / DavidPaul Doyle; tradução Lena Aranha. - Rio de Janeiro: Thomas Nelson Brasil, 2012. 2a ed.

Tradução de: When God spoke to me
Inclui índice
ISBN 978-85-7860-353-3

1. Vida espiritual. 2. Deus. 3. Experiência (Religião). I. Título.

10-3056.

CDD: 204.4
CDU: 2-4

Rua Nova Jerusalém, 345 – Bonsucesso
Rio de Janeiro – RJ – CEP 21042-325
Tel.: (21) 3882-8200 – Fax: (21) 3882-821

Agradecimentos

Gostaria de agradecer a todos que corajosamente submeteram seus relatos pessoais do ouvir a voz de Deus para este livro. A coragem, vulnerabilidade e disponibilidade para compartilhar essas experiências íntimas e transformadoras de vida é um tremendo presente para todos nós. Também quero agradecer a minha esposa, Candance, e a minha filha, Hannah, por sempre me apoiarem na busca de meus sonhos; a minha agente literária, Cathy Hemming, e a sua assistente, Rajul Punjabi, por acreditarem neste projeto e nunca desistirem dele; a minha editora, Anita Grimm, por sua generosidade, dedicação e habilidade, sem a qual este livro jamais poderia ter se tornado uma realidade.

Sumário

Introdução

Você já questionou se sua inspiração, percepção ou mudança rápida em sua experiência foi o resultado de receber a orientação ou comunicação divina? Já pensou em receber um sinal ou mensagem de Deus e só depois examinar a situação em retrospectiva? Como você pode saber se está ouvindo a voz de Deus ou não?

Quando Deus falou comigo é uma coleção de histórias inspiradoras de pessoas comuns que compartilham as muitas maneiras que Deus usa para falar com todos nós em nossa vida. Deus fala para todos. Tudo que é necessário para ouvir a voz do Senhor é o desejo e a disposição de fazer isso.

Ouvir a voz de Deus, conforme esses emocionantes relatos de pessoas do mundo todo demonstram, tem o poder de curar nossas feridas, reconstruir nossos relacionamentos, fornecer orientação e direção transformadoras de vida quando necessitamos e infundir em nós uma profunda experiência de paz, amor e consciência de nossa união com Deus.

Espero que esses relatos sinceros e emocionantes sobre ouvir a voz de Deus ajudem você a receber esses benefícios em sua própria vida, auxiliem você a reconhecer que já está ouvindo a voz de Deus, embora ainda nem perceba isso, e inspire você a receber orientação, cura e comunicação de Deus de maneiras novas e transformadoras de vida.

Obrigado por se juntar aos milhões de pessoas em todo o mundo que desejam experimentar a voz de Deus em sua vida. Que você possa se encontrar nessas histórias muitas e muitas vezes.

Com amor e gratidão,

David Paul Doyle
Ashland, Oregon
Junho, 2009

Ela é minha

ESTAVA APAVORADA — CLAMANDO A ELE de todo meu coração. Não podia acreditar que Deus estava falando comigo, não conseguia acreditar que ele diria isso... perguntaria aquilo. Não naquele exato momento.

Cresci em uma família não religiosa, ou não espiritual, se preferir. Não líamos a Bíblia nem íamos à igreja, exceto na Páscoa. Comecei a falar com Deus quando tinha treze anos, na época em que descobri que meus pais não eram meus pais biológicos. Não fazia a menor diferença o fato de nunca ter ouvido uma resposta dele. Ele era meu "amigo imaginário".

Casei-me aos 26 anos, e nossa única filha nasceu dezoito meses depois do casamento. Ela foi hospitalizada duas vezes nos primeiros noventa dias de vida com formas distintas de pneumonia viral. Enfrentamos problemas financeiros. Tinha dois empregos, e meu marido começou a dirigir seu próprio negócio de forma que pudesse passar mais tempo com nossa filha durante o dia a fim de prevenir outro episódio de pneumonia viral. Seu novo negócio produzia entrada de dinheiro, mas usava toda essa quantia para continuar funcionando. Não tínhamos seguro-saúde e nenhuma forma de obter um para uma criança que já fora hospitalizada muito cedo em sua vida.

Oito meses depois de seu nascimento, fiquei incapacitada de trabalhar por vários meses por causa dos ferimentos sofridos em um acidente de carro. Lembro-me de pensar, meu Deus, o que mais terei de enfrentar? Por que o Senhor está me castigando? O estresse era insuportável. Os tempos eram extremamente difíceis, e estávamos perto do colapso financeiro. Senti-me, pela primeira vez, inútil, e a depressão passou a ser uma realidade para mim.

Um domingo à tarde, nossa filha ficou repentinamente muito doente. Em quinze minutos, ela passou de uma criança ativa de dois anos que brincava com seus brinquedos para uma forma sem vida prostrada no chão de nossa sala, e todos os alimentos que lhe dávamos, ela não aceitava. A temperatura era de 39° e ainda estava subindo. Minha mãe que morava na casa bem atrás da minha me disse para levá-la para lá. Demos um banho com água tépida e esfregamos o corpo da menina com álcool para reduzir sua febre, mas a febre continuava a subir. Demos um antitérmico, mas minha filha não conseguia aceitar nada em seu estômago. Deixamos muitas mensagens para seu pediatra, mas não obtivemos resposta.

Enquanto ela estava prostrada no chão da sala da casa da mamãe, lembrei-me repentinamente de uma senhora em meu trabalho que era evangélica pentecostal. Na igreja dela, as pessoas impunham as mãos sobre os doentes, e estes eram curados. Essa senhora nunca explicou como eles faziam isso; achei que valia a pena tentar. Chorando e orando, ajoelhei-me ao lado de minha filha, impus as mãos sobre as costas frágeis da menina e implorei que Deus a curasse. Prometi a Deus todos os tipos de coisas. Pedi perdão. Pedi até que a doença dela fosse transferida para mim. Minha mãe me observava com perplexidade.

O médico finalmente retornou minha chamada às 18h45, dizendo que pedira um remédio em uma farmácia perto de casa. Ela fechava às 19 horas e ficava, pelo menos, a quinze minutos de distância.

No caminho para a farmácia, passei por uma igreja cujos pastores pregavam na rua, em um barco que ficava ali, todos os domingos, e comecei a chorar histericamente. Temi que minha filhinha pudesse vir a ter algum comprometimento mental ou, até mesmo, morrer. Odiava a ideia de deixá-la para trás, mas tinha de comprar o remédio. Pedi mais uma vez a Deus para curar seu corpinho inocente, mas, dessa vez, estava berrando em meio às lágrimas e o muco escorrendo por minha face.

Foi nesse momento que ouvi uma voz de homem firme, mas amorosa. A altura dessa voz parecia tomar conta de todo o interior do meu carro, mas também parecia estar apenas em minha cabeça. Parei de respirar.

— Você a daria para mim? — perguntou a voz.

— O quê?! — berrei, enquanto respirava pela primeira vez em segundos, limpando meus olhos e nariz na manga de minha blusa e dando uma olhada para dentro do carro para ver se alguém tinha entrado ali.

A voz, mais uma vez, falou mais alto e, ainda assim, mais suave. Essa voz perguntou novamente:

— Você a daria para mim?

Minha mente dava círculos. Será que estava ficando louca? Essa era uma possibilidade real considerando o estresse que enfrentara nesses meses. Comecei a fazer uma série de "exames do sistema". Estou dirigindo? Estou. É de noitinha? É sim. Hoje é domingo? É sim. Cheguei até a beliscar meu braço para me certificar de que não estava sonhando nem tendo uma alucinação. Doeu! A voz esperou pacientemente para que eu processasse o que estava acontecendo.

— Você a dará para mim? — perguntou ele.

— Como pode me fazer essa pergunta? — berrei. — Você está tentando me dizer que já não há mais nada a fazer? Você já a levou e está me preparando para quando eu voltar para a casa de minha mãe e encontrar a minha filha morta, possa lidar com essa situação?

Fiquei com tanta raiva e com tanto medo que, na verdade, tive de parar no estacionamento de um mercadinho para decidir se devia voltar para casa ou não. Não podia parar de tremer. Se Deus estava levando minha filha, e eu voltasse para casa, poderia passar os últimos momentos neste mundo com ela em meus braços antes de ela retornar para o Senhor.

Enquanto esse pensamento terrível passava por minha mente, percebi que, na verdade, ela já era dele. Deus a "emprestara" para nós. Chorei tanto que cheguei a engasgar. À medida que compreendi essa realidade, sussurrei a resposta em meio às lágrimas.

— Sim, devolverei minha filha para o Senhor, se tiver de fazer isso.

Esse foi o único momento mais profundo de minha vida. Meu coração estava partido, e, ainda assim, eu me sentia aliviada porque o medo já não me envolvia. Não poderia perder o que não tinha. Essa foi a primeira vez desde o nascimento dela que percebi que minha filhinha não era minha, mas de seu Criador.

Como se ele estivesse ali ouvindo meus pensamentos, disse-me:

— Eu a criei. Soprei vida em seu corpinho. Ela é minha.

— Compreendo — respondi, soluçando. — Não quero perdê-la, Pai, mas eu a devolvo para o Senhor.

— Muito bem, serva boa e fiel — disse ele mansamente, com a voz mais amorosa que já ouvi.

Isso me surpreendeu mais que ouvir a voz. Como poderia ser uma serva boa e fiel quando nem mesmo ia à igreja regularmente?

A farmácia já estava fechada, e, em vinte minutos, estava de volta à casa de minha mãe. Subi as escadas, e uma paz indescritível e surreal tomava conta de mim. Sabia que abriria a porta e encontraria minha mãe abraçada no corpo sem vida de minha filha. Não sabia como poderia lidar com isso.

— Mama — disse minha filhinha, enquanto me recebia com boas-vindas à porta. — Estou todinha melhor agora.

Estava com um copo enorme de suco em uma mão e um picolé de cereja na outra, enquanto abraçava minha perna, mas logo deu meia-volta e, correndo, voltou a brincar. Era como se ela nunca estivesse doente. A febre cedera, e seu apetite estava voraz, como se nada tivesse acontecido.

Olhei para minha mãe que estava sentada também tomando um picolé.

— O que aconteceu com ela, mamãe? — perguntei.

— Não sei — respondeu. — A temperatura chegou a quarenta logo depois que você saiu e não conseguia fazer com que acordasse. Fiquei de pé para chamar uma ambulância e, quando voltei, ela estava sentada, pedindo alguma coisa para beber. Isso aconteceu cerca de vinte minutos atrás.

O que aprendi naquele dia me mudou para sempre. Deus é real. Nunca precisei saber o que ele falou comigo naquele momento. O que pensava que era meu, nunca o fora; ela é dele. E, para Deus, eu era "fiel" da forma que era.

Rita Carlson tem 45 anos e é nativa de Tampa. Ela explora seu lado criativo fazendo e vendendo joias. Ela e a filha fazem trabalho voluntário para os sem-teto e apoiam outras organizações sem fins lucrativos.

O metrô que salvou minha vida

Minha vida deu uma guinada e enveredou por um caminho um tanto tenebroso depois de completar oito anos. Fui diagnosticado com coreia de syndenham, popularmente conhecida como dança-de-são-vito. Acredita-se que a epilepsia que desenvolvi tenha resultado dessa condição. De qualquer forma, a epilepsia ainda não é compreendida por muitas pessoas até hoje, mas, quando era criança, essa doença fez com que sofresse muita vergonha e sentisse uma dor insuportável em minha vida. Não só as crianças da escola tornaram minha vida miserável por causa dos ataques epiléticos, mas, até mesmo, alguns adultos que deveriam me proteger davam as costas para mim.

Reagi a essa dor e humilhação com raiva. A raiva começou a governar minha vida à medida que crescia. A escola passou a ser apenas outro lugar público no qual experimentava a humilhação advinda da ignorância de todos e de uma aparente falta de compaixão, e eu era um garoto inútil para os professores e os colegas de classe. Qualquer figura de autoridade transformava-se no ponto focal de minha raiva, um desafio que penei para conquistar por meio da rebelião e da força. Até mesmo minha pobre mãe não conseguia lidar comigo.

Aos quatorze anos, já estava com os dois punhos cerrados contra a vida. Minha atitude era que todos em minha vida sempre estavam redondamente enganados. Eu era a única pessoa que sabia alguma coisa e já estava pronto para lutar contra o mundo para provar isso. Discutir continuamente com as autoridades e cabular com frequência as aulas eram atitudes que, por fim, levaram-me a uma instituição para a recuperação de garotos, a Branon Lake Institute.

Isso não ajudou em nada minha raiva fora de controle. Cumpri os quatro meses no instituto e saí de lá logo depois de fazer quinze anos, mas meus problemas continuaram. Algumas semanas depois de ser libertado, arrombei uma casa e roubei uma garrafa de uísque cheinha. Beber era provavelmente apenas outra forma de anestesiar minha dor e raiva implacáveis, mas não reconhecia isso naquela época. Só roubei a garrafa e bebi tudo até a última gota.

Naquele momento, teria de me apresentar para meu trabalho na farmácia e subi na bicicleta para começar minha viagem. Por mais que tentasse, a bicicleta não ficava de pé comigo em cima. Ao olhar para essa cena em retrospectiva, sei que cheguei para trabalhar trôpego, ainda bêbado por causa do uísque, e meu empregador me despediu assim que cheguei. Depois de empurrar minha bicicleta por alguns quarteirões, desmaiei nas ruas. E voltei para a instituição de recuperação de garotos — dessa vez por um ano inteiro.

A vida continuava tenebrosa e difícil. Em 1971, aos 23 anos, atravessei clandestinamente a fronteira do Canadá para a Filadélfia. O ponto de virada ocorreu depois das 7 horas da manhã no dia 10 de dezembro daquele ano depois que passei pela roleta e caminhava para pegar o metrô. Duas autoridades policiais inspecionavam a estação, mas não perceberam que eu começara a ter um pequeno ataque epilético. Esse tipo de ataque, em geral, não é percebido pelas outras pessoas, mas pode deixar a pessoa que sofre o ataque em um estado de confusão e perturbação.

Em minha confusão, aproximei-me da plataforma para olhar o metrô e, quando não vi nenhum metrô chegando, pulei no trilho e comecei a andar na direção sul. Os policiais deveriam ter levantado imediatamente a bandeira vermelha que serviria de alerta para o metrô parar e evitar o perigo nos trilhos. No entanto, eles não fizeram isso; andei mais de um quarteirão antes de ouvir uma buzina e ver uma luz branca vindo em minha direção. Em meu estado de perturbação, fiquei ali e cerrei os punhos, pronto para brigar. O metrô atingiu-me com força total, lançando-me nos trilhos, a cerca de cinquenta metros de distância. Todos os quatros vagões do metrô passaram por cima de mim. Uma das minhas mãos pousou sobre o trilho, e todos os quatro dedos foram praticamente decepados, mas eu não morri. Deus devia estar cuidando de mim, até mesmo naquele momento.

Acordei por poucos instantes, quatro horas mais tarde, deitado em uma maca no saguão do hospital. Meu corpo estava todo machucado e quebrado, e não havia nada mais que podia ser feito por mim ali. Não me lembro de ter sido transferido para outro hospital, mas jamais me esquecerei dos momentos seguintes de consciência.

Boiando. Estava flutuando perto do teto de uma sala de operações, olhando para baixo, vendo as enfermeiras e os médicos operando a coxa de alguém. Eles, de repente, pararam a operação e começaram uma série de tentativas para ressuscitar o corpo que estava deitado abaixo de mim, mas eu não estava mais ali. Não passava de um observador à distância. Minha mente ficou subjugada pela vista e lutei para compreender o que estava acontecendo. No instante seguinte, descobri que estava voando através da noite escura. As estrelas eram claras e brilhantes e não senti medo. Parei em frente de um túnel. Era redondo e escuro, com cerca de três metros de altura e dois metros e meio de largura, e estendia-se por um longo caminho. No fim, vi o que parecia ser uma lâmpada muito brilhante. A curiosidade levou-me a entrar no túnel e descobrir o que, afinal, era aquela lâmpada brilhante. À medida que atravessava o túnel, uma paz penetrante envolveu-me. Nesse momento, minha morte passou a ser algo claro para mim, mas isso já não tinha mais importância. Não sentia dor nesse túnel e, quanto mais perto chegava daquela lâmpada, mais feliz me sentia.

À medida que me aproximava da luz, ficou óbvio para mim que aquilo não era uma lâmpada. Andei na direção da luz até que fui envolvido pela gloriosa beleza que apaziguou o cerne de meu ser. Senti-me energizado, boiando com alegria, imerso em um bem-vindo brilho que enchia meu coração com grande amor e que me infundiu com o calor e a calma da Paz perfeita. Foi nesse momento que ouvi a voz.

Era voz de homem; calma, amorosa, tranquilizadora, mas forte. Parecia vir de todos os lugares — envolvendo-me da mesma forma que a luz o fizera. A voz falava palavras que *conseguia* ouvir e palavras que não conseguia, dizendo: "Volte. Ainda não estamos prontos para você."

Não! Não queria voltar! Estava feliz ali e queria ficar no lugar onde tinha mais do que jamais desejara em minha vida. Voltar para a dor, a raiva e a tenebrosidade que definiram minha existência era a última coisa que queria. No entanto, a escolha não era minha.

Três meses mais tarde, saí do estado de coma no mesmo hospital onde eu flutuara sobre meu corpo, confuso, preso entre dois mundos. Olhei para meu corpo, observei meu ser destroçado. Meu cotovelo direito ficou separado na articulação durante o impacto do trem e ainda estava engessado. Os dois ossos da parte inferior de minha perna direita sofreram fraturas múltiplas. Minha perna esquerda sofreu fraturas na coxa e na parte inferior, e os músculos da coxa foram retalhados. Parte do meu fêmur teve de ser cirurgicamente removido antes de ser posto no lugar, e as duas pernas estavam engessadas. Os médicos disseram que morri na mesa de operações e fiquei morto por cerca de cinco minutos antes que pudessem fazer meu coração voltar a bater. Foi um milagre, disseram eles, que tivesse sobrevivido depois de ser atropelado por um metrô.

Só um ano depois estava refeito a ponto de poder deixar o hospital, mas, nessa época, já não era o mesmo homem que entrara ali à beira da morte. O homem raivoso e rebelde que sempre estava pronto a brigar com o mundo morrera nos trilhos do metrô. O que me transformou não foram as palavras que Deus falou em meus ouvidos, mas as palavras subliminares que falou em meu coração — a mensagem de que eu ainda não acabara minha missão aqui na Terra. Não administrara minha vida muito bem antes de passar pela roleta que me levara à plataforma do metrô. Agora eu tinha uma segunda chance — um tempo que pedi emprestado para aprender as lições do amor.

A memória do túnel e a linda luz branca da Paz têm sido vívidas e as principais em minha mente desde que emergi do coma. Nos últimos 37 anos, tenho usado meu tempo na Terra para ajudar as pessoas, para pensar nas necessidades dos outros e para demonstrar compaixão tanto aos amigos quanto aos estranhos. Alguns anos atrás, quando era aquele jovem sempre raivoso, jamais imaginaria que Deus poderia transformar minha vida e me mostrar o caminho para libertar meu coração da autocomiseração e da raiva. Quase me matei a fim de permitir que Deus me despertasse e me apontasse uma nova direção. Agradeço a ele todos os dias.

Leonard Robertson nasceu e foi criado em Vancouver, British Columbia. Ele trabalhava no porto de Vancouver com rebocadores de navios até que um ataque epilético lhe custou seu emprego. Gosta de passar o tempo com seus dois filhos, toca piano, acordeão e órgão profissionalmente e, como membro do Clube do Urso Polar, dá um rápido mergulho no lago de Ontário, a zero graus, todo dia primeiro de janeiro.

O sussurro em meus sonhos

A VOZ DA MÉDICA ERA ROUCA. Suas palavras não tinham ressonância nem propósito.

— Encontro-me com você lá — disse ela. — Não deixe o Bill dirigir.

Quando desliguei o telefone, estava com a cabeça vazia, oca. Não me lembrava nem mesmo do sonho que acalentara todos os dias de todos esses meses. O sonho mexera comigo e me incitara a dançar todos os ritmos com ele, a revirar o carro e pôr a música "Mustang Sally" para tocar o mais alto possível. O sonho insistia que eu continuasse mais uns momentos com ele no penhasco para ver os pelicanos voarem em formação contra a ondulação do mar.

O sonho — seu sussurro vívido:

— Detesto fazer você passar por isso.

Minhas convicções:

— Tudo bem. Devo estar com você quando você morrer.

Todos os sinais agourentos estavam presentes — nuvens negras, vento sinistro, luz tremulante no horizonte. E em meio a tudo isso, um senso de privilégio; um importante e inexplicável senso do presente de estar ali naquele momento.

Não havia nada tão relevante naquele dia de dezembro quanto minha cabeça vazia, oca, e eu subia e descia no elevador do hospital. Queria estar em algum lugar em que não houvesse cadeira de plástico nem vozes sérias e práticas. Queria estar em qualquer outro lugar, menos ali.

Quando voltei ao seu quarto, Bill estava sentado à beira da cama usando aquela camisola boba, as pernas desnudas suspensas no ar. Ele estava irreconhecível sem sua gravata vermelha e seu casaco esportivo de pelo de camelo. Talvez fosse o marido de outra pessoa. Um estranho com algo crescendo em sua cabeça.

Ele dissera que tentara escrever cartas para as crianças. Dizendo-lhes o que elas já sabiam: do quanto ele as amava, de como se orgulhava delas e de como as perdoava por perder todo equipamento de acampamento que já tivéramos e pela plantação de maconha no telhado da garagem.

— Mas — disse ele — não consegui escrever. Não sei como me despedir.

Então, ele olhou-me e sussurrou:

— Detesto fazer você passar por isso.

E lembrei-me do sonho. A lembrança veio como uma chuva repentina que deixa o ar tão limpo que tudo parece recém-colhido, os cabos bem pontudos e afiados. Orei para ter a coragem de não desviar o olhar, a coragem para estar totalmente presente. Entendia o terror. O que queria entender era o dom.

— Tudo bem — eu disse —, espera-se que eu esteja com você quando morrer.

Essas foram as exatas palavras do meu sonho, e eu estava de pé sob a desagradável luz fluorescente dizendo-as de novo. Foi quando soube que fui amorosamente preparada para que pudesse entender que o tumor não era só um terrível acaso. Ele fazia parte de um quadro grande demais para ser visto. Um propósito grande demais. O que eu pensara que fora um pesadelo, fora a voz de Deus.

Os médicos faziam imagens do cérebro de Bill, enquanto ele lia silenciosamente as palavras projetadas no teto da sala de tomografia. Os médicos estavam mapeando seu centro de linguagem para a cirurgia.

Ele perguntou se eu consideraria em fazer o mesmo teste.

— Gostaria de dar uma olha em seu centro de linguagem. Especulo a respeito dele há trinta anos.

Alertei-o de que não era recomendado dar uma de sabichão durante procedimentos de alta tecnologia. Eu sabia como continuar a brincadeira. Era a pessoa certa para estar com ele. Fui a escolhida e sentia-me honrada. Estava totalmente presente. Conhecia-o.

Conhecia sua bondade. Naqueles longos dias finais, mesmo quando não tinha certeza de que ele pudesse me ouvir, recontava para ele a história da nossa vida. Lembrava-o que, com frequência, ele sentara-se ao meu lado e apontara as flores crescendo aos meus pés. Lembrei-me de uma tarde de sol no pátio ensombreado quando ele picou com a ponta dos dedos pedaços de torrada macia e deu-as para o bebê. Ele não tirou os olhos dela enquanto ela mastigava com os quatro dentes novos. Disse-lhe como me apaixonei por seus cílios naquele momento, havia algo neles naquela luz específica, uma orla escura para seus olhos cor de âmbar.

Tinha consciência deles de novo. Seus olhos estavam fechados. Eles estavam fechados há dias, seus cílios espessos, quietos sobre sua face. É isso que sempre verei quando pensar nele.

Minha lembrança tranquila dele é um presente. Mas meu maior presente é saber que sempre estarei onde devo estar, e que a voz de Deus não precisa lançar um relâmpago de uma nuvem; ela pode não passar de um sussurro em meus sonhos. Ela pode usar o canto de uma ave-marinha a fim de garantir que eu perceba o oceano quebrando contra a praia e que não perca o milagre de quando a água recua e revela a vida daquelas milhares de criaturas minúsculas que vivem escondidas na areia.

Janice Uebersetzig, recentemente, aposentou-se de uma atarefada prática do Direito. Ela, a fim de se certificar de que não deixara seu cérebro em uma daquelas caixas de arquivo guardadas sob sua escrivaninha, tem escrito, com sua filha, em sua maioria sobre um projeto de leitura para o currículo escolar.

A lição do anjo tatuado

A manhã de Natal em nossa casa era uma celebração de amor, bênçãos e família. Orávamos, abríamos presentes, desfrutávamos da companhia uns dos outros e saboreávamos um delicioso café da manhã. Tudo ia bem em nossa casa até meu filho de treze anos, geralmente bem-educado, começar a falar alto e ficar encolerizado. Ele ficou furioso. Esquecera-me de comprar diversos itens de que ele precisava para preparar seu famoso bolo e servir sua obra-prima no jantar de Natal. A raiva dele aumentou quando se lembrou de que todas as lojas estavam fechadas por causa do feriado.

Minha habilidade de lidar com crises foi logo posta à prova. Lembrei-me de que a rede local Walgreen nunca fechava. Entrei no carro pensando em correr rapidamente até a loja para pegar o que precisava e voltar para casa. Não sabia que Deus tinha uma profunda lição a minha espera.

Quando peguei o açúcar, os ovos e a manteiga, notei um jovem de dezesseis ou dezessete anos cujo corpo estava totalmente coberto por tatuagens e múltiplos *piercings*. Embora sua aparência tenha chamado minha atenção, o que estava mais evidente era o grau de dor e tristeza na face do jovem. Tinha a aparência de total desespero, profunda solidão e sofrimento desolador.

Meu coração encheu-se de compaixão pensando que aquele era o filho de alguém em estado do mais profundo desespero. Comecei a orar por ele, pedindo a Deus para rodeá-lo de conforto. Cada corredor por que passava, lá estava ele — não me seguindo, mas estava lá para eu observá-lo e continuar a orar por ele.

Conhecendo o poder da oração e confiando que Deus cuidaria desse adolescente, pensei que a experiência toda acabara. Paguei por minhas compras e saí da loja. Ao sair, confrontei-me mais uma vez com esse precioso filho de Deus. O jovem sentou-se em um banco com o rosto enterrado nas mãos. Seu duro exterior tatuado tremia com uma tristeza esmagadora. Cada lágrima mostrava sua profunda vulnerabilidade. Não pude mais ignorar a sua profunda angústia e comecei a sentir a dor desse jovem. Era manhã de Natal, quando a maioria das famílias está reunida, e esse jovem estava sozinho e em total desespero.

Em minha mente, pedi a Deus: por favor, mostre-me como levantar esse jovem. Preciso sentar-me com ele? Preciso chamar o serviço de saúde mental? Preciso levá-lo para casa comigo?

Então, como acontece muitas vezes, a voz baixa e calma falou para o meu coração — uma voz familiar, contudo muito diferente de meus pensamentos interiores. Enquanto o Criador falava para minha alma, estas palavras gentis e amorosas reverberavam por todo meu ser: "Compre um presente para ele. Mostre a ele que alguém o percebeu e se importa com o fato de ele estar aqui."

Corri de volta para a loja e comprei um pequeno presente para ele. Quando saí da loja, aproximei-me do jovem. Entreguei-lhe o presente e lhe desejei Feliz Natal. Ele parecia totalmente chocado. Comecei a falar, dizendo-lhe que notara como ele parecia triste e que queria fazer algo para alegrá-lo.

Enquanto ouvia, ele irrompeu em lágrimas. Em meio ao choro, ele repetia sem parar.

— Deus a abençoe! Obrigado! Você não imagina o quanto isso representa para mim.

— Você é bem-vindo — disse — e perguntei-lhe se precisava de mais alguma coisa e se ficaria bem. Em segundos, toda a presença dele mudou. Ele levantou a cabeça; seus olhos cheios de lágrimas começaram a brilhar e, pela primeira vez, vi seu belo sorriso. Ele disse que agora estaria bem. Despedi-me, desejando-lhe um Feliz Natal e que Deus o abençoasse.

Quando entrei em meu carro, as lágrimas inundaram minha face. Será que o simples ato de notar a dor de um adolescente podia mudar a vida dele? Um pequeno presente de reconhecimento do sofrimento de outro ser humano podia levantá-lo? Nunca saberei como esse encontro mudou a vida desse jovem. Tudo que sei é que minha vida nunca será a mesma. Esse jovem era um anjo e deu-me muitas lições profundas. Pude ver como minha família era abençoada por termos uns aos outros. Pude ver que afirmar a vida é algo que fazemos ao realizar atos intencionais de bondade. Finalmente, pude entender como todo adolescente precisa ser amado, notado, reconhecido e estar ligado com os outros.

Debbie Milam desfruta da beleza natural do sul da Flórida, onde vive com seu marido e dois filhos. Ela, ex-terapeuta ocupacional, agora doa seu tempo para organizações de caridade que ajudam famílias necessitadas.

A experiência do prisioneiro

Às vezes, em nossos momentos mais tenebrosos, Deus acende uma luz que muda toda a trajetória de como enxergamos o mundo. Minhas horas mais sombrias aconteceram enquanto cumpria uma sentença de dez anos de prisão, quando cometi o erro potencialmente fatal de me envolver em uma tempestuosa confrontação verbal com outro condenado. Ele era líder de uma das maiores e mais perigosas gangues de rua da região de Chicago e tinha tanto poder na prisão quanto nas ruas.

Não me lembro bem sobre o que foi a discussão, mas fora sério o bastante para o líder da gangue dar ordem de que na manhã seguinte eu fosse morto. Não havia como escapar desse destino. Naquela noite, sozinho na minha cela, andava nervosamente e fumava o último dos meus cigarros. Vivenciei os momentos mais tenebrosos de medo e temor desta vida. Visões de uma horrível luta física seguida de minha inevitável morte enchiam meu pensamento. Uma importante confrontação que ameaçava a vida estava para explodir, e estava com medo — mais medo do que jamais tivera antes.

Pela primeira vez em muitos anos, voltei-me para Deus. Ajoelhei-me no chão de concreto da cela e orei. Há muito tempo tinha desistido dessa coisa de Deus. Para mim, ele transformara-se em nada além de um conto de fadas — algo em que apenas o ingênuo acreditava. Até aquele momento, Deus fora esquecido a não ser pelos momentos em que ele era o principal culpado por todas minhas dores e circunstâncias.

Orei por horas, suplicando, implorando, prometendo, pedindo para que Deus me desse uma saída. Logo tive a ideia de escrever um pedido de ajuda e entregar para o próximo guarda que passasse pela minha cela. No pedido, descrevi minha situação e o perigo iminente.

Após muitas horas ajoelhado no chão da minha cela, minha oração foi respondida. Entregara o pedido para um guarda que voltou muito depois, logo antes do alvorecer e me levou embora. Naquela mesma manhã, fui transferido daquela prisão de segurança máxima para outra prisão de segurança mínima a quilômetros de distância.

No momento em que cheguei ao novo ambiente e ouvi a porta da minha cela ser trancada atrás de mim, ajoelhei-me e agradeci a Deus pelo que considerava intervenção divina. Agradeci a ele por muito tempo, permanecendo ajoelhado em oração de gratidão, convencido, sem a menor sombra de dúvida, de que meu resgate fora Deus respondendo ao meu pedido de ajuda. Depois de horas de oração de gratidão, estava cansado de ficar ajoelhado. Deitei em minha nova cama, e, no instante em que minha cabeça tocou no travesseiro, aconteceu. Uma sensação vibrante de reconfortante leveza, gentil, mas poderosa, apossou-se de meu corpo. Essa sensação tomou conta de meu corpo e parecia levar-me para longe. Sons de música encheram meu ser — os sons graduais da escala musical. Ouvia três notas em tudo — do, ré, mi... Todos os instrumentos de todas as bandas e orquestras de todo o mundo e do céu enchiam a minúscula cela em perfeita harmonia.

Então, algo mais começou a acontecer. Senti uma expansão. Aos poucos, tive consciência de uma nova e distinta conexão com tudo a minha volta. Sentia como se uma vida nova tivesse sido soprada nas paredes daquela cela, no ar, no chão, no teto e na árvore do lado de fora de minha janela com grade. Ouvia o farfalhar de cada folha da árvore; sentia o calor da luz solar e sentia o aroma da grama de uma nova forma, como se sentisse tudo pela primeira vez. Estava me tornando o chão, o teto e as paredes da minha cela. Sentia-me como o ar, as árvores e a grama do lado de fora da janela, com o farfalhar das folhas e a luz do sol.

Queria continuar a ter essa experiência, mas com a mesma rapidez com que o poder começou a fluir, ele apaziguou-se e, muito mansamente, fez com que minha consciência de meu corpo retornasse. Estava embasbacado. Que sentimento estranho era esse? Embora ele parecesse estranhamente familiar e reconfortante, parecia algo como ficção científica ou religião. A religião nunca despertara meu interesse. Na verdade, até aquela perigosa noite anterior, quando implorei por ajuda e orei pela primeira vez em anos, desistira havia muito tempo de qualquer crença em assuntos espirituais ou em Deus. Tinha de ser algo muito maior que tudo isso — maior que qualquer coisa que tivessem me ensinado ou contado.

Estava convencido de que o sentimento que acabara de vivenciar tinha *algo* que ver com negócio de Deus ou talvez houvesse alguma explicação científica, mas sem conhecimento nem referência de qualquer tipo só podia especular com reverência e maravilhamento. Mas algo a mais ficara comigo. Havia a incontestável convicção de que Deus tomara conhecimento de minhas orações; ele respondera ao meu clamor com um vislumbre de uma experiência que permaneceria comigo daquele dia em diante. Deus abençoara-me com a breve, mas reconfortante, certeza de que o verdadeiro amor é inabalável, predominante, Todo-Poderoso e para sempre devotado. Esse é o tipo de compaixão que o Pai sente por seus filhos.

O que foi isso? De onde veio isso? Como poderia sentir isso de novo? Não podia responder a essas perguntas, mas passei os últimos trinta anos fazendo essas perguntas o tempo todo até, finalmente, entender que Deus está sempre comigo, nunca deixou de estar e nunca deixará de estar.

Depois de perder a esposa e cumprir sentença de dez anos na prisão, Joseph Wolfe, agora, vive em Sedona, Arizona. Ele escreveu e publicou *Letter to a Prisoner* [*Carta a um prisioneiro*] para ajudar condenados de todos os lugares a entender que há poderes maiores do que seus olhos podem ver.

DavidPaul Doyle

Arrepios vindos do céu

QUINZE ANOS ATRÁS, DURANTE UM excruciante funeral que jamais esquecerei, tive uma sensação estranha. Um sentimento caloroso envolveu todo meu corpo, e uma luz cintilante com raios luminosos feriu meus olhos. Sentia arrepios no corpo todo. Perdera um ente querido, mas fui reconfortada por um amigo de longa data que reencontrara. Essa morte era insuportável, mas esse amigo seria inesquecível.

Em nossa família de quatro irmãs, tínhamos amor infinito e duradouro umas pelas outras. Vivíamos muito distantes dos amigos e da família estendida, e os eventos sociais de qualquer tipo eram raros. Meu pai viajava a trabalho de cinco a seis dias por semana; portanto, era um prazer tê-lo em casa nos fins de semana. Minha mãe ficava em casa conosco e tinha alma amorosa. Minhas irmãs e eu fazíamos tudo juntas, de andar de bicicleta a passear em nosso pônei, Peanuts, a jogar amarelinha e dividir tarefas. Até mesmo orávamos juntas à noite, de mãos dadas.

Então, em uma noite fria, minha irmã Karen foi tirada de nós em um acidente de automóvel. Ela foi morta instantaneamente por um motorista embriagado. A morte de minha irmã deixou um grande vazio em meu coração e no coração de toda minha família. Tive de agarrar-me firmemente à fé que tinha e ao forte amor de minhas outras duas irmãs. Caí de joelhos e chorei até não ter mais lágrimas. Gritei com toda as minhas forças, a plenos pulmões.

— Deus, onde o Senhor está?

Houve silêncio. Não ouvi nenhuma resposta. Estava tão sozinha e com tanto medo que nem mesmo o amor de minhas irmãs podia preencher aquele vazio. Total e completamente perdida não sabia que minha vida estava para mudar para sempre, que logo ficaria face a face com uma presença poderosa — meu santo Pai, Rei dos reis, meu Jesus Cristo.

O dia do enterro de Karen foi um dia de choque total. Lembrava-me que quando Karen ainda estava conosco, ela e eu sempre brincávamos de fazer elogios uma à outra. Ela e eu queríamos que todos soubessem como éramos especiais enquanto estivemos na Terra.

Não podia desapontar Karen, então disse ao ministro e a minha família que daria esse presente especial. Por que prometera isso a Karen? Ela jamais saberia se fiz esse favor — ou saberia?

Lutei com essa promessa por três dias e três noites. O ministro pressionou-me ainda mais ao dizer que o elogio tinha de ser testemunho do Senhor, não tanto de Karen. Achava que esse era o dia de Karen!

Estava devastada no dia do funeral de Karen — estava tão confusa e exausta que escrevi apenas uma página sobre o que Karen representava para mim e seus entes queridos, mas nenhum testemunho real do Senhor. Apenas sentei-me no banco da igreja com minha família, com o pedaço de papel nas mãos e comecei a chorar profusamente. Isso era um sonho?

Nunca culpei meu Senhor, Jesus Cristo, por esse evento da minha vida. Só não entendia por que Karen tinha de morrer tão jovem e deixar seus entes queridos. Karen tinha tanta fé e amor pelos outros, sobretudo por nossa família. Queria ouvir respostas, mas estava surda para o mundo. Sentada no banco da igreja, olhava à minha volta e via tantos entes queridos que precisavam do meu conforto e amor. Queria tanto estender a mão para eles, mas estava congelada.

— Ó, doce Jesus — orei silenciosamente — por favor, ajude-me a atravessar essa crise. Preciso tanto do Senhor!

Quando chegou a hora de subir até o altar e ler o elogio de Karen, fiquei de pé com a ajuda de meu marido. Coloquei os óculos, não para ler melhor, mas para esconder os olhos vermelhos e inchados. Mal podia enxergar para caminhar com as lágrimas correndo de meus olhos.

Quando cheguei ao altar com meu marido ao meu lado, dei uma rápida olhada em todas as pessoas que enchiam a igreja e, depois, para meu pedaço de papel. Minhas mãos tremiam tanto que não conseguia segurar o papel direito. Finalmente, meu marido sussurrou-me:

— Deixe que eu leio para você.

Olhei-o nos olhos, tentando expressar o grande amor que sentia por ele, e disse:

— Não, obrigada, eu mesma tentarei fazer isso.

Embora parecesse que tivessem transcorrido horas, só haviam passado alguns instantes quando, de repente, algo se apossou de mim. Minha jornada com Jesus Cristo estava para florescer bem diante dos meus olhos e no fundo de minha alma! Estava de pé no altar sem saber se conseguiria entregar meu presente para Karen, quando uma sensação de calor se espalhou por meu corpo. Senti uma paz completa, com uma calma interior que não conseguia explicar. Senti-me tão distante da minha família e de todas as pessoas da igreja, isolada nessa calorosa bolha de calma, mas não estava sozinha. Alguém segurava minha mão esquerda. E não era meu marido, porque ele estava segurando minha mão direita.

A fraqueza que sentira antes foi substituída pela força da segurança, a forma como a criança sente-se acalentada nos braços da mãe. Então, uma luz radiosa brilhou de um lado a outro da igreja. Ela atravessou os vitrais da igreja e brilhou com magnificência. Essa luz resplandecente acabou com todos os meus medos, apagou meu vazio e secou minhas lágrimas. Em vez desses sentimentos, ela deu-me uma sensação de esperança e de extrema alegria. Pude falar com tanta clareza a todos os entes queridos de Karen. Queria falar o dia todo! *Por favor*, pensei, *deixe que isso continue e não termine nunca*!

Esse foi o maior sentimento que já tive na minha vida. Pela primeira vez, senti honestamente a presença de Deus! Esse era meu amigo de longa data, meu Pai do céu, meu Jesus Cristo! Ele fez-me saber que não só confortaria a mim e aos entes queridos de Karen, mas também que Karen teria uma alegre vida eterna com ele. Realmente, senti arrepios em todo meu corpo — arrepios vindos diretamente do céu!

Depois do funeral, muitas pessoas vieram até mim e disseram que minhas palavras as confortaram mais do que seriam capazes de expressar. De verdade, não me lembro de todas as palavras que disse no elogio. Tudo que tinha era um pedaço de papel na minha frente, e o resto veio de Jesus. Disse a cada um deles que aquelas palavras não eram minhas, mas do Senhor. Finalmente, comecei a entender que o Senhor tinha me rodeado com seu amor e me concedido a esperança para continuar minha jornada na Terra sem a Karen. Agora, andarei o resto de meus dias com ele, meu Jesus Cristo.

Minhas irmãs e eu ainda estamos juntas, para sempre — uma no céu, como nosso anjo da guarda pessoal. Sim, o Senhor, Jesus Cristo, está sempre comigo. Sinto-me profundamente honrada por ter tido essa inspiração especial da presença do Senhor, experiência essa que jamais esquecerei. Esse foi um presente do céu, e oro para ter outros. Ouço a voz do amor todos os dias, e essa voz é meu Senhor. O Senhor concedeu-me a promessa de que nunca me abandonará, por isso, quando sinto arrepios por qualquer motivo, sei em meu coração que estou sentindo o céu!

Terri Nelson, enfermeira formada na Williamson County Medical Center em 1980, trabalha como enfermeira anestesista para um cirurgião facial. Ela e sua família vivem em Franklin, Tennessee, e devotam sua vida a Jesus Cristo.

Senhor, fique comigo

DEPOIS DE SETE ALEGRES ANOS EM NOSSA casa dos sonhos à beira de um lago, longe de tudo, meu marido de 34 anos sofreu um derrame debilitante. No fim, terapia e orações restauraram alguma mobilidade, mas a vida ficou mais complicada quando minha querida mãe contraiu Alzheimer e também passou a precisar dos meus cuidados. Com tantas demandas contínuas do meu tempo, não conseguimos mais participar dos cultos de domingo na igreja.

Uma das senhoras da igreja telefonou para saber se estávamos bem. Quando expliquei a situação, ela disse-me três palavras especiais que me dão força todos os dias:

— Senhor, fique comigo.

No fim, não tive outra escolha a não ser pôr mamãe em uma casa de repouso da vizinhança.

Toda manhã, ponho um pequeno café da manhã na mesa de cabeceira ao lado da cama para meu marido antes de atravessar o corredor e entrar no escritório montado em casa a fim de jogar Nintendo. Ainda conseguimos nos comunicar um com o outro. Certa manhã, estava no meio do meu jogo quando, de repente, ouvi uma música linda. Fiquei sentada imóvel, perguntando-me de onde vinha esse som único. Depois de alguns momentos, levantei os olhos e vi a metade de cima do meu escritório caseiro repleto de formações parecidas com anjos de nuvens em tons de azul, rosa e branco. Eles formavam um grupo compacto, mas podia ver suas asas — uma cena bonita e tranquila. Inclinei a cabeça para trás, olhando e ouvindo, e percebi que eles cantavam para mim.

Depois de alguns momentos cheios de maravilhamento, levantei-me da minha cadeira e retornei ao nosso quarto, onde meu marido estava sentado ao lado da nossa cama. Perguntei-lhe se ele ouvira alguma música, e quando ele sacudiu a cabeça, afirmativamente, descrevi o que acabara de ver e ouvir. Foi quando a mensagem deles me foi revelada. Disse a meu amado marido que a mensagem deles era simplesmente para não nos preocuparmos, pois tudo daria certo. Meu querido marido olhou-me e sorriu com muita doçura. Ficamos sentados ali alguns minutos sem falar nada.

Às quatro horas da manhã seguinte, meu marido morreu em meus braços de um derrame maciço. Tirei forças dos bonitos anjos e sabia que ele estava bem e nos braços amorosos de Deus.

Um ano depois, tive de vender nossa casa dos sonhos. Mamãe e eu mudamos para a Flórida, onde conheci um maravilhoso cavalheiro cristão, Tom, de Indiana, que estava ali de férias. Ele convenceu-me a viver em Indiana e pôr mamãe na mesma casa em que sua mãe estava. Tom encontrou um apartamento para mim perto de sua casa e de nossas mães.

Tom sofria de forte artrite em todo o corpo, por isso, toda manhã, eu dirigia a pequena distância até sua casa, onde passávamos os dias juntos. Certa manhã, parei para pegar alguns itens de que Tom precisava e, a seguir, vi-me dirigindo na hora de tráfego pesado. Achei que era um bom momento para dizer minhas três palavras especiais.

— Senhor, por favor, perdoe-me qualquer coisa que possa estar fazendo errado e, Senhor, fique comigo — disse em voz alta.

Quando disse as últimas palavras, ouvi a voz mais bonita, calma e uniforme dizer-me muito vagarosamente:

— Gayle, sempre estou com você.

Sua voz não era parecida com nenhuma voz que já ouvira.

Era como se a voz estivesse me preparando. No dia seguinte, meu único filho sofreu um ataque cardíaco. Por pior que fosse a situação senti uma grande paz e um profundo "conhecimento" de que Deus não o levaria antes de me levar.

Três anos depois, enquanto retornava ao meu apartamento depois de visitar Tom, sofri insuficiência cardíaca congestiva. Tentei pegar meu telefone sem fio e pedir ajuda. Minutos depois, o pessoal do atendimento de emergência derrubava minha porta para entrar. Estava inconsciente. Depois, os médicos contaram-me que morri três vezes nos dois primeiros dias no hospital. Eles deixaram-me em coma induzido por seis semanas na tentativa de estabilizar meus órgãos vitais e introduzir diversas endopróteses expansíveis, também conhecidas por *stents,* em minhas artérias a fim de remover a principal artéria da minha perna direita e implantar uma válvula de porco em meu coração. Retornei vagarosamente à vida, mas tive de reaprender a sentar, ficar de pé e caminhar. Continuei a dizer minhas três palavras especiais em busca de força.

Um mês depois, minha válvula de porco infeccionou. Foram necessárias mais seis semanas de hospital. Toda quinta-feira de manhã, era levada para a radiologia, tomava uma anestesia leve, e uma câmera era introduzida através da minha garganta para ver se a infecção já estava curada. Depois da quarta semana, estava à janela do meu quarto olhando a lua e as estrelas e orava de todo coração a Deus para que me curasse a fim de que pudesse voltar para casa. Imediatamente, uma sensação de calor e paz me envolveu, como também senti o formigamento que ia da cabeça aos pés. Sabia que Deus respondera a minha oração.

Na manhã seguinte, quando foi realizado o procedimento com a câmera, não havia infecção. Fui liberada do hospital. Isso foi a três anos e meio. Três de cada cinco pessoas que passam pelo que passei morrem. Meus médicos chamam-me de "senhora do milagre".

O Senhor está comigo...

Gayle Lelekatch e seu marido, Tom, divulgam sua mensagem de esperança visitando e alimentando os sem-teto. Conhecidos pelos que sofrem dificuldades como vovô e vovó, eles alimentam o corpo e o espírito dos totalmente desprovidos e os inspiram a nunca desistir da esperança e da confiança em Deus.

O Buick — o carro que mudou minha vida

Foi um sábado impressionante na Flórida quando o motorista daquele carro mudou tudo na minha vida. Estivera voando alto graças a outra semana bem-sucedida em meu novo trabalho, transformada em uma estrela brilhante em apenas cinco meses nessa nova posição. Parecia que não podia errar e quase já conquistara um escritório de canto com janela dando para o parque. Assentar-me em minha escrivaninha de mogno com cadeira de pelúcia. Sentia-me orgulhosa e satisfeita comigo mesma e com minha vida. Meus talentos serviam-me bem e ser destemida em vendas tornara-me arrogante. Parecia que tinha tudo: um bom emprego, uma casa bonita, um carro e um excelente marido. Até mesmo meu espelho confirmava que era jovem, bonita e saudável.

A despeito de todo esse sucesso, sentia-me um tanto desligada da minha vida. Esse desconforto mantivera-me acordada muitas noites, como um comichão que não pudesse coçar. Nada que tentasse para encher esse vazio surtia efeito. Falei com Deus sobre o assunto em tom coloquial porque me sentia desconfortável com a verdadeira oração, como fora ensinada a fazer. Perguntei-lhe como sentir a verdadeira paz e a felicidade em minha vida. Infelizmente, só queixava-me com Deus e nunca conversei com ele quando as coisas iam bem. Na verdade, não tinha nem mesmo certeza se Deus era real.

Dizem que para conseguir a atenção de uma mula teimosa você tem de usar um arreio apertado. Para mim, o arreio apertado foi um acidente de carro, que logo fez minha vida parecer um quebra-cabeça cujas peças foram esparramadas pelo chão.

O motorista de um Buick, um modelo antigo, bateu com força no lado do Triunph Spitfire de minha amiga. Os dois assentos minúsculos do carro esporte não eram páreo para o Buick. Tive um segundo para reagir antes do impacto e cometi o erro de esticar meu braço e perna direitos contra o painel e o piso do automóvel.

Definitivamente, o velho e surrado Buick já vira dias melhores, e sua motorista parecia ter cerca de treze anos de idade. Ela continuava a dizer que sentia muito. O bebê dela gritava na cadeira do carro; incitei-a a examinar a criança. A jovem mulher tirou a criança, que gritava, da cadeirinha, implorando para que não chamássemos a polícia porque não tinha carta de motorista nem seguro para o carro. Quando saí do carro e tentei ficar de pé, minhas pernas entortaram, e minha cabeça girou. Não conseguia andar. Não tínhamos escolha a não ser chamar a polícia e a ambulância.

Ir a um pronto-socorro com pessoal insuficiente em um fim de semana foi um pesadelo. Esticar o braço e a perna antes do impacto fez com que meus ferimentos fossem mais sérios. Algumas vértebras saíram do lugar e meu ombro direito estava insensível. Sofri rompimento dos tendões, e houve deslocamento dos ossos do quadril.

Depois de uma semana no hospital, fui para casa com remédios para dor e promessa de cirurgia quando acabasse o inchaço. Só conseguia andar com muita dificuldade e, logo, perdi o emprego novo. Os médicos disseram-me que poderia levar, pelo menos, alguns meses antes de poder voltar ao trabalho. Os remédios para dor deixavam-me grogue e estranha, e meses de testes e visitas ao médico cobraram seu preço em meu casamento. Meu marido foi embora dizendo que não podia aguentar isso, e fiquei sozinha com dois cachorrinhos ansiosos por atenção com os quais não podia caminhar nem brincar. Minhas contas acumulavam-se.

Lenta e dolorosamente, passou-se um ano. Minha amargura e raiva fizeram-me culpar tudo e todos pela triste situação de minha vida e solaparam todo conforto espiritual de que tanto necessitava.

Em um desses sombrios dias cheios de pânico, decidi ir a uma grande livraria. Amava ler, e isso era algo que ainda podia fazer. A leitura tornara-se meu refúgio, e passei horas lá bebendo café e olhando os livros. Fui inexoravelmente atraída por livros sobre espiritualidade. Um livro recomendava manter um diário como uma forma de registrar a jornada espiritual. Então, percebi que estava nessa jornada. Comprei um caderno e comecei a meditar.

Supunha-se que ficar quieta e imóvel e penetrar em meu interior eram uma forma poderosa de conhecer a mim mesma. Também aprendi que, dessa forma, também se pode receber mensagem e orientação. Era um caminho para fazer contato consciente com Deus. Encontrei um lugar em casa que transformei na minha sala de meditação, conforme sugerido, instalando um altar com coisas importantes para mim. Não foi fácil de início, mas, como acontece com toda tentativa, depois ficou mais fácil. Não demorou muito para que meditasse em toda chance que tivesse, penetrando em poderosa paz e abrindo o canal de comunicação com Deus. Comecei com a prática da gratidão, o que foi sugerido pelos meus livros como uma forma de conhecer a Deus. Enquanto tivesse gratidão em meu coração e em minha mente, não havia espaço para o pensamento negativo. Estava agradecida pelo que tinha e me sentia mais calma. Estava acontecendo uma imensa transformação.

Gradualmente, minha dor cedeu e parei de tomar medicação. Em vez dela, escolhi acupuntura, massagens e remédios naturais. A ioga fortaleceu-me e comecei a me sentir melhor. As cirurgias sugeridas pelos médicos tornaram-se desnecessárias.

O que aprendi foi extraordinário. A cor e a alegria voltaram à minha vida. Comecei a pintar e a escrever de novo, produzindo minha melhor obra. A ansiedade e a depressão que haviam nublado minha vida por tantos meses desapareceram.

Então, em um daqueles dias tempestuosos pelos quais a Flórida é tão famosa, minha jornada de me aproximar mais de Deus foi completada. Os relâmpagos crepitando através do céu e a chuva agitada pelos ventos fortes caíam na superfície da estrada. Fiquei fascinada com a beleza disso.

Espiava a chuva, ouvindo um CD de concertos de violino. A música era tão bonita que comecei a chorar. Formulei a palavra.

— Obrigada.

Foi quando ouvi. As palavras foram espantosamente claras.

— Você é bem-vinda!

Elas foram ditas bem alto e, ao mesmo tempo, de modo suave. Eram milhares de vozes e, contudo, uma única voz. Ela vibrou através de todo meu corpo e me congelou no lugar. Soube imediatamente que a voz que ouvira era a força poderosa de Deus falando comigo. Nunca me sentira tão completa nem tão imersa em felicidade, em tamanha alegria e em um amor tão impressionante.

Naquele dia, tomei a decisão de me comunicar com Deus todos os dias porque ficou claro que Deus estava comigo todo o tempo. Sentei-me em expectativa silenciosa e ouvi Deus falar comigo através de meu coração faminto. Usei todos os meus sentidos para me comunicar com ele, passei a entender que não devia desconsiderar nada porque Deus podia falar comigo por meio da beleza de uma flor ou da letra de uma música.

Quando escrevi e permiti que sua energia fluísse por meu intermédio, ele comunicou-se comigo na forma escrita por meio do meu coração e ser. Tudo era precioso porque sabia com certeza absoluta que Deus estava lá, expressando sua presença por meu intermédio e por meio de todos. Não houve coincidências. Deus respondeu a meu pedido para o conhecer, só tive de prestar atenção.

Diannia Baty vive na região de Salisbury, Carolina do Norte, com seu pequeno chihuahua Hector. Ela é apaixonada por escrever e por servir aos outros. Também é apaixonada por artes, pela fotografia e pela natureza.

O detalhe amarelo exatamente como eu

OLHAVA DEPRIMIDA A PAREDE DO meu quarto pintada pela metade — outro projeto ainda não terminado. O azul escuro profundo e o detalhe amarelo exatamente como eu: metade do tempo era sombria e triste, e na outra metade sentia-me como o detalhe amarelo, com náusea e dor de estômago. Como fiquei nessa situação? Mal tinha feito dezenove anos e tinha um bebê recém-nascido e um marido que usava regularmente meu corpo como saco de pancada para dar vazão a sua tensão reprimida. Como me metera nessa vida de violência, sem telefone nem carro, vivendo afastada de meus amigos? Não podia comer sem tomar remédio para acalmar meu estômago. Não conseguia dormir sem remédio para induzir o sono. A impressionante música "Only the Lonely" ["Só os solitários"], de Roy Orbison, dava voz aos meus sentimentos.

Deito-me descuidadamente na cama para induzir o sono com o zumbido da televisão. Nada! Os espetáculos foram substituídos por alguma cruzada... essa coisa de Billy Graham está até mesmo nos painéis de propaganda, os famosos *outdoors*. Deixei no canal, estava com muita preguiça para levantar e mudar de canal. Cara, tinha um bocado de gente no estádio abarrotado. Os homens, parecendo apertados em seus ternos e com aquela aparência "arrumadinha de cristão", seguravam o microfone, um a um, falando sobre Deus, enquanto o coro cantava sobre Deus. Sim, sim, Deus.

Declarei-me agnóstica. Gostaria de acreditar em Deus, mas não tenho realmente certeza nem de que ele existe. Tudo soava bem na televisão e nas canções, mas acho que a conversa era de pouco valor, e tudo parecia um tanto exagerado. Todos esses pensamentos pululavam na minha mente, todavia era compelida a continuar a assistir e a ouvir.

Depois de um tempo, o próprio manda-chuva, Billy Graham, pegou o microfone. Seus olhos pareciam claros e diretos, antes, intensos, do tipo "o que você vê é o que realmente sou". Gostei do queixo forte dele que não correspondia à fala sulina arrastada e macia que agitava o meu quarto. Algo nele me atraiu e ouvi quando pediu que as pessoas fossem à frente e aceitassem a Jesus. Realmente, não tinha aceitado essa parte para mim mesma porque não tinha certeza no que acreditava. A música "Just as I Am" ["Exatamente como sou"] misturada ao fundo como papel de parede estabelecia o palco para as tranquilizantes palavras de Billy Graham que continuavam a fluir como mel a respeito de como Deus me ama e me aceita exatamente como sou. Ele falou até mesmo para os que estavam assistindo à televisão e disse que podíamos aceitar a Jesus e a Deus em nosso coração naquele momento mesmo.

Comecei a ponderar como isso era possível quando começaram a descer lágrimas por minha face. Não ouvi mais Billy Graham nem a televisão. Tudo isso foi emudecido pela sensação de uma forte presença bem em minha cama, uma presença tão penetrante que não sentia nada além de aspereza e dor. Todo meu corpo parecia que tinha se liquefeito como se tivesse degelado. Sentia-me viva e — talvez — na verdade, esperançosa pela primeira vez em toda minha vida. Um nevoeiro obscuro flutuava em meu quarto, absorvendo o azul escuro e o detalhe amarelo que coloriam meu mundo. No lugar dessas cores, brilhavam o ouro e o violeta. Senti amor em todo meu ser, e minhas lágrimas continuaram a cair. Esse sentimento de ouro e violeta foi tão poderoso, era tão doce e calmo que me senti totalmente envolta em paz. Solucei do âmago de meu ser com alívio e, surpreendentemente, com a aceitação de que Deus *existe* de fato. Não estava perdida e *definitivamente não estava sozinha.* A presença, que, sem sombra de dúvida, sabia ser de Deus, estava comigo e em mim. Senti essa névoa amorosa, essa cor e brandura em todo meu ser. Realmente, nada existia além de mim e da presença, suave, e forte, e gentil, tudo ao mesmo tempo. O tempo parou enquanto experimentava uma profunda comunicação que penetrou muito além das palavras ou qualquer coisa que conhecesse. Recebi a profunda compreensão de que era amada e aceita, independentemente do que tivesse feito ou tivesse sido feito a mim.

A partir daquele instante, mudei. Encomendei a literatura oferecida por Billy Graham. De alguma maneira, ela era minha ligação para aprender mais sobre esse Deus, o meu Deus. Abriu-se um espaço em mim que estava faminto por conhecimento, fome de saber tudo que havia sobre essa presença gentil e poderosa que, de alguma maneira, transmitira amor a mim com total aceitação de quem eu era e exatamente como era.

Jamais falei com alguém a respeito dessa experiência. Ela foi muito profunda e pessoal e não conseguia encontrar uma maneira de compartilhá-la. Nunca mais fui a mesma, mas vivi com essa abençoada experiência pessoal segura de que jamais seria abandonada. Independentemente de como as coisas podem ficar ruins, sempre terei o amor e a aceitação de Deus. A consciência disso aumentou minha autoestima tornando possível continuar seguindo em frente quando achava que não conseguiria dar outro passo. Foi a partir dessa minha experiência aos dezenove anos que comecei minha busca pelo conhecimento de Deus e do sentido da vida.

Juntei-me a uma igreja local e, entre todas as coisas, pediram que desse aula na escola dominical. Poucos meses depois, o pastor visitou-me em casa. Os presbíteros da igreja votaram e decidiram me pedir para ensinar as crianças "difíceis" do segundo grau. Ninguém aceitara ensiná-los. Depois de o pastor me incentivar, decidi pegar esse grupo. A classe foi muito bem-sucedida, e ninguém ficou surpreso com isso, exceto eu mesma. Minha vida foi preenchida com a igreja e atividades sociais à medida que meu mundo expandiu em momentos mais felizes. Até meu quarto foi pintado.

Meu marido e eu ainda tínhamos nossas batalhas, mas, agora, tinha em casa uma vida que vai muito além dos momentos deprimentes. No fim, deixei meu marido e construí uma vida para mim como mãe solteira. Embora, às vezes, a vida fosse difícil, continuei a criar minha família. Sempre que estava perto de me sentir vazia, lembrava o reservatório de ouro e violeta guardado em segurança em um canto do meu coração. As lágrimas podiam brotar, e a presença, o meu consolador, mais uma vez me envolveria, derramando amor e paz sobre mim. Em cada encruzilhada da minha vida, continuei a trazer à lembrança essa breve experiência. Podia aproximar-me da orientação amorosa da presença simplesmente ao me lembrar de meu primeiro encontro. Surpreendi-me ao descobrir que, ao contrário de antigas fotografias que se desvanecem e se tornam enevoadas com o tempo, minha experiência permanece clara e poderosa, com todo detalhe impresso para sempre em minha memória.

Rememorando, jamais imaginaria que estar com preguiça demais para levantar e mudar de canal resultaria em receber a ajuda de Deus de que precisava tão desesperadamente. Billy Graham não imagina que foi o veículo que me trouxe até Deus. Poderia ter pesquisado o mundo, todavia encontrei Deus na televisão do meu quarto pintado pela metade quando não estava nem mesmo procurando por ele... ou, pelo menos, era isso que achava.

Ariadne Romano, originalmente do sul da Flórida, hoje, vive na Pensilvânia com suas duas filhas. Ela gosta de explorar montanhas e fazer caminhadas onde vive, como também aprecia dançar, ler, ouvir música, filmes e apresentações teatrais ao vivo.

O homem que ouve a voz

NASCI EM 1926, EM UMA fazenda na província de Quebec, Canadá. Quando fiquei adulto, comecei minha vida nessa mesma fazenda, constituindo uma família à antiga moda francesa com oito meninas e um menino. Desfrutava de uma vida bem-sucedida e feliz até que os tempos de tensão política me fizeram mudar com minha família para a província de Ontário, onde encontrei trabalho sazonal como carpinteiro. Por causa do longo e duro inverno, trabalhava só quatro meses por ano, mas o salário mostrou ser suficiente para que minha família tivesse uma vida confortável. Durante o inverno, trabalhava para uns poucos clientes aqui e ali, conseguindo dinheiro extra o suficiente durante os meses magros para cuidar de nossas necessidades.

Tudo estava bem até que a recessão atingiu a província entre 1975 e 1980. Meus clientes sofreram perdas e estavam mais contidos com os gastos de dinheiro. O trabalho era escasso para todos. Com minhas filhas prontas para ir para a universidade, eu ficava em casa não fazendo nada além de sobreviver com o seguro-desemprego e enfrentando o desastre financeiro. Não só tinha de pagar pelas necessidades básicas da minha família, mas também tinha de devolver o dinheiro que emprestara para o primeiro ano de universidade de minha segunda filha.

Minhas preocupações aumentavam de forma constante. Se perdesse nossa casa, quem alugaria uma casa para uma família com nove filhos? O medo de ficar na rua mantinha-me fixando o teto enquanto minha família dormia. Repreendia-me por ter sido estúpido. Por que emprestara esse dinheiro? Por que não economizei mais quando os tempos eram bons? Agora, não tinha dinheiro para pagar minhas contas.

Com tão pouco trabalho perto de casa, aventurei-me mais e mais longe à procura de algum trabalho para ajudar minha família a sobreviver. Isso foi difícil para minha esposa. Comigo fora boa parte do tempo, ela cansou-se de ficar sozinha e começou a ter a companhia de outro homem. Minha dor por isso era a mistura pela má reputação do homem e o conhecimento de que ele não se importava nada com meus filhos. Ele só usava minha esposa e, disse-me certa vez, que não daria nada a ela.

Tentei o melhor que pude ser compreensivo, mas meu coração e orgulho estavam partidos. Minha pobre esposa fora seriamente afetada por dar à luz a nove filhos e não conseguia lidar mentalmente com a realidade. Isso afetara seu julgamento e capacidade de tomar decisão, e, trabalhando tanto tempo fora da cidade, parecia que havia algo que eu pudesse fazer. Não podia estar em dois lugares ao mesmo tempo e tinha de alimentar meus filhos. Odiava saber que um homem terrível estava se aproveitando de minha adorável esposa e temia por minhas meninas, sabendo que elas estavam vulneráveis com a presença dele por perto. A frustração que sentia ameaçava me dilacerar. Se tentasse tirar meus filhos dessa situação, as chances de que eles fossem separados uns dos outros seriam grandes. Andava de uma parede a outra da casa, como um leão enfurecido em sua gaiola.

Toda minha vida fora um homem honesto, sendo o melhor que um homem pode ser. Era trabalhador, confiável e nunca ferira ninguém. Sei que há consequências por cometer enganos, mas o que estava acontecendo comigo e meus filhos não era culpa minha. Quem me colocara nessa situação terrível? Sacudi o punho para o teto.

— Se não foi você, Deus, então quem fez isso?

Parei de andar de repente. Disse enraivecido:

— Jesus, Maria e todos os santos católicos para quem as pessoas oram, ponha-os em uma mala e jogue-a fora. Para mim, eles não existem. Toda essa coisa de religião não parece nada além de mentiras! Agora, não há ninguém aqui a não ser você e eu, Deus. Se você realmente estiver aí, não lhe dou três anos, nem três meses, tampouco três dias — mas três horas para aparecer. Se você não me mostrar que é verdadeiro e que está aqui, você será atirado com o resto.

Nesse momento, minha esposa chamou-me para a refeição noturna. A mesa estava cheia de comida, e as crianças estavam reunidas em torno dela, barulhentas como sempre. Assentei-me à mesa, mas antes de tocar meu prato ouvi uma voz amigável falar comigo. Sabia que não tinha imaginado isso, embora a voz não pertencesse a minha esposa nem a nenhum de meus filhos. Ela foi muita alta e clara para haver engano, mas foi, ao mesmo tempo, branda e amigável. Ela disse-me:

— Você tentou escrever algo ontem. Vá pegar seu papel. Tenho algo para você escrever agora.

Quase pulei da cadeira, mas ninguém estava lá, e a família estava tão ocupada passando os alimentos e comendo que ninguém na mesa parecia ter notado nada. É claro que eles não tinham escutado a voz. Estava ficando louco?

Comecei a tocar meu prato de novo, mas a voz repetiu-se tão alto quanto da primeira vez.

— Pegue papel e lápis, tenho algo para você escrever.

Virei-me em direção à parede. Era impossível ter alguém atrás de mim. O tom da voz era tão agradável e amigável, mas não conseguia evitar ficar um tanto desconfiado. Isso era algo completamente novo para mim.

Fui pegar diversas folhas de papel e um lápis que deixei do lado do meu prato. Ninguém à mesa percebeu.

A voz falou comigo, mas só na minha mente, sílaba por sílaba, e não conseguia saber o que estava escrevendo. A voz repetiu-se até que tivesse escrito exatamente o que dissera. Escrevi três páginas, talvez mais, não me lembro. De repente, percebi que estava sozinho à mesa. Uma de minhas filhas que passava me disse:

— Seu prato estava limpo, então o peguei —, e ela foi embora.

Arrumei as folhas e comecei a ler. Agora, consigo contar apenas a respeito do que estava escrito.

Três dias atrás, você disse a um amigo que sua família nunca deixou de ter três refeições por dia e que dois terços do mundo fazem apenas uma refeição por dia — às vezes, uma refeição a cada três dias — e você ainda clama que é um homem pobre.

Você diz que não tem um centavo sobrando para pagar suas contas; contudo, vejo dinheiro em muitos envelopes em suas gavetas. Pessoas pobres não têm isso.

(Imediatamente pensei comigo mesmo que isso era mentira, mas três dias depois, encontrei minha coleção de moedas antigas em vários envelopes nas minhas gavetas.)

Você está profundamente ferido por causa de sua esposa, e esse fato é importante para você. Isso não é importante. Lembre-se, todo dia seus filhos são muito felizes com vocês, independentemente da sua situação. Isso é importante.

Saiba que a chave é o amor. Tudo está ligado a isso. Aprenda a amar e não haverá mais um problema real.

Agora, você deve saber que nunca estará sozinho de novo. Você pediu que eu me mostrasse e viesse até você. Sempre estou aqui.

Havia muito mais. A cada página, a voz endireitava minha maneira de pensar. Estivera enganado o tempo todo. Enquanto lia, minha esposa aproximou-se e foi como se Deus caminhasse até mim. Fiquei muito agradecido de ela vir até mim daquele jeito; não disse nenhuma palavra, temendo que ela se sentisse amedrontada. Senti o mesmo sentimento de amor levantar-se em meu peito conforme cada criança passava pela minha cadeira. Estava pleno de alegria e felicidade; nenhuma palavra consegue descrever minha emoção. Estava apenas feliz por *ser*, sem nenhum motivo.

À medida que os dias passavam, pude sentir essa intensa felicidade desvanecendo-se. Orei ajoelhado para mantê-la, mas após três ou quatro dias, era um camarada normal, exceto que não havia mais pensamentos negativos em minha mente. Tentei compartilhar minha experiência com os outros, mas eles disseram que era "o homem que via coisas que não vemos. O homem que ouve a voz."

Desde aquela noite, coisas estranhas me acontecem. Desde essa época, nunca mais peguei dinheiro emprestado. Ninguém me deu nada. Ainda tenho minha coleção de moedas nos envelopes nas gavetas e não me lembro de como paguei minhas contas. Só depois da primavera seguinte voltei a trabalhar de forma constante de novo, mas nunca devi dinheiro a ninguém nem tive nenhum problema financeiro, embora não me recorde de onde veio o dinheiro para pagar minhas dívidas.

Certo dia, recebi um telefonema de um hospital. Eles precisavam de um carpinteiro para trabalhar ao ar livre naquele dia de ventania em que a temperatura estava próxima de tiritantes -30° C. Vesti-me para enfrentar o tempo gélido e parti. Quando cheguei lá, eles mandaram-me ver a pessoa que estava no comando da contratação no interior do hospital. Depois de algumas brincadeiras, ele disse:

— Não há nada para você fazer do lado de fora. Precisamos de alguém para fazer a manutenção no interior do prédio como carpinteiro e, independentemente de quem se candidatou para o cargo, ele é seu. Você começa amanhã.

Naquela época, sendo católico, pertencia à associação dos Cavaleiros de Colombo. As pessoas para quem estava trabalhando eram maçons. Esses dois grupos sempre foram inimigos internacionais. Isso não tinha a menor importância. Sabia por intermédio da voz que a única coisa que importava era o amor.

Por muitos anos, comuniquei-me com a voz sem precisar escrever as mensagens. A voz falava comigo no interior de minha mente quando eu queria. Por fim, estando feliz e satisfeito com minha vida e querendo que as pessoas esquecessem que ouvia a voz, parei de me comunicar com ela e me esqueci de como fazer isso.

Certo dia, deparei-me com um livro sobre como ouvir a voz de Deus intitulado *The Voice for Love* [*A voz do amor*] e que contava algo similar a minha história, assim, comprei o livro e os CDs que o acompanhavam. Quando segui as técnicas ensinadas, a voz começou a se comunicar de novo comigo.

Ontem, a voz pediu-me que eu fosse específico em relação às minhas necessidades para que pudesse me ajudar. Não tenho necessidade de nenhuma ajuda porque sou muito feliz. A voz respondeu:

— Quero que você saiba que estou feliz com você.

O autor quer permanecer anônimo.

O dia em que as torres gêmeas caíram

NA MANHÃ DE 11 DE SETEMBRO DE 2001, em minha pacífica moradia em Adelaide, sul da Austrália, entrei no quarto de meu filho caçula e encontrei-o assistindo à televisão, testemunhando o horror das torres gêmeas ruindo em Nova York.

— Mãe, olhe! Os Estados Unidos estão sendo atacados.

Sentei-me à cama com ele, em descrença. Não tinha certeza se a coisa era de verdade ou não. Talvez fosse uma brincadeira ou apenas a propaganda de um filme.

Assim que percebi que era absoluta e perturbadoramente verdade, parei tudo que estava fazendo, conectei-me com minha fonte e perguntei a minha sabedoria interior: *Com quem estou em conflito? Com quem preciso fazer as pazes agora mesmo?*

Sabia em algum grau — não importa quão pequeno fosse — que estivera contribuindo para essa loucura. Imediatamente, o nome de uma mulher veio-me à mente. Era alguém com quem fora bastante julgadora. Naquele momento, entreguei tudo a Deus.

— Ofereço isso ao Senhor, Deus — disse. — Liberto-me totalmente desse conflito em meu interior e, de agora em diante, tomarei cuidado com minhas palavras. Ofereço isso ao Senhor para ser curada.

Sabia que tinha sido ouvida. A manhã era como outra qualquer. Os meninos precisavam ir para a escola. Meu marido estava prestes a pegar seu avião para voltar ao trabalho, e eu precisava levá-lo ao aeroporto. Todos nós cuidamos de nossos negócios diários de uma maneira desusadamente calma, em parte porque estávamos em estado de choque, mas havia algo mais — a presença de uma gentil tranquilidade.

No caminho de volta do aeroporto, decidi visitar a catedral de São Pedro. Ela tem uma área excelente atrás do altar principal chamada capela da Senhora. Amo esse pequeno refúgio para mulheres, belamente denominado, bem no limite da cidade. A catedral é um dos mais admiráveis símbolos de Adelaide e um lugar que visito com frequência quando preciso fazer uma conexão simbólica com a santa Mãe. É um lugar para onde vou quando preciso de um pouco de abrigo da dureza deste mundo.

Entrei na capela e encontrei apenas mais uma pessoa lá: a mulher com quem fora muito julgadora, aquela com quem precisava ficar em paz. Lá estávamos nós — apenas ela e eu — as duas no mesmo lugar, na mesma hora, fazendo a mesma coisa. Ela estava de olhos fechados, por isso coloquei gentilmente minha mão sobre o ombro dela e sussurrei seu nome.

Ela levantou os olhos e disse docemente:

— Pensei que você fosse a Madona.

Que bonito! Ela buscava o conforto da Mãe santa como eu. Minha mão sobre seu ombro, o proferir seu nome e sua resposta inocente foram todos bênçãos preciosas do divino para curar a nós duas.

Nada mais foi dito. Sorri silenciosamente, fiz contato visual e entrei em meu silêncio e estive com meu Deus. Sabia que o que ocorrera naquele breve momento fora o reconhecimento fiel e autêntico da presença sagrada uma da outra. Jamais esquecerei o dom que recebi naquele dia.

Recordo-me, com frequência, dessa experiência para lembrar-me de como minha vida é bonita, de como sou abençoada neste mundo e de como nossas ligações são preciosas. Aprendi que, como mulher espiritual, faço diferença neste mundo com cada palavra que digo, cada fôlego que tomo e cada canção que entoo.

Elizabeth Ellames vive na bela Adelaide Hills no sul da Austrália com seu marido e sua família. A coisa que mais gosta de fazer toda manhã é visitar seu jardim assim que o sol nasce.

O sermão confirmado

— Ele disse que morreria se o deixasse sozinho — expliquei apreensivamente para a enfermeira. — *Tenho* de ficar aqui!

Meu padrasto, Claude, já estivera na UTI durante diversos dias. Ele fora atropelado por um carro no estacionamento do Astrodome de Houston e parecia que cada parte de seu corpo fora quebrada. Ele teve uma parada cardíaca na cirurgia inicial, mas os médicos conseguiram ressuscitá-lo. Imagino que, às vezes, ele quisesse que não tivessem conseguido.

Dia após dia, minha mãe e eu nos sentávamos ao lado dessa cama orando. Nessa tarde em particular, ele estava extremamente agitado. Em diversas ocasiões, ele teve alucinações.

Claude era ministro em uma igreja local e, durante aquele dia inteiro, ele fantasiara que estava em uma reunião, preparando-se para um casamento ou pedindo-nos que arrumássemos as mesas para um banquete. Fingíamos obedecer a suas ordens para não aborrecê-lo. A certa altura, ele olhou em meus olhos e declarou calmamente:

— Se você me deixar esta noite, morrerei.

Não havia o menor risco de eu sair dali!

Embora fosse contra o regulamento, a equipe do hospital concordou em que eu ficasse. Mandei mamãe para casa, insistindo que descansasse.

— Ele vai ficar bem — prometi. — Não sairei do lado dele.

Sentei-me inquieta ao lado da cama dele, enquanto as enfermeiras atendiam suas várias necessidades. Não conseguia mais conter meu sentimento de traição. Olhar para o corpo mutilado dele só me fazia lembrar de minha vida estragada. Crescer em uma casa com um pai abusivo, transformando-me em uma criança tímida e medrosa. Para fugir das lembranças dolorosas, casei-me cedo. Nove anos amargos e solitários e dois filhos depois, meu marido revelou um segredo tenebroso tão repulsivo para mim que mal conseguia me olhar no espelho. Como pudera ser tão cega? Divorciamo-nos, mas o trauma emocional estava firmemente entranhado em mim e nas crianças. Uma filha de todos os filhos que tivemos sofria de desordem bipolar tão séria que tentou cometer suicídio três vezes. Perdi a conta de quantas vezes ela fugiu de casa. Ela voltou-se para as drogas.

O álcool tornou-se meu método pessoal de fuga, e muitas noites, o Jack Daniels ajudou-me a esquecer temporariamente meus infortúnios no esquecimento dos ébrios. Parecia que todo mundo que eu conhecia estava procurando um jeito de escapar de sua realidade. No ano anterior, minha irmã mais velha, depois de sofrer de depressão durante anos, tirou a própria vida. Às vezes, invejava-a; ela não tinha mais que lutar com o fardo desta vida.

Sentada aqui no hospital, olhando um "homem de Deus" padecendo de dor, tinha de perguntar-me se ele se sentia igual a mim. Ele também se perguntava por que um Deus amoroso o abandonara? Engoli o sabor amargo da indigestão queimando meu peito.

Em algum momento por volta das 3 horas da madrugada, ouvi Claude movimentando-se na cama. Ele resmungava e resmungava por causa da dor. Inclinei-me para cobrir seu peito com o lençol. Estava evidente que a enorme quantidade de morfina injetada em suas veias não era suficiente para mantê-lo confortável. Enquanto me assentava de novo em minha cadeira, repentinamente, ele sentou-se ereto na cama. Levei um susto. Em geral, era necessário duas de nós para virá-lo na cama, e ele não conseguia nem mesmo levantar a cabeça sozinho!

Sem fazer uma pausa, Claude agradeceu a sua "audiência" e começou um dos sermões mais impressionantes que já ouvi. Sua voz era clara e forte. Olhava freneticamente em torno, esperando que alguém mais entrasse no quarto e testemunhasse isso. Ninguém entrou. Eu, só eu, era seu público-alvo.

Meu padrasto falou da importância de usar a visualização para criar um estado de mente positivo. Ele incitou sua audiência invisível a usar sua imaginação para ver suas circunstâncias sob uma luz melhor. Ele disse que ver as coisas de forma positiva, como se isso fosse verdade, refletiria essa percepção em sua realidade. A visualização, continuou ele, era uma forma de trazer cura e esperança, pois ver as coisas como a pessoa gostaria que fossem pode fazer com que elas se transformem na experiência da pessoa. Durante quinze minutos, ele descreveu de forma eloquente como os pensamentos e as ações se tornam realidade.

Foi a voz de Claude — seu corpo — que fez esse sermão, mas a fonte dessas palavras *não* era deste mundo. Ele nunca me dissera antes a palavra "visualização"! Ele era oriundo da experiência de práticas tradicionais, e essas ideias eram estranhas à igreja conservadora como a dele. Embora agisse como se fosse um de seus sermões usuais de domingo, ele *jamais* diria essas coisas em sua igreja.

Ri ao imaginar a resposta que ele teria se fizesse esse sermão para sua congregação. Eu também estava extasiada pelo sermão. Era receptiva a esse conceito. Esse sermão foi claramente feito para mim. Empoleirei-me na beira da cadeira, ouvindo ansiosamente, mal respirando com medo de perder alguma palavra. Cada palavra era dirigida a minha atitude em relação à vida. Meu coração latejava em meus ouvidos e quase não conseguia respirar. Uma sensação de plenitude calorosa encheu meu peito, tomando conta da sala. O amor mais profundo que já conhecera explodiu à minha volta toda. Sussurrava em meio às lágrimas:

— Oh, meu Deus!

Da mesma forma repentina como o sermão começou, também terminou. Ele caiu de volta sobre seu travesseiro e dormiu de novo. Permaneci sentada imóvel — espantada. A voz ainda ecoava em minha mente, interrompida apenas pelo apito constante dos monitores do hospital ao fundo. Entendi por que tive de ficar ali aquela noite.

Depois de anos de infindáveis pedidos a Deus para explicar o "porquê" da minha vida, recebera a resposta. Toda experiência passada, quer definida por mim como boa quer como má, tinha um presente — uma resposta —, bastava eu escolher reconhecê-la. Até agora, vira apenas o lado ruim. Vivera imersa na negatividade. Agora, podia olhar o passado sem remorso nem culpa. Podia escolher ver as coisas de forma diferente. Todas as minhas experiências beneficiaram e, até mesmo, aceleraram meu crescimento. Sempre tivera a opção de escolher o perdão, o amor e a alegria. Em toda a busca por resposta, nunca parara para ouvir — até esse momento.

Poucos dias depois, chegou o momento de voltar para casa. Era uma pessoa diferente ao voltar ao ambiente problemático que deixara para trás com tanta boa vontade. Inclinei-me para dizer a Claude que tinha de ir. As lágrimas corriam por minha face, enquanto ele esticou a mão e gentilmente pôs suas mãos em torno da minha.

— Algo bom virá disso — disse-me ele.

Ele estava certo. Algo de bom *veio* dessa experiência. Nunca mais ingeri bebida alcoólica. Aprendi a observar os traumas da minha vida sem me deixar absorver por seu drama. Tirei o pó da minha Bíblia e retornei às raízes da minha compreensão espiritual. Não fiquei mais presa aos ressentimentos e raivas passadas. Era uma esposa melhor, uma mãe melhor e uma pessoa melhor. Deus estava muito mais próximo do que percebera e via Deus em tudo. Contudo, o mais importante foi que voltei e resgatei a menininha abandonada da minha juventude. Contei-lhe o quanto a amava. Prometi-lhe que sempre estaria presente para ela e que nunca mais deixaria seu destino nas mãos dos outros. Entendi que era a pessoa responsável por cuidar dela.

Quatro meses depois do devastador acidente de meu padrasto, ele retornou para casa. Ele continua a tocar vidas com suas mensagens de esperança e de amor à medida que compartilha sua história milagrosa de sobrevivência. Algumas cicatrizes e uma leve claudicação no andar permanecem os únicos lembretes visíveis desse dia funesto no Astrodome. Contudo, a verdadeira cura veio em um grau muito mais profundo — um grau invisível para muitos. Embora eu a consiga ver. Vejo-a todos os dias.

Hoje, quando o reverendo Claude McDonald sobe ao palanque para transmitir suas mensagens sobre o poder do pensamento positivo, muitas pessoas ouvem sua voz. Suas palavras inspiram e encorajam os outros a ver o bem em todo aparente desafio. Ele transmite que há um presente em toda experiência de vida se formos receptivos a ele. Quando ouço as palavras dele, percebo as muitas maneiras que Deus usa para falar comigo. Às vezes, minhas lições vêm do ministro que está no palanque. Outras vezes, elas vêm embrulhadas individualmente em um sermão substituto.

Jodi McDonald conquistou seu bacharelado em Educação na Midwestern State University e serve como professora e diretora em duas instituições educacionais alternativas. Atualmente, ela e seu marido têm um negócio de construção de casas em New Braunfels, Texas.

Orações mínimas

QUANDO CRIANÇA, ELE VIAJOU PARA O OREGON oriental em 1901 em carroça coberta, cresceu pobre na propriedade de sua família e só viu eletricidade e água corrente quando terminou a oitava série e deixou a escola. Mas Ernie, agora de cabelos brancos e levemente curvado pela idade, viu coisas que não vi. Ele desfrutou de um relacionamento especial com Deus e contou histórias relacionadas à orientação inspirada em sua vida e o salvamento divino de um determinado desastre, em relação ao qual duvidei silenciosamente. O Deus de que ouvira falar em criança era vingativo e julgador, ocupado demais computando os pecados de todos nós para ajudar um homem simples e invisível para a sociedade.

Fiquei amiga desse tímido homenzinho há trinta anos, logo depois de eu mesma chegar ao Oregon e driblar a timidez dele como se doma uma criatura selvagem com presentes de comida. Logo seu silêncio evaporou-se, e debruçado sobre uma caneca de café fumegante em minha cozinha, ele enchia minha imaginação com relatos da captura de cavalos selvagens, de fugas espirituosas de uma sala de aula da escola de sua juventude, de índios e "vaqueiros" e das batalhas com arma na poeirenta rua principal de sua cidade.

A partir de suas histórias, captava, com frequência, vislumbres da profunda fé de Ernie em Deus, um lugar espiritual ao qual ainda não estava preparada para segui-lo. Admirava-o por isso, até invejava sua paz e serenidade, mas faltava-me a clareza e a convicção que iluminavam a face de Ernie como uma candeia destemida em meio ao temporal mais forte. Ao contrário dele, eu circulava com cuidado minha coletânea de conceitos a respeito de um Deus que nos confundia por causa de seus muitos paradoxos. Mas, então, Ernie via coisas que eu não via.

Certo dia, depois de várias canecas de café e histórias de seus dias solitários de pastor, Ernie levantou-se e jogou seu velho chapéu de feltro sobre sua cabeça.

— Vou descer até o celeiro para ver como seu marido está se saindo com aquela nova baia — disse ele. — Talvez até pregue um prego ou dois enquanto ele está longe, se eu for capaz de ser de alguma ajuda.

Ele virou-se para sair e, a seguir, parou.

— Você por acaso não viu meu canivete por aí, não é mesmo?

Coloquei a caneca de café na pia da cozinha.

— Não, Ernie. Nem mesmo sabia que você carregava um canivete. Quando você o perdeu?

Ele levantou um pouco o chapéu para coçar os cabelos brancos.

— Oh, talvez, agora, façam seis ou oito meses que o perdi. Revirei minha casa toda à procura dele, mas devo tê-lo perdido em outro lugar.

— Se você perdeu o canivete aqui fora há tanto tempo assim, agora ele deve estar enferrujado — disse-lhe.

Ele recolocou o chapéu e sorriu para mim.

— Esta manhã, durante minhas devocionais, mencionei o canivete para o Senhor. Disse-lhe que estava muito frustrado e que se houvesse alguma maneira de ele me mostrar o canivete, com certeza, ficaria agradecido.

Lá foi ele de novo, pensando que Deus ouvia milhões de orações mínimas sobre probleminhas insignificantes. Se Deus respondia realmente às orações de alguma maneira, do que eu duvidava seriamente, ele escolheria os problemas mais sérios, como curar o câncer ou encontrar crianças perdidas, e não desperdiçaria tempo com canivetes perdidos. Fiquei olhando Ernie com carinho enquanto ele se virava, arrastava os pés até a porta de trás e cambaleava até o celeiro. A seguir, recolhi o lixo de casa.

Nosso barril de queimar lixo ficava no jardim, enferrujado e já tinha a cor de um marrom acobreado queimado. Um caminho de terra batida levava a ele, ia lá todos os dias a menos que chovesse. Arrastava o saco de lixo ao longo do caminho, olhando estrada abaixo até o celeiro onde Ernie brincava com algo do lado de fora da porta do celeiro. No barril, levantava o saco de lixo sobre sua boca enferrujada, deixando que o lixo caísse sobre as cinzas no fundo do barril.

Enquanto procurava uma caixa de fósforos no bolso do meu casaco, um raio de sol brilhou contra algo caído ao lado da base do barril de queimar. Abaixei-me e peguei um canivete. Percorri aquele caminho mais de cem vezes nos últimos seis meses e podia jurar em qualquer tribunal que não havia nada ali na poeira antes. O canivete estava limpo e brilhante como se tivesse ficado guardado no bolso de alguém até aquele momento. Sabia que ele não pertencia a meu marido, mas pensei que esse canivete imaculado não podia ser o de Ernie.

Apesar desse bocado de lógica, deixei o lixo sem queimar e desci correndo até o celeiro.

— Veja, Ernie! Veja o que encontrei! — exclamei, segurando o canivete para que examinasse.

Ele olhou para o canivete e sorriu.

— Você achou meu canivete!

Contudo, em vez de pegá-lo da minha mão, seu sorriso evaporou-se, e ele deixou-se cair no tronco que usávamos como lugar de descanso. Sua face empalideceu.

— Ernie, o que está errado? — perguntei, ainda segurando o canivete na mão.

Ele pestanejou ao olhar para o canivete.

— Não pedi a Deus que me deixasse encontrar meu canivete — disse ele vagarosamente —, só pedi que ele me *mostrasse* o canivete.

Agora, era minha vez de sentir os joelhos fraquejarem. Deus realmente ouve e responde às orações mínimas? Fora usada por Deus para responder a Ernie? Talvez tenha sido usada por Deus de uma maneira amorosa a fim de abrir meu coração e olhos para ele. Abaixei os olhos para minha mão estendida e senti a consciência, a calorosa orientação amorosa tão familiar a Ernie. Deus abrira meus olhos o suficiente para vislumbrar o que Ernie sabia que existia havia muito tempo e me pôs no caminho para reconhecer a voz de Deus.

Anita Grimm é formada pela Lewis e Clark College com bacharelado em educação. Agora, quase aposentada, ela é professora em escola pública e privada, presidente de uma corporação, treinadora de cavalos e instrutora de equitação, escritora e editora.

O dom da graça

Como qualquer outro dia, acordei sem-teto, dormindo em um parque, com minhas roupas guardadas em um armário na estação de ônibus. Tinha 23 anos e um ministério batista para trabalhar com crianças, como isso acontecera comigo? Dirigi-me para o bar Arcade, para onde os empresários iam à hora do almoço. Atraente, inteligente e charmosa, sabia que se pagasse meu primeiro drinque, eles cuidariam da conta dali em diante.

Estava tendo um tempo particularmente bom e "não sentindo dor", como eles dizem, quando senti a sensação de um tapinha na minha cabeça e ouvi uma voz firme dizendo-me para procurar os Alcoólicos Anônimos. Era uma voz alta com tom de autoridade. Não tenho certeza se a voz era realmente alta ou se apenas o lugar onde estava era barulhento. Era como se tivesse ouvido a voz audível em minha mente e especulava se alguém mais a escutara. Ela parecia vir de todos os lugares à minha volta.

Quer fosse o estado relaxado em que me encontrava, quer ela apenas me parecesse familiar, a voz não me parecia estranha. Não pensei nela como a voz de Deus, sabia apenas que estava interferindo com meu bom momento. Discuti com ela, implorando que me deixasse na minha diversão, mas sem sucesso. Quero dizer, tudo que sabia do AA era que era um bando de velhos sentados em meio à fumaça de cigarros no porão da igreja, em que meu pai era pastor. Com certeza, não podia ser um deles.

A voz continuou repetindo-se e não me deixava em paz, então desci a escada para pagar o telefonema e liguei para o AA. A mulher disse que perdera a reunião daquele dia, mas haveria outra em dois dias. Agradeci e voltei para minha banqueta do bar e minha farra.

Cinco minutos depois, senti outra vez a sensação de um tapinha na minha cabeça. A voz voltou mais alta que antes. Ela disse-me para telefonar de novo. Discuti com raiva: *Olhe, telefonei e não há reunião, assim, por favor, deixe-me em paz.*

Ela insistia em continuar a me mandar telefonar de novo. Não conseguindo aguentar mais a voz e sem ver nenhuma saída à vista, fui telefonar de novo. Dessa vez, um homem atendeu o telefone e disse-me que se tomasse o ônibus que passava na porta do Arcade, o ônibus me levaria ao local onde havia uma reunião naquela noite.

Relutante, segui as instruções. Na verdade, peguei o ônibus errado, e o motorista me colocou no ônibus certo. Cheguei à reunião por meio da providência divina. Alguém me perguntou há quanto tempo estava sóbria. Estava bêbada e devia estar cheirando a álcool. Não consegui lhes dizer qual fora a última vez que ficara sem beber. Quando me perguntaram se era alcoólatra, apenas ri e perguntei-lhes o que era uma alcoólatra. Nem mesmo sabia o que estava fazendo lá. Eles puseram o assunto como tópico de discussão, e eu apenas chorava e chorava. O pensamento de que podia ser alcoólatra e nunca mais pudesse beber era esmagadoramente devastadora: vivia para beber meus sentimentos e conseguir ficar embotada. Devia ter vontade de morrer, uma vez que me colocava constantemente em situações perigosas nas quais me sentia vulnerável.

Os membros do AA mostraram-me os primeiros doze passos para a recuperação. Eles dizem: "Não tenho poder sobre o álcool e minha vida tornou-se ingovernável." Sabia que minha vida era ingovernável — isso estava bastante claro — mas e eu? Não tinha poder sobre a cerveja? Não achava isso. Eles disseram-me para tomar apenas dois drinques por dia pelos próximos trinta dias e dizer a eles como isso funcionou.

No terceiro dia, acordei em um motel em outro estado, sem um centavo no bolso nem a mais leve pista de como chegara lá. Sabia que estava perdida. Tive de ir à polícia estadual para que me enviassem de um estado para outro e chegasse à casa dos meus pais. Meus pais haviam me dito há muito tempo que se continuasse a beber, não poderia ir para casa. Disse-lhes que estava pronta para capitular e acabar com a bebida e as drogas, então eles deixaram-me ficar. Minha vontade fora quebrantada, embora, de início, tivesse dito desafiadoramente:

— Bom, está certo, se é isso que você quer, Deus, então, tudo bem!

Sentia raiva, embora estivesse disposta a ter boa vontade.

Dois anos antes, sentara-me em meu lugar favorito na mata perto da casa de meus pais bebendo, fumando maconha, ponderando sobre a vida e comungando com a natureza. Costumava pensar que se ficasse bastante alta, poderia alcançar a Deus. Na verdade, dissera a Deus que planejava entregar minha vida a ele, mas ainda não estava pronta. Tinha ainda muitas festas das quais queria participar! Acho que Deus cansou de esperar que eu fosse até ele e resolveu interferir.

Agora, um dia depois de voltar para casa de uma caminhada, encontrei-me de volta em meu lugar favorito na mata. Fiquei lá — dessa vez, sóbria —, abri meus braços e disse:

— Pegue-me, Deus. Sou sua. Faça comigo o que quiser.

Isso foi em 1983. Tem sido uma estrada difícil, mas Deus nunca me deixou sem conforto. Tinha feito tanta besteira que tive de ir para uma clínica de reabilitação. Enquanto estava lá, descobri minha gravidez por causa de um estupro. Todos disseram para abortar o bebê, mas tinha dado uma filha para adoção quando tinha dezesseis anos. Isso iniciara o processo de beber e não sabia se aguentaria mental e emocionalmente sobreviver a um aborto. Não tinha ideia do que fazer.

Na reabilitação, eles ensinaram-nos a meditar. Certo dia, sentada em minha cama-beliche, praticando meditação profunda e silenciosa, ponderei sobre o que fazer com esse minúsculo feto crescendo em meu interior. Pesquisava, buscava alguma forma de orientação. De repente, apareceram diante de mim dois camaradas com hábito branco. Era como se pudesse vê-los em minha mente.

De início, fiquei assustada, mas, tendo um pai ministro, sempre tive uma fé profunda e fui praticamente criada na igreja. Além disso, minha mãe era ministra Rosacruz, e quando eu não estava na igreja, enfiava-me no quarto dela para ler seus livros sobre os mistérios e os essênios e um Jesus muito diferente do que aprendia na igreja. Desde a adolescência, vivenciava de vez em quando a presença de seres angélicos. Esses dois seres pareciam do sexo masculino, mas era difícil saber. Eles disseram que eu teria outra menina e que ela viria só para mim. Eles explicaram que ela era um dom de Deus, uma substituta da que fora dada para adoção. Eles até mesmo me disseram o nome dela e o soletraram para mim.

A partir daí, nunca olhei para o passado nem questionei o método da concepção dela. Tive esse bebê, e ela é a maior alegria e presente da minha vida. Ela é uma pessoa bonita, sensível e afetuosa que sente afinidade pela população sem-teto e, atualmente, está tirando seu título de mestre em trabalho social. Brienna salvou minha vida tantas vezes em todos esses anos e é o dom da graça que recebi neste mundo. Todos os dias, agradeço a Deus por ela.

Com exceção de uma "escorregadela" de quatro meses dezessete anos atrás, permaneço sóbria desde então.

A paixão de toda a vida de Raena Avalon é ajudar animais e pessoas por intermédio de organizações voluntárias variando de maratonas de arrecadação de recursos para portadores de paralisia cerebral a cozinhas de distribuição de sopa. Mãe de três filhas adultas, ela compartilha sua vida com os outros em Sedona, Arizona, morando com dois gatos e um cachorro estimados.

Lembrando-se da unidade

Idiota, PENSEI QUANDO SAÍ DA reunião de doze passos e atravessei a rua em frente ao local. *Por que você não falou com ele? Como ele vai conhecê-la ou você a ele, quando você não consegue nem mesmo juntar coragem para falar com ele?*

Com certeza, ele já ouvira minha história muitas vezes antes de ela ser compartilhada em uma reunião: sou filha de um alcoólatra e me recupero de uma infância traumática e também de muitos anos no vício. Por que tinha tanto medo de falar com ele fora de uma reunião? Quantas vezes já vivi essa mesma cena antiga, pedindo a Deus para acabar com meu temor e, todavia, ainda sentindo muito medo de me aproximar dele?

— Por que tenho tanto medo, Deus? — perguntei. — Por favor, mostre-me o que fazer. Não posso continuar assim, ficando petrificada pelo próprio medo.

Momentos depois de fazer essa pergunta, senti uma urgência repentina e forte de entrar em uma pequena livraria. Pedira a Deus para me mostrar o que precisava ver. Uma prateleira em particular parecia mais atraente, então perambulei em torno dela e notei um livro de capa verde escrita com letras douradas cheias de arabescos que falavam sobre os ensinamentos de Jesus e do Espírito Santo. *Senti* que esse livro era o motivo para eu estar ali. Tinha dinheiro apenas suficiente para comprar o livro e pagar a passagem de ônibus de volta para casa. Senti-me em paz sabendo que à minha volta tudo fora arranjado com perfeita orquestração.

Durante três meses, submergi nos ensinamentos do livro. Cada parágrafo deixava minha mente perplexa. Só conseguia ler duas ou três seções antes de uma estranha exaustão se apoderar de mim e tinha de me deitar. Uma tarde em particular, quando a exaustão bateu, fiquei em uma posição confortável sobre o sofá pensando pacificamente em Jesus. Enquanto arrumava as almofadas, de repente, percebi que uma voz gentil e amorosa de homem falava comigo em minha mente. Perplexa, apaixonei-me no mesmo instante. Estava claro que a voz era de Jesus.

Ouvia atentamente enquanto ele explicava as passagens do livro de uma forma que se encaixava facilmente com meus próprios conceitos e ideias espirituais. Ele falava na minha linguagem e de uma forma tão estranhamente familiar que logo me entreguei a ouvir o que ele estava ensinando. Adormeci ouvindo o amor falar na voz de Jesus. Ao despertar, não podia conter o amor e a gratidão que sentia. Meu sorriso não cabia na minha face. Estava maravilhada com a clareza e a percepção que sua voz me trouxera.

Continuei a ouvir a Jesus, embora a comunicação fosse esporádica. Ainda não percebera que ele está sempre comigo e que posso chamá-lo a qualquer momento. Às vezes, desperto no meio da noite, maravilhada por ser ensinada durante meu sono. Comecei a entregarme toda noite ao cuidado do Espírito Santo com esse propósito. Descobri que o Espírito Santo podia levar embora a ansiedade, o descontentamento, a raiva, a tristeza e a culpa, substituindo esses sentimentos por uma sensação indescritível de paz, amor e alegria.

Quando orava pedindo orientação, convidando o Espírito Santo a ser meus olhos e ouvidos, desejando apenas ver e ouvir o que ele tinha para eu ouvir, acontecia com frequência algo milagroso em meu interior. Foi-me mostrado que o amor estava em todos os lugares quando o Espírito Santo estava olhando *comigo*.

Certa noite, senti um desejo inacreditável de convidar o Espírito Santo e Jesus para ter tudo de mim. Com uma convicção e disposição que nunca sentira antes, entreguei-me à vontade de meu Pai. Chovia lá fora, enquanto era levada pelo sono. Assustei-me com uma sacudidela quando todo o universo soprou fortemente onde minha cabeça estivera repousada um momento antes. Agora, a chuva lá de fora chovia no meu *interior*. Caía uma chuva viva que me limpava toda, contudo a chuva também era eu. Não era mais um corpo deitado em minha cama, era o universo, e nada existia fora de mim. Era uma com Deus e toda a existência. Nunca me senti tão completa e tão viva. Uma energia incrível clareou seu caminho ao meu âmago, depois partiu no lugar em que o universo entrou, deixando-me deitada em um corpo sobre uma cama. Agora, sei com certeza que minha realidade era Espírito, ele mesmo unido ao meu Criador e a todo aspecto da criação.

Naquele dia, há muito tempo, minha oração foi respondida quando saí da reunião dos doze passos, orando para encontrar uma forma de me libertar do medo. Hoje, os milagres iluminam meu caminho, pois não caminho sozinha e, por isso, sou eternamente grata.

Nicole Gleason é mãe de duas belas gêmeas, Amber e Brighid. Ela é desenhista gráfica e faz projetos de páginas da internet e gosta de escrever, de ensinar e de ajudar os outros da maneira que puder.

O amor de Lukie

QUINZE DE MARÇO DE 2005. Passei dos limites naquele dia. Foi uma coisa simples.

Dormia no *futon* do quarto extra da casa do meu irmão. Com esposa e cinco filhos, a casa de Sean já vivia cheia. Minha cunhada, Karen, logo entrou no quarto para acrescentar algum produto à caixa de material para reciclagem. A luz estava apagada. Ela murmurou uma desculpa e um breve comentário:

— É só um segundo. Chris, está tudo certo?

Fazia parte do nosso acordo que quando eu apagasse a luz, ninguém entrava mais no quarto extra. À noite, era o meu quarto, o meu espaço, meu bocado de privacidade. É verdade, dividia-o com o recipiente de lixo para reciclar, mas como ela podia esquecer e ser tão descuidada? Ela remexeu no saco de lixo para arrumar esse item a mais. Já estava chorando por dentro, mas sussurrei de volta para ela.

— Claro, sem problema.

Como ela podia fazer isto comigo: ultrapassar a frágil linha de privacidade e respeito?

Estava devastada. Ela não sabia que seu pequeno ato de desrespeito me fazia passar dos limites? Descia a ladeira escorregadia imersa em desespero e sem ter para onde ir. Como ela pudera ignorar nosso acordo? Como ela não notara meu dilúvio de lágrimas silenciosas quando entrou no meu quarto? Era só uma peça de plástico, e foi uma intromissão rápida — trinta segundos —, mas podia ter esperado até a manhã seguinte. Isso era tudo que tinha para me segurar naquele momento: um simples acordo e 41 anos de desespero. Bem, não exatamente 41 anos. O desespero só chegara quando tinha cinco ou seis anos. Então, deixemos por 35 anos de desespero. E essa noite, cheguei ao meu limite absoluto. Foi a gota d'água. Meu coração, minha mente e tudo o mais em minha vida estava arruinado.

Despertara no 15.º dia de março com certa calma interior. Devia ser meu último dia na terra. Parecia que o plano e a decisão foram estabelecidos enquanto dormia. Comecei com alguns comprimidos de aspirina no café da manhã, sabendo que a aspirina afinaria meu sangue. Uma arma de fogo seria mais rápido, mas essa possibilidade estava totalmente fora de questão — uma forma muito radical e com muito derramamento de sangue para mim. E não podia fazer isso, à noite, na casa deles com todas essas crianças. Como poderia permitir que Lukie, de quatro anos, abrisse a cortina do chuveiro na manhã seguinte e encontrasse sua tia favorita imóvel em uma banheira cheia de água avermelhada? Telefonei para o hotel Ramada: noventa reais — preço acessível e também meu número predileto. Definitivamente, um bom sinal. Espero que a banheira deles seja limpa e do meu comprimento. Não gosto da imagem do meu joelho levantando-se no meio de toda aquela água vermelha.

Nunca imaginei que minha experiência na escola de culinária terminaria assim, mas não contava que o desespero aumentasse em meu interior até que transpirasse por todos os meus poros. A padaria onde fiz meu aprendizado prático era um obstáculo difícil, mas apareci para trabalhar como sempre nesse meu último dia na Terra. Durante o dia todo, cozinhei suflês e bolos de queijo, agarrei-me à clara imagem do meu corpo naquela banheira. Era um adorável matiz de vermelho. A cada 56 dias, a Cruz Vermelha americana recebia minha doação — é irônico como doava sangue regularmente para salvar vidas e, essa noite, daria todo ele para tirar minha vida. Meu sangue sempre fora forte e seguro e fluía sem esforço. Sabia que essa era a maneira de partir.

Cozinhei aquele dia todo mastigando aspirina. No caminho para casa, comprei uma garrafa de vodka Grey Goose. Por que não beber a melhor bebida no meu último dia?

Disse a Karen que ficaria fora por algumas horas em algum jantar. Ela olhou-me com preocupação enquanto trocava a fralda de Meghan no chão.

— Qual é o problema, Chris? Você parece chateada.

Olhei por cima dela e do bebê.

— Oh, é apenas um daqueles dias. — *Jesus Cristo Altíssimo!* Lá estava eu, aspirando ao fim amargo. Mas o que diria? *Você e sua desconsideração fizeram-me ultrapassar meu limite e aqui estou, com a navalha embrulhada e pronta para ir.* Como ela poderia responder a isso? Afasteime de Karen e despedi-me.

Tentei escapar pela porta da frente sem ser notada. Não aguentaria me despedir das crianças. Mas Lukie pegou-me na porta.

— Tia Chris, quando você volta? — perguntou ele de sua maneira com atraso de desenvolvimento.

Ele sorria para mim. Segurei a respiração, segurei as lágrimas e estendi a mão para ele. Dei um abraço bem apertado e um beijo de despedida.

Tinha decidido ir ao Z'Tejas para tomar uma margarita antes de ir para o hotel. Inclinei a cabeça sobre a mesa vazia no canto mais afastado do bar. Era noite de terça-feira — estava no início da noite, o bastante para me fornecer alguma quietude. A garçonete, Lynn, percebeu minha presença e veio até onde eu estava. Meus olhos estavam inchados por causa do meu plano e não consegui mais segurar as lágrimas.

— Por favor, margarita de Chambord —, murmurei para ela.

Lynn afastou-se, reconhecendo a dor quando a via. Abri minha agenda para que as lágrimas e a dor pudessem fluir de minha caneta.

Escrevi com fúria: "Ó, Deus, como Sean vai explicar para Luke e Ben, para Jack e Amanda que a tia Chris morreu na noite passada no hotel Ramada de Scottsdale? Que palavras ele pode usar para descrever esse ato final de desespero e dor? Como ele os ajudará a lidar com a perda? Como a mente e o coração de quatro anos de Lukie lidará com o simples fato de que na noite passada a tia Chris não veio para casa e nunca mais viria?"

Focava minha mente naquele adorável matiz de vermelho. Mas essas crianças me amavam, e Megham, a caçula, nunca me conheceria. Sean e Karen ficariam devastados ao pensar que eu vivera com eles por um ano só para morrer no Ramada de Scottsdale. Mas, pelo menos, eu demonstraria alguma cortesia e tinha um claro senso de limites; não faria isso na casa deles, e o Ramada custava apenas noventa reais por noite.

Lynn estava diante de mim de novo.

— Oh, sim, vou tomar outra margarita e a torrada de camarão também, por favor — disse enquanto pensava: *Talvez um pouco de comida traga alguma clareza.*

Por dentro, meu coração gritava: *Deus, não suporto mais isso. Veja minha vida. Deus, o Senhor ao menos me vê? Ouve minha voz? Conhece as dores do meu coração?*

Pegava o lenço de papel em minha bolsa enquanto dava outro gole na minha margarita. Estava deliciosa. Assoava o nariz quando, de repente, ouvi a voz de Lukie.

— Tia Chris, quando você volta?

Meu coração quase parou. Meus olhos espiaram por sobre o lenço de papel. Não havia ninguém à vista. O bar ainda estava bem vazio. Esperei mais um pouco.

Deus, é o Senhor? Não brinque comigo. Por favor, Deus, não agora. Minhas únicas opções são a navalha e uma garrafa de vodka. Não sei mais o que fazer, como viver. Então é isso, Deus. Dê-me uma folga. Chega.

Silêncio. Se Deus não estava ouvindo, não tinha a menor importância. Olhei para o meu drinque. A seguir, ouvi a voz de Lukie de novo.

— Tia Chris, quando você volta?

Olhei em volta. Não tinha ninguém lá. As lágrimas correram por minhas faces. Fechei os olhos e inclinei a cabeça. Não queria que ninguém me visse chorando assim, mas não conseguia parar. Meu corpo tremia. Meu coração estava agitado. A alegria brotou em mim, inundando-me. Chorei mais uma vez.

Deus, é Senhor? Não conseguia estancar minhas lágrimas e havia ainda mais alegria — essa inexplicável alegria, de alguma maneira, brotava nas fendas do meu coração. Como isso era possível?

Seis meses, Deus, clamei pela última vez. *Se for realmente o Senhor, dei-lhe seis meses para fazer algo da minha vida.* Recuperei o fôlego. Passei mais uma vez o lenço de papel pela face, tentando limpá-la.

Sacudi a cabeça, pus os lenços de papel e os artigos de prata sobre o prato e sorri. Aqui estava eu, toda em desordem, fazendo papel de tola no fundo de um bar, todavia sentindo-me viva, sentindo alguma esperança, insegura, mas sabendo que acabara de dar o primeiro passo. Respirei e procurei a chave do carro na carteira. Esquecera o hotel Ramada. Precisava ir para casa e dar um beijo de boa-noite em Lukie.

Christine Power trabalha no Hospital St. Joseph e no Centro Médico de Phoenix, Arizona. Voltar para um trabalho regular não era seu plano original depois da escola de culinária, mas Chris começou a trabalhar no St. Joseph no dia 12 de setembro de 2005, apenas três dias antes do fim de seu acordo de seis meses com Deus.

De monstro a emissário

— QUEM É? — GRITOU MINHA NOIVA EM pânico quando, embriagado, tropecei no sapato dela. Ela acendera a luz bem a tempo de me ver sair da cama dela segurando sua arma com força. Ainda não entendo como ela conseguiu me parar antes de eu sair pela porta da frente. Ela, com energia frenética e super-humana, superou minha determinação de ir e transformar em um exemplo o homem que me interpelara no bar.

Naquele momento, você não teria me convencido de que, um dia, eu me esforçaria para me tornar um pacificador espiritual.

Em minha raiva implacável, marcara aquele homem do bar para sofrer por todas as injustiças que a vida me reservara. Minha mãe abusara sadicamente de mim, isolando-me de meus irmãos e da sociedade. Eu não podia interagir com nenhuma criança que não fosse da religião da minha mãe. Ela forçou brutalmente o "temor de Deus" em meu interior enquanto ignorava minha necessidade de ensino e de amor. Durante anos, um homem alto da igreja molestou-me. O pai a quem procurara para proteção me decepcionou — incapaz de tolerar o abuso de minha mãe, ele afastou-se de casa, deixando-me para me defender sozinho e, depois, abandonou-me completamente ao morrer de leucemia quando eu tinha treze anos.

No fim, todo esse sofrimento levou-me a me envolver com uma gangue enquanto procurava companhia e apoio. Juntar-me a uma gangue foi um ato de rebeldia contra o controle imposto sobre mim pelas interpretações da Bíblia e a lavagem cerebral religiosa, além de uma tentativa de escapar da culpa da minha consciência hiperativa. Fui bem-sucedido e pude sentir raiva à vontade.

Aonde eu ia, partia para o ataque e provocava um caos. No Exército, descobri o efeito entorpecedor da cerveja, embora nem mesmo a cerveja conseguisse eliminar minha dor, solidão ou confusão. Meu comportamento rendeu-me trinta dias preso na reabilitação e me levou a declarar:

— *Chega*! Não quero mais isso!

Decidi procurar ajuda pessoal.

O processo de cura e mudança levou vinte excruciantes anos. Estudei os ensinamentos e preceitos espirituais de outras religiões, imergindo em cada uma delas por um tempo. Simplesmente não conseguia seguir algum "caminho" em particular. Coletei bocados úteis de cada uma, mas precisava de algo mais liberador e íntimo. Sobrecarregado de teorias e crenças espirituais, meu ego pôs-me em uma turbulência de desespero, chegando ao desamparo e à desesperança. Queria experimentar a verdade.

Certo dia, deparei-me com um panfleto falando da formação de um novo grupo de estudo para discutir conceitos a respeito de Deus. Os termos *Deus* e *Jesus* provocam grande desconforto em mim à medida que os associo com experiências dolorosas da minha juventude, mas surge uma vaga esperança. Participando, ouvi minhas percepções e crenças expressas por outros. Pude discutir minhas ideias blasfemas sem medo de retaliação. Isso foi ótimo!

E, assim, minhas batalhas tornaram-se espirituais e internas. Meu ego perguntava: quem achava que era, buscando um relacionamento com Deus depois de produzir tanto caos e brincar com a vida? Como eu poderia remotamente merecer a consideração de Deus, o que dirá seu amor? Além disso, era viciado em drama. Entusiasmava-me em pensar que poderia me tornar uma força positiva para a humanidade, que poderia viver de forma a abrandar a desumanidade que sempre testemunhara..., mas talvez, apenas talvez, pudesse usar minhas experiências dolorosas para me aproximar daqueles que ainda sofriam e se sentiam perdidos. Exultava com essa ideia — e fiquei amedrontado.

No final dos meus quarenta anos, depois de extenso aconselhamento, dei o primeiro passo para sair de meu isolamento em uma floresta para ir para uma instituição social e, imediatamente, quis ajudar outros a ir além de seu sofrimento. A viagem ao meu interior para mostrar aos outros a espiritualidade não religiosa que encontrei foi difícil. Pensava em todas as vezes e em todos os lugares em que Deus pôs a mão para me manter vivo, são e salvo, para não falar fora da prisão. *Com certeza*, meu ego disse-me, *sou suspeito — também, depois de todos meus anos de amargura, de inferno e de brutalidade, como alguém pode acreditar que mudei totalmente?* Ainda falta tanto para atingir meu objetivo. Mas meu coração não seguia nada do raciocínio do meu ego. Um novo desejo acendera-se em mim. Meu coração disse: *Peça que seu crescimento seja mais rápido.*

Talvez eu, finalmente, estivesse *ficando* insano! Como poderia apressar meu crescimento espiritual? A palavra *oração* explodiu na minha mente. Oração? Não orava desde que meu pai ficara doente, e a oração não o salvara. Senti-me mais digno naquela época, mas vivera muita coisa desde os treze anos. Como poderia avaliar o merecimento agora? Por que Deus me ouviria agora? Contudo, entrei na internet e digitei: "oração".

Um *site* chamou minha atenção. Ele afirmava que podíamos ouvir a voz de Deus em nosso *interior*. Tudo que lera ou ouvira sempre me soara como verdade, e isso também. Entrei no *site* e encontrei orientação reconfortante que parecia sensata e proveniente de boa fonte. A mensagem que encontrei aconselhava estender amor a todo pensamento de dúvida e de julgamento. E, depois, devia abençoá-los! Li as palavras: "Seja receptivo a qualquer coisa que venha a você, seja como vier." Que desafio. Que incondicionalidade! Confiar e ficar calmo. Ouvir calmamente, com paciência. Isso é tudo.

O ceticismo do meu ego não conseguiu elucidar meu interesse nesse novo desafio. O Espírito estava emergindo. Faria o teste de trinta dias do "Curso como ouvir a voz de Deus". Nada aconteceu até o 75.º dia na terceira vez que seguia o programa. Quando perguntei o que poderia fazer a respeito da interferência do meu ego, a mensagem veio: "Está tudo bem." Isso me arrasou. Essa não era minha ideia de uma resposta, mas, de forma surpreendente, ela eliminou completamente todo estresse, turbulência e angústia. Fiquei com um vazio que não consigo descrever. Era um êxtase doce e sutil? O sentimento persistia. Meus 65 anos de sofrimento acabaram com uma batida do coração!

Como, pensei, isso pode ser verdade? Senti um alívio tão grande que não sabia como lidar com ele. Nos olhos da minha mente, de repente, vi-me naquela noite tão distante tentando pegar aquela arma. Mas procurava o rosto da minha mãe, não o do homem que me interpelara no bar. Depois, vi o rosto do homem que me molestou, o rosto dos valentões que me atormentaram. Queria vingar-me deles todos, mas outra mensagem veio por intermédio dessas visões. Ela revelou que cada uma dessas pessoas não passava de um reflexo do meu ser. Fiquei chocado com a revelação de que cada uma delas também sofreu.

Enterneci-me, queria abraçá-los com perdão e compreensão compassiva. Perdoei-me também por participar daquela forma negativa de vida e por perpetrá-la. Meus pensamentos voltam-se para a recente visita de uma semana que fiz para minha mãe. Consegui ser eu mesmo com ela e falar minha verdade pela primeira vez. Sei que ela escutou-me e ouviu-me. Enquanto me preparava para partir, ela abraçou-me e chorou suavemente, agradecendo-me e dizendo:

—Você é meu prêmio, filho.

Obrigado, Deus.

Agora, não questiono nada do que continua a acontecer. Aplico todos os dias as lições que aprendi no curso sobre a voz de Deus, estendendo amor a todos e a tudo. Sou cristão convicto! Minha vida começou a fluir com graça. Louvo a Deus por ter tido essa oportunidade de começar de novo e de amar a vida. Descobri que transcender as trevas não tem nada que ver com subjugá-los ou eliminá-las, mas em se tornar maior que elas, mais amplo que elas, muito brilhante para elas. Gosto de ser guiado aqui.

Stephen Ruiz nasceu em 1941, em Los Angeles, Califórnia. Ele serviu no Exército no Vietnã e foi contratado pelo serviço postal em 1966. Stephen, agora aposentado, vive em Coos Bay, Oregon, e ama fazer caminhadas nas florestas e perambular pelas praias.

A ouvinte

Ó, Deus, leva-nos do irreal para o real.
Ó, Deus, leva-nos das trevas para a luz.
Ó, Deus, leva-nos da morte para a imortalidade.

— extrato da "oração hindu para a paz" dos *upanishads*

Sempre fui uma ouvinte. Ouvia as palavras do meu padrasto e tios se tornarem incompreensíveis conforme ficavam mais e mais bêbados. Ouvia a fala descontrolada, paranoica e esquizofrênica do meu irmão. Ouvia a raiva da minha mãe contra mim e minha irmã.

— Suas porqueiras, vou esganá-las!

Ouvir essas coisas fez-me saber que era verdadeiramente um risco. Se não as tivesse ouvido, não estaria aqui hoje. E se não tivesse ouvido meu amigo Chris alguns anos atrás, ele também podia não estar aqui hoje.

Ouvi quando recebi seu primeiro telefonema de longa distância. O que *ouvi* foi totalmente diferente do que escutei. Ouvi as palavras dele:

— Não tenho passado muito bem, mas estou muito melhor agora.

O que ouvi foi o tom mais alto e a instabilidade da voz dele. Ouvi o volume dela — muito calmo para suas palavras serem convincentes. Já sabia que algo estava errado antes do telefonema porque "ouvi" as cartas que ele escrevera. Havia alguma coisa que *não estava indo bem* com eles.

Chris sabia que tinha se isolado demais e precisava ter mais contato com as pessoas que o amavam. Ele disse que me telefonaria com regularidade, mas isso foi bem antes de ele telefonar novamente, e fiquei bastante alarmada porque ele parecia estar muito pior. Ele parecia ficar aterrorizado quando pensava em falar no que o incomodava, tinha medo de que pôr em palavras o que lhe atormentava tornasse a coisa real. Suspeitava que algo já acontecera, e que ele estava com medo do que aconteceria a seguir.

— Sempre me sinto melhor se falo sobre o que está me incomodando — falei para ele. — Não falar do assunto o deixa preso a ele. Talvez se você falasse a respeito do assunto, isso tiraria um pouco da pressão que está sentindo para que você possa ultrapassar isso.

Chris era meu jovem favorito. O fato de ser 21 anos mais velha não era impedimento para compartilharmos livremente nossos pensamentos e sentimentos mais profundos. Ele até mesmo me ajudou a curar algumas feridas da minha criação disfuncional. Ele era uma pessoa aberta, boa e compassiva que, agora, fora tomado por esse temor paralisante e ficava apavorado até mesmo de falar a respeito dele. Ele precisava de cura em um grau profundo, algo que pudesse transpassar a treva que o envolvia e o libertasse. Estava profundamente preocupada e queria estar presente para ele. Nem mesmo tentara decidir o que fazer a respeito disso. Apenas perguntei:

— *Como posso ajudar?* — e continuei a ouvir.

Ele não teve vontade de dizer o que o estava incomodando durante esse telefonema, mas quando tive notícias dele de novo, ele decidiu contar-me tudo a despeito do terror que sentia. Ele estava traumatizado. A voz dele soava firme, embora achasse que devia estar devastado enquanto me contava pelo que passara quando estava no estado de Washington: a gravidez da namorada, o aborto e a partida dela.

Agora, ele estava no Oregon, onde vivia sozinho em uma cabana de um amigo. À medida que falava como estava sua vida, sua voz ficava mais reservada, mais alta e mais instável. Ele não estava comendo direito. Ele tivera ataques de pânico. Perguntava-me se estava tendo um ataque de pânico enquanto falava. Com voz subjugada pelo medo, quase inaudível, ele disse:

— Não tenho certeza se vou superar isso.

Eu estava em alerta total. Essas eram as palavras que ele tinha medo que se tornassem reais, e eu o tinha encorajado a dizê-las! Agora tinha de dizer as palavras certas para acabar com o medo dele, garantir sua segurança e fazê-lo saber sem sombra de dúvida o que era real. E precisava dizer essas palavras agora. Onde *estavam* elas?

A ajuda chegou porque minha atenção foi atraída por algo que ele disse de várias maneiras durante toda a conversa.

— Quando estou do outro lado disso, tudo fica bem.

Ou:

— Sei que ficarei bem depois que superar isso.

Essas palavras soaram fora de sincronia para mim, como se estivessem no plano de tempo errado. Perguntava-me por que elas chamaram minha atenção com tanta força.

Quando as ouvi de novo, um brilho totalmente presente, vibrante de vida e exuberante de calor e paz, pululante de vida tomou conta de mim. Estava a toda minha volta e, ao mesmo tempo, em mim. Senti-me alerta, mas calma. Era como se sentisse o amor incondicional de Deus por Chris *e* por mim, experimentando-nos como os seres perfeitos que Deus nos fizera para sermos. Senti-me amada incondicionalmente por Deus e senti amor incondicional por Chris, e tudo ficou certo *no mesmo momento.*

Toda a tensão e preocupação que sentira por Chris evaporaram-se como se nunca tivessem existido. O amor perfeito e incondicional brilhou por intermédio da voz trêmula e quase inaudível dele, por meio da dor que vivenciara, por intermédio do medo de que não superasse isso. O sentimento de Chris e o meu unidos com Deus era tudo que existia naquele momento, e as palavras:

—Você acaba de ficar bem — escaparam da minha boca.

Se tivesse tentado decidir quais eram as melhores palavras para dizer, com certeza não teria dito essas simples e breves palavras esperando fazer, com elas, alguma diferença. Chris pensaria que estava louca por dizer isso, ou que era insensível ou estúpida? *Sabia* que eram as palavras certas. Elas foram fruto de um dos momentos mais vívidos que já vivenciara. Perguntava-me se Chris as tinha escutado ou se as tinha *realmente* ouvido. O breve silêncio era cheio de possibilidades.

— Uau, Kathleen, gostaria que você pudesse estar 24 horas por dia comigo, assim você me lembraria delas cada vez que eu as esquecesse!

Ele não as escutara apenas. Ele foi bastante receptivo para recebê-las e aceitá-las. Imediatamente, ele pareceu melhor. Não sei de nada, mas a voz de Deus tem poder de penetrar profundamente e iniciara a cura com essa rapidez. O medo de Chris não tinha nenhuma chance de superá-las.

Os meses seguintes foram acidentados, mas Chris logo voltou para Michigan. Um amigo convidou-o para trabalhar em sua casa no negócio de consertos, e o trabalho físico ajudou a firmá-lo. Quando ele começou o treino para se tornar um professor de ioga com certificado, ele sentiu que estava no caminho certo. Às vezes, pergunto-me o que as palavras "você acaba de ficar bem", representaram para ele. O que ele sentiu quando ouviu essas palavras?

No meu aniversário, ele enviou-me um cartão contando sobre a história que ouvira de uma mulher que nascera em uma família real indiana. Ela apaixonou-se por um servo e, a fim de ser fiel a seu coração, fugiu com ele e ficou anos sem ver a família. Os dois tiveram dois filhos e logo depois do nascimento do segundo filho, ela sentiu um grande desejo de ver os pais. A pequena família iniciou a viagem. Aconteceu-lhes uma tragédia atrás de outra. Os filhos e os pais foram mortos. Infelizmente, a jovem mulher retornou para sua casa para vê-la consumida pelas chamas, toda destruída. Perder tudo a deixou louca de dor, e ela rasgou suas roupas e vagava nua pelas ruas de sua cidade. O povo a temia e abusava dela, atirando pedras e xingando-a de nomes feios.

Certo dia, ela vagueava perto de um monge que estava falando com um grupo de pessoas. Havia tanta bondade e compaixão na voz e nas palavras dele, que elas ultrapassaram sua loucura e a trouxeram de volta ao seu juízo. Ela assentou-se e ouviu-as. Alguns membros do grupo encontraram um xale e deram para ela. Ela usou-o pelo resto de sua vida, trabalhando sem descanso para aliviar o sofrimento humano. E, depois, ele escreveu:

> Só quero lhe contar, Kathleen, que você foi como essas palavras de compaixão e empatia que ajudaram a transpassar a bolha de sofrimento em que eu estava preso. Você é o tecido do xale dado bondosamente para cobrir, aquecer e confortar. Oro — na verdade, sei — que você é esse xale, essa bondade que visto em meu próprio trabalho de trazer grande amor e compaixão para o mundo. Obrigado do fundo do coração, Kathleen, pelo *equipamento*.
>
> Feliz aniversário, querida amiga.
>
> Com amor,
>
> CHRIS

Kathleen Hellenberg trabalhava como repórter do tribunal em Wisconsin, ensinava a habilidade aos outros e, por fim, tornou-se secretária legal. Ela mudou-se para Michigan, casou-se e ficou em casa para educar os dois filhos. Agora, ela cria cerimônias de casamentos costumizadas.

Iniciação

Aos vinte anos de idade, pela primeira vez, passei a morar por conta própria em um apartamentinho aconchegante no centro de Victoria, Colúmbia Britânica, Canadá. Nas primeiras horas de uma manhã, acordei para o que parecia ser o som de um trem de carga fendendo minha cama. As paredes, a escrivaninha, a penteadeira e tudo nele chacoalhava violentamente. Era um terremoto, e tinha certeza de que minha morte era iminente. Já tivera experiência com tremores de terra antes, mas nada como esse! Enquanto meu coração explodia em meu peito, e meu estômago subia para minha boca, senti uma presença inesperada aproximar-se de mim. Senti-me como se tivesse sido levantada nos braços do que só poderia descrever como um ser semelhante a Cristo — talvez Jesus Cristo mesmo. Uma calma acolhedora e pacífica assentou meu estômago e acalmou meu coração. Meu corpo ainda estava na cama, todavia, naquele momento, estava consciente de estar sendo segurada.

Não fui criada em uma família religiosa, mas sofri influência por viver em uma sociedade cristã. Desde que comecei a falar, fazia perguntas sem-fim sobre o sentido da vida e, não satisfeita com as respostas, nunca me senti totalmente confortável neste planeta. Quando era criancinha, acreditava que a vida era como um jardim da infância sem professora.

De vez em quando, frequentava a igreja com amigas, mas logo descobri que isso não era para mim.

Aos 7 anos, a crise cubana dos mísseis confirmou meus temores. Na escola, recebíamos treinamento para nos escondermos debaixo da carteira em caso de uma bomba espatifar as janelas. Outra lição da escola que deixou uma impressão duradoura foi a história sobre um homem que tivera uma experiência de quase morte. Quando seu amigo reviveu-o, ele gritou:

— Deixe-me ir! Eu estava livre! É um inferno aqui na Terra!

Talvez isso tenha contribuído para minha atitude cínica na adolescência. Nunca pedi para nascer e aumentava minha indignação em relação a ter de aguentar essa coisa chamada "vida". Claro que meus pais não me entendiam de maneira alguma, pois eles atravessaram a Grande Depressão e a Segunda Guerra Mundial. Do que eu podia reclamar? É verdade, do ponto de vista material, tinha uma situação bastante confortável, mas com a ameaça de guerra atômica e as conversas de surgimento de desastres ambientais, não tinha fundação espiritual em relação ao que havia para se sentir feliz? Acho que minha atitude era muito predominante na minha geração. Não estávamos ocupados em sobreviver, portanto tínhamos tempo de sobra para pensar e imaginar os piores cenários.

Tudo isso mudou quando fui embalada nos braços dessa figura do outro mundo enquanto o terremoto rugia ao meu redor. De repente, soube que não havia nada a temer. Estranhamente, tudo aquilo parecia "normal". Ao menos estava com alguém que me manteria a salvo.

Na manhã seguinte, ainda era a mesma pessoa. Se alguém sacudisse minha cadeira, isso provocaria o irrompimento daquele medo provocado por terremotos. Mas uma semente fora plantada, e as raízes dela continuavam a se aprofundar em meu ser. Antes do golpe do terremoto, esperava que houvesse mais na vida que a simples luta diária pela sobrevivência. Ansiava por um motivo relevante para minha existência. Naquela noite, sem sombra de dúvida, tive certeza de que ele existia. Embora não tenha recebido nenhuma comunicação distintiva nem audível, a profunda paz, conforto e senso de "certeza" falou diretamente à minha alma de uma forma que me mudou para sempre. Desde aquele momento de união, sei que a verdadeira paz e ligação é possível no mundo e não posso mais me contentar com menos que isso. Aquela noite foi o início de minha jornada espiritual, e, até hoje, ela ainda me enche de espanto, maravilhamento e gratidão.

Colleen Freeman e seu marido, Bill, são zeladores de um pequeno hotel na pequena comunidade de Shawnigan Lake, logo a norte de Victoria, BC, Canadá. A paixão de Colleen pelo lado inspiracional da vida expressa-se por intermédio da jardinagem e da escultura em argila.

Novo início

Em um dia terrível de setembro de 2003, recebi um telefonema de uma estranha que afirmava ser a "outra mulher" na vida de meu namorado. Senti uma sensação de saber, mesmo antes de pegar o telefone para atender à ligação, de que aquele não seria um telefonema comum e estava para descobrir uma verdade escondida.

Depois da conversa, corri para meu quarto, de coração partido e chorando. Sentia-me tão devastada que tinha medo de continuar a viver, todavia tinha o mesmo medo de morrer. Tudo que podia fazer era ficar deitada na cama, pedindo a Deus que acabasse com a dor que apertava meu coração.

Depois de derramar todas as lágrimas que tinha em mim, fui para um lugar de silêncio total. Naquele silêncio, ouvi uma voz suave e cheia de autoridade — voz essa que passei a conhecer ao longo dos anos como a voz da verdade que falava ao meu coração em momentos em que enfrentava problemas ou necessidades. Não escutava essa voz com frequência, mas quando ela aparecia, meu corpo respondia automaticamente a ela, muito como se fosse a ordem de um dos meus pais.

A voz disse-me para pegar a Bíblia, ao lado da minha cama. Isso não fazia sentido porque nunca entendera as palavras daquele livro. Ele era como uma língua estrangeira para mim. Não obstante, fiz como a voz instruiu. Abri a Bíblia em uma página aleatória e li essas palavras: "Siga-me."

Foi como se as palavras assumissem a própria voz — uma voz muito parecida com a voz da verdade. Essas palavras transpassaram minha alma e gravaram-se como uma impressão digital em meu coração. As palavras deixaram-me em temerosa fascinação. Perguntava-me como um livro escrito há tanto tempo podia falar comigo com tanta intensidade. O momento pareceu mágico, de tirar o fôlego. Ver as palavras escritas por aquele cuja voz ouvira durante muitos anos fez com que me sentisse como se saísse de um pesadelo e entrasse na realidade — uma experiência de despertamento.

Não tinha certeza sobre como seguir a voz. Momentos depois, desapareceu o silêncio em meu interior. Minha raiva e dor no coração não permitiriam que ficasse sentada ali sem fazer nada. Continuei a gritar para a voz, mas, quanto mais gritava com ela, mais vozes eu ouvia. Fui subjugada, não conseguia silenciar o caos de todas as diferentes vozes dizendo para fazer coisas distintas. A qual voz deveria obedecer?

Segui as instruções da voz mais alta e raivosa porque era a mais proeminente. Corri para a cozinha, peguei uma faca na gaveta do faqueiro, dizendo a minha filha para entrar no carro. Tínhamos de fazer uma coisa. Minha mente estava decidida, meu propósito estava planejado. Fui para a escola do meu namorado para me vingar. Ele precisava pagar por sua traição e sofrer como eu.

No caminho, minha mente planejava cada detalhe. Atravessavam minha mente imagens de cortar os pneus do carro dele, de quebrar as janelas dele e cortar o corpo dele com minha faca, humilhando-o na frente de seus companheiros militares.

No meio do caminho, apareceram luzes vermelhas e azuis no espelho retrovisor do meu carro. Um policial parou-me por ter ultrapassado o limite de velocidade. Quando ele descobriu que eu não tinha carta de motorista, apreendeu meu carro e levou minha filha e eu para uma parada de descanso próxima. Telefonei para uma vizinha vir nos buscar.

Na silenciosa viagem para casa, senti-me como se tivesse sangrando até a morte. Quando chegamos em casa, corri para meu quarto, soluçando por causa da confusão, frustração, raiva e humilhação. Não conseguia imaginar o que fizera de errado nem por que meu plano falhara. Peguei a Bíblia de novo na esperança de receber um sinal, na esperança de ler algo que fizesse sentido.

Mais uma vez meus olhos caíram nas palavras: "Siga-me."

— Segui-lo aonde? — gritei. — Não consigo vê-lo!

Abaixei os olhos e continuei a ler.

"Então Jesus disse aos seus discípulos: 'Se alguém quiser acompanhar-me, negue-se a si mesmo, tome a sua cruz e siga-me. Pois quem quiser salvar a sua vida, a perderá, mas quem perder a sua vida por minha causa, a encontrará.'"

Essas palavras deixaram mais uma vez sua marca impressa em meu coração. Daquele dia em diante, só conseguia pensar nelas. Precisava conhecer a verdade concernente a essas palavras, por quem elas foram ditas, para quem elas foram dirigidas, e por que elas estavam comandando minha vida.

Quando fui trabalhar no dia seguinte, falei com um colega que também era ministro. Fiz-lhe muitas perguntas, e quanto mais respostas recebia, mais perguntas eu tinha para fazer. Ele convidou-me a ir à igreja com ele, e aceitei com alegria. Parte de mim estava aterrorizada em ir à igreja. Não estivera em uma igreja desde criança, contudo minha mente estava tranquila. Ainda tinha muitas perguntas e ainda buscava respostas.

Naquela noite, quando repousei meu coração partido sobre a cama, minha direção na vida mudou. Mudou minha maneira de ver a vida. Nada ficou igual depois daquela noite. Meu corpo, que estivera adormecido em seu interior desde que podia lembrar, ganhou vida com grandes emoções. A desesperança e o temor me abandonaram, e o sol iluminou minha alma. Pela primeira vez, pelo que lembrava, meu coração estava cheio de alegria e de promessas não pronunciadas. As cadeias do pecado que antes me prendiam foram rompidas. Não estava mais presa à vida que estivera levando. Agora, olhava cheia de expectativa para o sol que brilhava e para a vida que tinha a minha frente, em vez de olhar para as trevas do remorso através do qual andara.

Agora, minha vida tem sentido, direção e propósito. Consigo focar essa voz, em vez de a minha própria dor. Tenho esperança. A maneira como vejo meus problemas, o mundo e as situações da vida mudou radicalmente. Sei que não caminho sozinha pela vida. Recebi novos olhos e posso ver através dos olhos daquele que vê beleza no sofrimento, promessa nas ruínas e o mundo do jeito que ele o criou. Posso olhar no espelho e realmente amar a pessoa que sou a despeito das coisas que posso ou não fazer. Tenho a paz interior que sempre quis, a alegria que nunca soube que existia, e o amor que pensara ter morrido. Minha vida tornou-se uma jornada em que cada dia é cheio de uma beleza na qual nunca havia reparado antes. Minha vida é cheia dos desafios pelos quais sempre ansiei e de oportunidades. Nunca pensei no que tinha como mulher. Para mim, cada dia é um novo começo.

Tonya Lewis nasceu e foi criada em Point Pleasant, West Virgínia. Mãe de duas filhas crescidas, hoje ela é uma assistente de enfermagem aposentada que trabalha em casa.

A sombra

Três anos depois de um acidente de carro deixar-me paralítica do peito para baixo, perguntei a uma parente, Mary, se suas duas filhas podiam ir a um acampamento para crianças com deficiências. Ter uma deficiência e graduação em recreação adquirida antes de meu acidente permitia-me trabalhar de novo na profissão que escolhera. Amo organizar diversão e sou ótima na organização de eventos; minha cadeira de rodas não tirou muitas de minhas habilidades anteriores.

O acampamento era o primeiro evento que planejara como uma mulher que estava em uma cadeira de rodas e achava que as filhas de Mary podiam se beneficiar em trabalhar com crianças com deficiências.

— Você acha que as meninas estão preparadas para esse tipo de experiência? — perguntou Mary.

Mary logo as mandou embora da sala e, depois, retornou até mim e beijou-me.

— Katie, minhas filhas não podem conviver com *esse* tipo de crianças, pois terão pesadelos.

O meu "eu" quadriplégico ficou atônito. A raiva começou a ferver como fogo em chamas. Queria gritar. Queria esmurrar essa mulher horrível por desrespeitar os membros da minha nova cultura.

Lívida e a ponto de estourar, abri a boca, mas logo fechei os lábios. A voz atrás da minha cadeira me disse para fazer isso. Tinha certeza de que Mary também ouvira a voz, mas ela não escutara. Ela ainda estava sentada ali como uma massa informe.

Meu foco retornou para a conversa que se desenrolava na minha mente. A voz pacífica disse para me acalmar.

— Katie, não diga nada para Mary — disse-me a voz.

O fim dessa conversa aconteceu no meu pensamento: *Por que não? Tenho muito a dizer aqui. Estou realmente louca da vida!*

—Você verá — replicou a voz.

Fechei os lábios.

Está bem. Estava com raiva como uma mulher louca e frustrada com o fato de não ter respondido verbalmente às coisas horríveis que ela acabara de dizer. Meu irmão, Tom, entrou na sala dizendo que estava pronto para partir. Eu também estava! Ele carregou a mim e minha cadeira de rodas elétrica para a perua e levou-me de volta para casa. Estava sentada quieta em minha cadeira de rodas, amarrada ao chão da perua.

— O que está errado? — perguntou Tom.

— Nada. Preciso chegar em casa e relaxar por um tempo — repliquei.

Uma vez em casa, pedi que meu irmão pusesse em mim o suporte de braço para escrever. Para uma pessoa quadriplégica, tenho bastante movimento de braço, mas meus dedos estão paralisados, por isso preciso de suporte especial de braço para segurar minha colher, meu garfo e minha caneta, e tem um que me permite até mesmo passar batom sozinha. Tom prendeu meu braço de escrever, peguei um bloco de papel em minha escrivaninha e movimentei a cadeira de rodas para ficar defronte da janela da sala de estar.

Fechei os olhos e fiquei assentada quieta, tentando superar minha raiva de pessoas que dizem coisas maldosas e insensíveis. Ouvi uma voz interior dizer:

— Katie, escreva seus pensamentos.

Peguei minha caneta e as seguintes palavras fluíram de mim:

A sombra

É preciso luz na vida para se enxergar com clareza
A privação instila medo.

Você não pode manter alguém na sombra
A pessoa fenece, sufoca e morre.
Como ela pode crescer?
Como ela saberá?
Como é tentar?

Proteger por meio do preconceito
Não é a maneira de ensinar;
O entendimento e a compaixão
Ultrapassam seu alcance.

Cultive seu ser
Não se eleve
Irradie raios de luz
Fuja do medo
Porque todos precisam de amor.

Li o poema e fiquei atônita. Escrevera, de fato, as palavras, mas sabia que tivera ajuda. Fechei os olhos, tomei fôlego e disse:

— Obrigada, Deus. Obrigada por ajudar-me a calar a reação negativa a fim de produzir verdade e beleza.

Quando me acalmo o bastante para ouvir, Deus sempre está lá. Tenho conversas diárias com ele em minha mente e ouço sempre com o coração. Saber que nunca estou sozinha torna o caminho a percorrer mais pacífico.

A paralisia de Katie Rodriquez Banister tornou-se uma bênção quando a levou a encontrar Steve e se casar com ele. Advogada e mentora na cultura dos deficientes com a missão de educar e capacitar os outros, Katie também é poeta, atriz, artista e amiga de muitos.

DavidPaul Doyle

Dirija para o sul

DECIDIDAMENTE, TINHA SENTIMENTOS mistos em relação a meu papel como estudante de arte na barulhenta e bagunçada cidade grande e o que considerava o vazio espiritual da Manhattan do meio da década de 1980. Fora influenciado e apoiado por professores extraordinários da Liga de Estudantes de Artes, e as galerias de Nova York deram-me acesso à obra dos maiores artistas vivos, incluindo o meu favorito, Andrew Wyeth. Contudo, estava claro que a vida na cidade de Nova York era muito dura para mim. Não queria me transformar na pessoa que achava que teria de me transformar para ter sucesso ali. Após vários meses, a despeito da bolsa de estudos integral em uma escola de artes, sai da cidade sem lamentar.

Menos de um ano depois, enquanto percorria uma galeria de artes em Rhode Island e esperava o fim do verão, imergi na espiritualidade com o estudo de *A Course in Miracles* [*Um curso em milagres*]. Esse curso de autoestudo oferecia a extraordinária declaração que todos nós temos muito mais sabedoria do que realmente usamos. Essa voz do "Espírito Santo" sabia exatamente o que era melhor para cada um de nós em cada situação que nos encontrávamos, bastava que aprendêssemos a ficar quietos e a ouvíssemos. Determinei-me a conseguir isso, todavia era uma luta interminável; nunca sabia se a voz que escutava de vez em quando era essa da sabedoria mais profunda ou apenas minha imaginação.

Certa manhã, acordei e dei-me conta de que não tinha absolutamente nenhum plano para aquele dia. A galeria ficaria fechada até o fim da semana, e estava aberta a qualquer possibilidade. Examinei-me em silêncio tentando mais uma vez ouvir o "Espírito Santo". Para minha surpresa, ouvi uma voz baixa e calma em meu interior com bastante clareza. Não era como ouvir uma voz humana de verdade. Era mais como um diálogo interior que surgia de maneira imaculada. As palavras não foram uma extensão de algo que estava pensando e transmitiram uma sensação de poder e de paz. Acho que a voz foi muito clara naquela manhã porque eu estava receptivo a ela.

— Vá para o sul — disse ela.

Hum, bem, o que tinha a perder?

Entrei no meu amado Ford e comecei a dirigir para o sul, esperando encontrar um lugar para tomar um café da manhã local. Mas checava, de tempos em tempos, a mensagem e ela permanecia a mesma.

— Vá para o sul.

Está bem, entendi! Pensei. *Vou dirigir para o sul.*

Após dirigir três horas para o sul, conforme a voz calma e baixa instruíra, vi-me entrando no estado de Nova York, dirigindo-me direto para a cidade que deixara com tanta determinação. Com alguma trepidação, mas também com um incipiente sentido de propósito subjacente, segui minha voz interior enquanto ela me guiava para o centro de Manhattan.

Dirigi-me para minha antiga casa e caminhei pelos caminhos que percorrera como parte de minha antiga rotina, agora guiado pelo "Espírito Santo". No caminho, havia placas dizendo coisas como: "Entre na pizzaria", em que comia regularmente; ou: "visite o estúdio da liga de estudantes de artes", e outros estúdios nos quais passara algum tempo.

De início, em cada lugar, senti a antiga lembrança da dureza da cidade; a crueza, as linhas, a constante pressão, o anonimato, o concreto e o aço, a falta de humanidade. Mas essas eram lembranças antigas. Naquele dia, todos os lugares que visitei pareciam diferentes, mais leves, mais limpos, mais generosos. Em todos os lugares, as pessoas deixavam seus assuntos de lado para ser simpáticas e úteis. Em todos os lugares a que fui, recebi uma bênção.

Quisera me libertar de meus sentimentos negativos em relação à cidade e ao povo de lá, perdoá-los, mas antes desse exato momento não tinha ideia de como fazer isso. Lutara com isso durante meses enquanto vivera lá. Agora, a cura acontecia diante de meus olhos, e sabia que não era eu quem fazia isso. Nem sequer estaria lá se não fosse pelo "Espírito Santo".

À medida que o dia acabava, sentia-me mais e mais cheio de gratidão. Ao cair da noite, voltei para o local onde estacionara o carro no Museu Metropolitano de Arte sentindo-me absolutamente completo.

Perdoara Nova York. O amor que antes sentira pela cidade e meu apreço e minha fé no "Espírito Santo" cresceram exponencialmente. Sentindo segurança, a vozinha interior disse-me para iniciar a longa viagem de retorno ao lar depois desse longo e bem-sucedido dia de cura e sentido, e só procurei me certificar para garantir que não estava sonhando.

— Está na hora de ir, certo? — perguntei.

— Fique nas redondezas — disse a vozinha.

— O quê? — retruquei. — Está tarde e tenho quatro horas de direção pela frente.

— Fique nas redondezas.

— Está bem! Faço qualquer coisa!

Depois de concordar com relutância, retornei a uma galeria de arte que visitara mais cedo naquele dia. Estava se preparando para a noite de inauguração de uma mostra de pintura de Jamie Wyeth, filho de Andrew Wyeth. Conhecia o trabalho de Jamie por causa de seu pai e gostaria de ver a mostra naquela tarde. Contudo, sua obra não exercera a mesma influência em mim que a obra de seu pai. Ver a obra de Andrew na adolescência em Boston teve uma influência mágica em mim e afetou profundamente minha carreira. O trabalho dele fora tão influente em minha vida que me dei conta de que não havia nenhum artista vivo que gostaria tanto de encontrar como Andrew Wyeth. Mas ele é um homem muitíssimo reservado e raramente aparece em público. Deixara toda esperança de encontrá-lo de lado por isso ser uma impossibilidade.

Na galeria da exposição e recepção formal de Jamie Wyeth, encontrei-me com alguns dos maiorais das artes de Nova York, em geral um grupo difícil de conhecer. Eles aproximavam-se de mim e iniciavam o bate-papo enquanto esse dia continuava com essa impressionante energia positiva. Estava saboreando tudo completamente, sentindo que qualquer coisa pudesse acontecer.

Então, de repente, aconteceu.

Andrew Wyeth apareceu na galeria. Desconhecido por todos menos pelos donos da galeria, ele arrumou para quebrar sua rotina de eremita e viajou à cidade a fim de fazer uma surpresa para o filho na exposição. Sua aparição foi tão inesperada que nenhum dos visitantes da galeria estava preparado para ela, e ele foi deixado um pouco sozinho e pude me aproximar.

Cumprimentei-o apertando as mãos, agradecendo-lhe sinceramente pela alegria que sua obra trouxera para minha vida e pela influência que exercera em minha arte. A profunda humildade do homem irradiou quando ele curvou-se em gratidão por meu agradecimento. Aqui estava o homem que esperara tanto que fosse real, o homem que estava claramente a serviço do amor como eu imaginara a partir de sua obra! Foi um encontro perfeito para mim. Depois, com a mesma rapidez com que apareceu, ele foi levado para os bastidores pela equipe da galeria.

Estava deslumbrado com tudo que acontecera. Os milagres desse dia, totalmente dirigidos pelo Espírito, eram inegáveis. Minha relação eternamente instável com Nova York fora curada e encontrara-me com Andrew Wyeth! Surpreendentemente, ele era exatamente como esperava que fosse.

Fui guiado de volta ao meu carro com a mensagem:

— Está tarde! Continue indo! — comunicou o Espírito Santo com um sentido tangível de amor e humor. Ficou claro que nunca mais encararia minha vozinha da mesma maneira.

Nos vinte anos que se passaram desde aquele dia, meu relacionamento com minha "vozinha" cresceu e evoluiu. Perguntei ao Espírito Santo o que fazer e aonde deveria ir, e grandes curas ocorreram. Mas talvez nenhum outro dia tenha tido a presença tão clara do Espírito Santo quanto esse dia extraordinário quando tomei verdadeiramente conhecimento dele. Encontrei Andrew Wyeth, perdoei a cidade de Nova York e permiti que o dia fosse exatamente como Deus planejara que fosse para mim.

Agora, vivo com a crença de que todo dia pode ser milagroso se conseguir apenas me desviar de meus planos. Esses dias são totalmente guiados pela amorosa presença de Deus. Para mim, a presença e os presentes de Deus são um e o mesmo. Preciso apenas ouvir bem o suficiente e pedir para recebê-los. Ele dirige o carro; apenas seguro a direção, sigo a vozinha e... "dirijo para o sul".

DavidPaul Doyle

David Schock é um artista profissional. Ele especializou-se em retratos, paisagens e pinturas figurativas; 30.000 de suas gravuras impressas estão espalhadas pelo mundo.

Emprestado

CHRIS, AMIGO DE MARLA, irrompeu sem fôlego porta adentro.

— Marla foi atropelada por um carro!

— Chris, isso não tem graça... — comecei a dizer.

A face contorcida dele disse-me que não era brincadeira! Agarrei minhas chaves, pulei no carro e corri os dois quarteirões até a autoestrada.

Marla, de oito anos, era a caçula de meus três filhos. Eles frequentavam a escola do outro lado da autoestrada próxima de nossa casa em uma pequena cidade montanhosa no meio das florestas do Colorado.

O cruzamento fervilhava de carros de polícia, o caminhão dos bombeiros, uma ambulância e uma multidão de pessoas. A roupa laranja dos paramédicos destacava-se entre os observadores enquanto preparavam para colocar Marla na ambulância.

— Marla — sussurrei ofegante enquanto me abaixava até ela. Lancei um olhar desesperançado para seu rosto ensanguentado e examinei o resto de seu corpo sem energia. Os paramédicos tinham rasgado a perna de sua calça *jeans* e levantado sua perna inchada.

— Mamãe — sussurrou ela, depois fechou os olhos e perdeu a consciência.

— Leve-a para o meu consultório — disse uma voz familiar.

Era o Dr. Ronin, nosso médico de família: ele correra de seu consultório exatamente do outro lado da autoestrada.

Enquanto o Dr. Ronin a examinava em seu consultório, um policial explicava que Marla estava na faixa de pedestres da autoestrada quando um aluno do segundo grau não parara no farol vermelho. Ele bateu em Marla a oitenta quilômetros por hora, derrapando por mais de trinta metros. Ela ficara presa à frente do carro durante a maior parte da derrapagem antes de ser jogada de lado. Foi um milagre que o carro não tivesse passado por cima dela. Enquanto seu corpinho era arrastado, seu ombro raspou no cascalho por diversos metros, a pele de seu rosto, braço e perna foi rasgada e ficou cheia de pequenos cacos e sujeira.

O rosto do jovem motorista coberto de lágrimas expressava total remorso quando ele entrou no consultório do médico e desculpou-se profusamente comigo. Sua sinceridade fez meu peito se inundar de compaixão pelo sofrimento dele. Abracei-o e disse:

— Tudo ficará bem.

Também tentava me convencer disso.

O Dr. Ronin, depois de atender Marla, explicou que ela, inicialmente, reclamara de dor no peito, mas as chapas de raio X não detectaram nenhum ferimento no peito. Ele não detectara ossos quebrados, apenas ligamentos rompidos provocando inchaço no joelho, mas ele não podia explicar totalmente a inconsciência de Marla e queria interná-la no Hospital Einsenhower, em Colorado Springs.

Durante a viagem de ambulância, com as sirenes tocando, Marla recobrou os sentidos e chamou-me mais uma vez antes de desmaiar de novo. Fechei os olhos. *Por favor, Deus, ajude-nos*. Embora soubesse que os técnicos em emergência médica estivessem correndo e fazendo perigosas ultrapassagens com o máximo de segurança que podiam, a ambulância não estava rápido o suficiente para mim. *Por favor, não a deixe morrer, Deus.*

Uma vez na UTI, a equipe de enfermagem rodeou-a, mudando a roupa, tirando sangue e inserindo agulha intravenosa, enquanto eu continuava a orar. Fiquei ao lado de Marla, e o médico manteve-me bem informada. Ele não tinha certeza por que havia sangue na urina de Marla.

Tudo era tão clínico, tão branco. O cromo brilhante da armação da cama, as mesas de lado e o suporte do soro pareciam tão frios perto do calor do meu desespero. Passaram-se horas. Os resultados dos testes não indicavam problemas importantes. O Dr. Ronin disse que provavelmente o sangue na urina dela devia-se a algum machucado no rim, mas ele estava preocupado com o fato de ela ainda estar inconsciente. Preparei-me para passar a noite ali.

Minha obsessiva necessidade de respostas intensificava-se a cada movimento do relógio, ao zunido constante do aquecedor e com o barulho das luzes fluorescentes. A sala austera não tinha lugar para compaixão. Estava nervosa como se minha própria vida estivesse se esvaindo. Como sua mãe, era minha obrigação protegê-la, mas não podia fazer nada além de observar... e esperar.

Agarrei as preciosas mãozinhas dela e implorei a Deus por sua vida. Marla parecia dormir pacificamente. Adormeci algumas vezes, mas meu corpo estremecia e acordava ao pensamento de que minha falta de vigilância podia de alguma maneira falhar em mantê-la viva. Sei que é absurdo, mas tinha de fazer alguma coisa para salvá-la.

Já ouvira Deus falar comigo antes, mas precisava desesperadamente ouvir sua voz agora. Falei com ele, depois esperei e ouvi. Nunca precisara tanto de seu conforto e calma mais que naquele momento.

Amanhece a quinta-feira com Marla ainda em coma. Emocionalmente exausta, desesperada e desencorajada, segurei sua mãozinha, fechei os olhos e, mais uma vez, pedi a Deus que, por favor, salvasse minha filha. As horas arrastavam-se sem haver nenhuma mudança no quadro quando, de repente, às onze horas, minha mente ficou clara. Naquele segundo, todo desespero desvaneceu-se, e meu coração se inundou de alegria. Meu coração abriu-se completamente e, de repente, percebi que não se tratava de mim e de minha vontade. Deixei de lado meus desejos e esperanças e, em meu íntimo, permiti a Deus tomar essa decisão de vida ou morte. Naquele momento, entreguei minha filha aos cuidados de Deus.

— Desculpe-me, Deus — disse em voz alta.

Depois, sussurrei suavemente:

— Não é minha escolha se ela vive ou morre; isso é o Senhor quem decide.

Permaneci lá com os olhos fixos na face angelical dela, lembrando de minha conversa de ontem com Patrick. Ele, um homem jovem, vivera em um *ashram* budista e, agora, era meu colega na faculdade. Fiquei impressionada com a maturidade dele e com seus comentários a respeito do propósito da vida. Ele abrira mão de todas as posses a fim de viver sua vida livre das ciladas mundanas. A conversa sobre as posses mudou de alguma maneira para a história de ele me dizer que meus filhos foram emprestados para mim. Devia cuidar deles até a idade adulta quando conseguiriam viver por conta própria. Concordei com o conceito e agradeci a ele por compartilhar sua percepção comigo. Naquele momento, não sabia que minha fé seria testada.

Sentada ali, olhando o cabelo louro encaracolado de Marla, lembrava-me dos belos olhos verdes por baixo dos cílios fechados. Meu amor derramou-se sobre ela e disse a Deus.

— Não sei se vou aguentar se ela morrer.

Dessa vez, as lágrimas que escorriam por minha face eram diferentes; sentia amor por Deus e por minha filhinha.

Segurava sua mão e esperava — apenas esperava a decisão de Deus. Por volta das 11h15, soube que tudo daria certo. Esperei pacientemente, envolta na paz de Deus.

— Mamãe? — ela abriu os olhos.

— Estou aqui, querida.

Meu coração estava maravilhado. Deus estava devolvendo-a para mim! Eu fizera o que tinha de fazer — confiar em Deus. *Obrigada, Deus!*

Levantando um pouco a cabeça, ela disse:

— Estou com sede.

—Vou pegar alguma coisa para você beber.

Apertei a campainha. A enfermeira trouxe um picolé para ela e avisou que diria ao médico que Marla estava acordada. Depois, naquela tarde, o Dr. Ronin deu alta para ela.

Serei sempre agradecida por essa preciosa vida que me foi confiada em empréstimo. Sua vida fora ameaçada, mas Deus a devolvera para mim mais uma vez. Abrira meu coração, deixara de lado meus desejos e entregara-me a Deus.

Valerie J. Foster, 65 anos, terapeuta de saúde mental aposentada, focava seu trabalho em mulheres e crianças que enfrentavam questões de abuso sexual. Hoje, Valerie, uma escritora, vive no sul do Oregon com seu marido.

Pela boca de um estranho

Passara a melhor parte do ano entrando e saindo de hospitais psiquiátricos tentando entender a vida e o que se passava em meu interior. Agora que atacara toda a doença que parecia ter soltado seu poder em mim a ponto de controlar todos os aspectos da minha vida, lutava para compreender de novo a natureza da vida e qual era meu lugar nela. O que pareceu ser um ataque tardio de depressão transformou-se em uma séria desordem de humor em que vivenciei alucinações e tinha muita dificuldade em distinguir entre realidade e não realidade.

Ao longo do curso do último ano, fiquei muito desiludido com Deus. Sentia que ele não cuidava de mim e também não se importava se estivesse acontecendo algo ruim comigo. Cheguei a tal ponto que passei a sentir que Deus me abandonara e fora deixado para me defender sozinho.

Orava diversas vezes por dia, implorando perdão por algo, embora não conseguisse descobrir do que me arrepender já que não era uma má pessoa. Mas raciocinava que deveria ter feito algo para Deus me deixar sozinho e se recusar a responder às minhas orações.

Por meio de tratamento e terapia, logo descobri que não podia confiar nos meus sentimentos. Meu corpo estava fora de ordem e minha mente espelhava essa condição — se Deus quisesse realmente conversar comigo, não seria nem mesmo capaz de ouvir ou entender qualquer coisa que ele dissesse. Minha crescente sensação de isolamento devia-se ao fato de eu estar sob medicação, passando por intensa terapia e enfrentando o abandono dos amigos e da família.

Certo dia, fomos a um culto religioso dirigido por um amigo que estava sendo ordenado. Fui por motivos egoístas, achando que pudesse orar e ter esperança de uma resposta enquanto estivesse no templo de Deus — alguma resposta, qualquer coisa. Convencera-me de que se apenas um amigo do meu grupo aparecesse e falasse comigo enquanto eu orava, essa seria a resposta de Deus de que eu estava bem.

Depois do culto, caminhei para a área da recepção geral e encontrei um lugar para me sentar. Abaixei a cabeça e comecei a orar enquanto meus amigos e outros permaneciam de pé e conversavam uns com os outros. Depois de orar por diversos minutos, levantei os olhos e descobri que além das vinte pessoas do nosso grupo, ainda restavam outras seis pessoas e mais um pequeno grupo de mulheres mais velhas do outro lado da sala. Senti-me aliviado, pois sabia que Deus enviaria um de meus amigos para me examinar e dizer, mais uma vez, que eu estava bem.

Passaram-se mais quinze minutos e levantei os olhos de novo, mas, dessa vez, só senti desespero total. Nenhum dos amigos do meu grupo estava ali. Senti-me totalmente perdido e sozinho e achei que a resposta de Deus para mim saíra do prédio com eles. Dessa vez, apenas abaixei a cabeça e chorei por dentro. Nada era pior do que sentir que agora tinha de aceitar o fato de que nem mesmo Deus me queria.

Passaram-se diversos minutos quando senti uma mão no meu ombro. Não sabia quem era e pensei que talvez um dos amigos retornara. Mas ainda estava chorando e não abri os olhos para ver quem era. Quando ouvi a voz da pessoa, soube que não era ninguém que conhecesse. Era uma voz de mulher. Ela aproximou-se e ajoelhou-se ao meu lado. Ela falou calmamente:

— Não sei quem você é, mas Deus disse-me para vir aqui e lhe dizer que ele o ama.

Com isso, perdi o resto de controle sobre minhas emoções e chorei mais ainda. Levou muitos minutos até que conseguisse abrir os olhos e ver quem era a mensageira. Ela era uma das senhoras mais velhas que estivera ocupada conversando com o grupo do outro lado da sala. Depois, ela contou-me que ignorara a incitação do Espírito duas vezes e não queria me incomodar porque podia ver que eu estava orando. Por fim, ela não pôde mais ignorar a incitação e veio transmitir a mensagem de Deus.

Daquele dia em diante, aprendi que posso receber, ou não, uma resposta direta de Deus por causa da minha condição, mas que ele me enviará uma resposta por intermédio de outra pessoa. Embora tenha tido diversas experiências espirituais em minha vida, nenhuma foi mais doce que a mensagem transmitida por aquela senhora naquele dia.

Se ela tivesse ignorado as incitações do Senhor e não tivesse transmitido a mensagem para mim, não sei onde estaria hoje. Provavelmente, ainda me sentiria perdido, abandonado e ainda estaria lutando para alcançar a sanidade, acreditando que Deus não estava presente para mim.

Kenneth Dyer tem 45 anos e é pai de uma família abençoada com oito filhos. Ele trabalha como diretor de programa de um centro de tratamento diário e gosta de escrever histórias curtas e poemas.

Quatro dias gloriosos

PASSEI SEIS MESES FREQUENTANDO as reuniões dos Alcoólicos Anônimos e ouvindo outras pessoas falarem de suas experiências e lutando para entender o que acontecera com minha vida para fazê-la descer pelo ralo antes de admitir minha própria condição. Finalmente, ouvime dizendo:

— Sou alcoólatra.

Acho que levou seis meses para minha mente ficar limpa o suficiente dos efeitos da bebida para ter essa percepção salvadora de vida.

Tinha de encontrar uma forma de parar de beber e permanecer assim. Do contrário, morreria.

Essa mudança de atitude forneceu-me um novo apreço pela relação com o meu companheiro, os doze passos e chamou-me a explorar o relacionamento com Deus. Não tinha ideia de como proceder. A única coisa que sabia sobre Deus era que ele era responsável por todo sofrimento que vira e vivenciara, ele não era alguém que convidaria para jantar. Mas fui aconselhado por meus guias do AA a buscar ter um relacionamento com Deus.

A orientação cristã da minha meninice fora dura e baseada na vergonha; e Deus não passava de um fiscal, alguém sempre à espreita, vigiando para pegar meus erros — e não um amigo. Na idade adulta, se não tivesse muitas pessoas apoiadoras por perto, teria abandonado minha nova busca e voltado a beber — Deus não era alguém com quem pudesse me relacionar, mas um poder a ser temido e evitado, e orar consistia em fazer promessas a Deus de melhorar meu comportamento, ou seja, apenas uma forma de barganhar favores. Claro que nunca mantive minha parte da troca tempo bastante para receber algum favor. Estava fazendo o melhor que podia só em permanecer sóbrio.

Dois anos depois, continuava praticamente na mesma condição. Disseram-me que minha vida dependia de ter um relacionamento com Deus, mas não tinha nenhum conceito de algum deus com quem quisesse ter um relacionamento. Tudo isso mudou no dia em que o médico diagnosticou um câncer de seio em minha esposa. Embora o médico não fosse especialista em oncologia, sua suspeita da doença foi tão firme que encaminhou minha esposa imediatamente para um especialista. A consulta foi marcada para quatro dias mais tarde.

Fiquei furioso com Deus. Não tinha cumprido meu compromisso de me abster do álcool? Não estava seguindo fielmente o programa dos doze passos? Como algum poder amoroso podia fazer isso a minha esposa? Ou a mim? Dizer que estava assustado e com raiva não expressa bastante bem a gama de sentimentos que sentia em meu coração em relação a Deus. Responsabilizei-o pelo câncer de minha esposa e por todo sofrimento e dor pelos quais eu passava. Se tivesse aparecido um Deus corpóreo, teria me atracado com ele, sufocado-o e lutado com ele até a morte. Ganhando ou perdendo, queria satisfazer o ódio que sentia pelo Deus que conhecia.

Não me lembro de como fui parar em uma praia ao pôr do sol, fixando as nuvens e gritando a plenos pulmões:

— Sem chance! Nada de acordo!

Estava acabado, completamente cheio de barganhas, de súplicas ou das tentativas de me comunicar com Deus. Se ele era o tipo de Deus que fazia minha esposa ter câncer, ele também podia me matar. Não tinha nenhum uso para ele ou o que achava que sabia dele.

Em segundos, meus pensamentos cessaram. Estava tão arrasado, tão destituído de qualquer esperança para mim mesmo ou minha esposa, tão chocado com a possibilidade de ela ter câncer, que meu diálogo interno cessou. Permaneci em silêncio, calmo e sem um único pensamento. Nessa calmaria em meu interior, perdi toda a habilidade de julgar o mundo. Não tinha lembrança de querer parar meus pensamentos: eles simplesmente pararam. No lugar de toda aquela conversa interior houve uma paz profunda, que não era sustentada pelos fatos.

Nos quatro dias seguintes, amei tudo e todos em que pus os olhos ou em que pensei. Sentia-me gentil, compreensivo, bom e em condição de amar cada momento de minha experiência. Ouvia a voz de meus filhos como se fosse música. Olhava a cor das cenouras em meu prato de comida como se fosse uma pintura de Picasso. O jogo de luz e sombra no painel do meu carro transformou-se em uma demonstração tão grande de beleza que podia permanecer sentado e olhando fixo em admiração. Fora transportado a algum estado superior ao comum, a alguma forma de perceber que me deixou paralisado com a experiência da própria vida.

Aqueles quatro dias aconteceram três décadas atrás; o estado de alegria durou apenas aqueles quatro dias. Quando acompanhei minha esposa na consulta com o especialista em câncer, ele diagnosticou o inchaço como um cisto que só requeria uma intervenção feita no próprio consultório. Imediatamente, meu diálogo interior recomeçou. Senti a calma alegria desvanecer-se, sumindo com a mesma rapidez com que surgira. Estava mais uma vez no lodo da condição humana e sem nenhum ideia do que acontecera comigo. Claro que estava muitíssimo aliviado com o fato de minha esposa não ter câncer, mas também fiquei de coração partido por perder o sentimento maravilhoso que permeara minha alma naqueles quatro dias. Caí em um desespero pior do que qualquer um que já tinha sentido.

Anos depois, reconheci esse desespero como a força propulsora que deu início a minha busca por Deus — não o Deus da minha infância, o Deus que trazia vergonha e culpa que aprendera a temer. Tornei-me um verdadeiro investigador da verdade — algo de que podia falar com verdadeira autoridade, algo em que podia confiar, com que podia contar e a que pude me entregar. Honro e aprecio o desespero que voltei a sentir na ocasião. Ele foi minha primeira entrega, meu primeiro conhecimento de que não teria descanso enquanto não encontrasse algo maior que eu mesmo com quem pudesse me relacionar.

Acredito que a paz e a alegria que senti naqueles quatro dias gloriosos era Deus mesmo. O amor em meu interior era Deus amando por meu intermédio. O que pensava e compartilhava com os outros eram as palavras de Deus falando para mim e por meu intermédio. O simples apreço por minha existência foi o dom de Deus para mim por lhe abrir um lugar no qual pudesse oferecer amor. Pergunto-me se a presença daquele sentimento transcendente em meu interior não tinha transformado milagrosamente o câncer da minha esposa em um simples inchaço. Não tenho certeza. O que sei é que aqueles quatro dias de paz, amor e alegria tornaram-se meu novo entendimento de Deus e o objeto de minha busca desde aquela ocasião.

Pratiquei diligentemente os doze passos dos Alcoólicos Anônimos. Cada passo levou-me mais adiante no reino do meu espírito em direção ao lugar em meu interior que é santo. Pela graça, sobrevivi a uma recaída, a um diagnóstico genuíno de câncer que custou uma mama de minha esposa e a vários desgostos que fazem parte da existência humana. Contudo, a cada problema, descubro uma transformação acontecendo em mim mesmo e em minhas crenças que torna até mesmo o dilema mais difícil uma fonte de aprendizado e um movimento propulsor para seguir adiante, e toda vez que sou tocado por aqueles sentimentos de genuína paz, amor e alegria, sei que estive ouvindo a voz de Deus falando comigo.

No meu relacionamento com o mundo encontro mais distância entre mim e a insanidade, tão bem retratada no noticiário noturno. Conheço-me. Não tenho segredos e investigo, com disposição, e libero toda sombra que aparece em minha consciência. Meu compromisso com a experiência simples de sentir o que chamo de amor, ou Deus, é a tarefa da minha vida. Toda vez que sinto amor, sei que estou sentindo a Deus e ouvindo sua voz, e o propósito da minha vida fica completo.

Alan Brooks está na casa dos sessenta anos e é aposentado. Um "pai profissional", ele escreveu três livros: *A Snake Around the Moon* [*Uma cobra em torno da lua*], *Tracking the Divine* [*No encalço do divino*] e *The Mummy Murder* [*A morte da mamãe*]. Ele vive no sopé das montanhas apalaches com sua esposa, Sandy, e seu rottweiler, Tonka.

Três palavras

O BARULHO ENSURDECEDOR DO MOTOR do jato não abafou os pensamentos que cruzavam velozes minha mente nem amorteceu meu sofrimento emocional. No voo de volta para casa na Flórida depois da visita a meu filho e sua família em Seattle, carregava, agora, o sofrimento emocional que ele revelou em relação a ter sido criado em uma família disfuncional. Ele é o segundo de meus três filhos a expressar essas acusações dolorosas, um choque para mim depois de tantos anos.

Todos nós sofremos na ocasião, mas parecia que a vida tinha ficado um tanto mais saudável depois que o pai deles e eu nos separamos e acabaram as brigas. Como pudera me enganar tanto? Como não vi as feridas de infância deles? Poderia ter feito algo para ajudá-los? Agora era muito tarde para fazer alguma coisa? Sabia que cometera alguns enganos e tomara algumas decisões equivocadas, mas ainda não estava claro o que fizera ou deixara de fazer para criar esse sofrimento para eles. Algumas de suas acusações, eu conseguia relacionar com algum fato, mas outras deixaram-me confusa, e eles negaram-se a discutir essas questões comigo para que pudéssemos encontrar uma solução.

Um obsessivo sentimento de impotência torturava-me todos os dias. Dedicava horas a rever mentalmente a situação em uma tentativa de encontrar alguma forma de acabar com esse doloroso beco sem saída e encontrar paz para todos nós. Meu coração doía com o pensamento de perder meus filhos que sempre amara mais que qualquer coisa na vida.

Meses de oração pedindo a intervenção de Deus não resolveram nada, e meus esforços para estender a mão e resolver os problemas de meus filhos fracassaram. A possibilidade da nossa cura sempre parecia impossível. Agora, ao retornar para minha casa na Flórida, lágrimas de desespero corriam por minha face. Finalmente, descobri que isso não era algo que pudesse controlar nem resolver por conta própria e, mais uma vez, voltei-me para Deus em busca de sua ajuda. Ele era minha última esperança.

Roguei:

— Senhor misericordioso, por favor, diga-me o que posso fazer para conseguir ter paz e harmonia com meus filhos. Sei que o Senhor pode nos curar, por favor, diga-me o que devo fazer e dê-me força para seguir sua orientação.

Chorei sem parar, sufocando a cada lágrima. De repente, ouvi uma voz distinta, autoritária e forte, mas gentil e amorosa, em minha mente. Ela disse:

— Apenas ame-os.

Apenas três palavras, mas bastante poderosas para chamar a atenção de todo meu ser. Pela maior parte de minha vida tinha frequentado a igreja e sido voluntária nela. Cantara no coro e, quando meus filhos eram jovens, levava-os à escola dominical. Muitas vezes em minha vida, senti Deus guiando-me, mas nunca vivenciara algo como isso. Estava atônita! A voz soava como uma pessoa de verdade falando comigo, mas ela veio do meu interior. Agora, sorria em meio a lágrimas jubilosas e sentia como se meu coração explodisse de gratidão. Deus estava realmente lá, e sabia que meus filhos e eu estávamos sob o cuidado dele.

Determinada a fazer como Deus dissera, imediatamente confrontei os pensamentos negativos com os quais vivia havia tanto tempo. Falei com eles com voz firme e determinada, dizendo:

— Deus disse-me para apenas amar meus filhos e estou fazendo isso. Não escuto mais vocês, portanto, vão embora e não voltem nunca mais. Estou repleta do amor de Deus e envio amor a meus filhos. Não há mais espaço para pensamentos negativos como esses.

De início, não houve mudança. Os pensamentos negativos ainda atravessavam minha mente como se fossem um disco quebrado, sempre voltando ao mesmo ponto. No entanto, depois de duas semanas, comecei a perceber uma diminuição na quantidade de pensamentos debilitantes e, em um mês, estava em um estado mais pacífico. Quando sentia a dúvida espreitando, falava com Deus:

— Senhor, eu creio. Ajude minha descrença.

Depois, sentia-me mais livre para antecipar algo bom proveniente dessa experiência e continuava enviando amor para meus filhos e sentindo o amor de Deus em meu interior.

Os meses passaram, notei transformações acontecendo não só em mim mesma, mas também em minha filha que morava em Dallas. Ela telefonou pedindo que a ajudasse a pôr em ordem sua própria mente. Ela pediu resposta para muitas perguntas. Respondi com diversas cartas, tentando responder a suas perguntas sobre o passado da forma mais acurada que conseguia. Lembrei-a de que, às vezes, cada pessoa lembra as coisas de maneira distinta, assim, talvez o pai e a avó dela tivessem lembranças diferentes das minhas. Ela nunca disse que não estava mais com raiva de mim nem que me perdoara, mas, enquanto abordávamos a situação juntas, percebi que a voz dela suavizara e os cartões de saudações tornaram-se mais afetuosos e mais pessoais. Aos poucos, o amor entre nós fortaleceu-se e desenvolvemos um relacionamento mais próximo e mais amoroso.

Entristece-me que meu filho e eu não tenhamos ficado tão bem. Raramente tenho notícias dele, e passaram-se muitos anos desde minha última tentativa de falar com ele sobre questões da infância.

Às vezes, ainda sinto raiva dele. Embora tenha desfrutado de algumas visitas prazerosas a ele e sua família, ainda há momentos em que anseio que ele me abrace e diga:

— Mamãe, entendo e amo você.

Mas sei que isso tem de ser uma escolha dele. Continuo amando-o.

No passado, não tive consciência das tentativas de Deus de se comunicar comigo, mas, agora, que aprendera a ouvir, ouço a voz amorosa dele com mais frequência. Às vezes, são palavras; outras vezes, é apenas o conhecimento de quando ele guia gentilmente meus passos. Também percebi que essas três palavras poderosas: "Apenas ame-os", aplica-se não só aos meus filhos, mas também a todos em volta de mim — ao motorista irresponsável que corta meu carro no trânsito, ao estranho que é rude, ao amigo que não é compreensivo — e posso escolher amá-los. Também posso amar a mim mesma quando fico aquém dos meus objetivos ou tropeço no caminho.

Ouvir a voz de Deus naquela primeira vez foi um despertar. Foi uma porta que se abriu em meu coração para um relacionamento mais íntimo com meu Criador, lembrando-me de quem sou, a filha preciosa de meu Pai. Agora, permito que o amor de Deus se expresse mais livremente por meu intermédio e sou agradecida por isso.

Marilyn Fowler é solteira e aposentada. Depois de trabalhar muitos anos maravilhosos como terapeuta, ela gosta de escrever poemas e tem um livro de memórias não publicado.

Sucumbindo a uma morte improvável

A DISCUSSÃO DE FORMA BASTANTE INOCENTE. Embora vivesse com meu marido, de quem estava me divorciando, pedi que ele deixasse nossos filhos fora de nossos desacordos. Apenas fiquei de pé no disse-lhe que queria que aquilo acabasse. Ele sentou-se em sua cadeira, um pouco tombado por causa das duas cervejas que bebera, e pediu que eu saísse. Enquanto saía, repetindo meu pedido, esse homem que soube durante nossos oito anos de casamento ser relativamente não violento, levantou-se, agarrou sua cadeira e jogou-a passando por cima de sua cabeça para acertar-me e apertando meu braço o tempo todo. Estava chocada. Sabia que ele não estava feliz por nos divorciarmos, mas essa demonstração de agressão física era tão completamente estranha ao caráter dele que me senti insegura em relação ao que fazer. Corri para o telefone, pretendendo pedir ajuda. A seguir, questionei-me e desliguei o telefone — até que o ouvi dizer:

— É melhor você ter cuidado ou logo estará debaixo da terra.

As palavras ficaram suspensas no ar. Senti um baque em meu coração. Se ele estourasse de novo e realmente me matasse, queria que, pelo menos, essa ameaça estivesse gravada. Telefonei para a polícia e pedi que viessem fazer um registro.

Duas policiais femininas chegaram e anotaram nossas versões da história. Enquanto ouvia meu marido relatar seu lado da história, senti a tristeza brotar em meu interior. O que estava acontecendo? Não queria isso. Queria um divórcio pacífico. Olhei para a policial e disse-lhe como ele tinha me ameaçado na frente de nossos três filhos, todos com menos de oito anos. As lágrimas inundaram meus olhos enquanto assistia a outra policial levar aquele homem que amara — em torno do qual construíra minha vida adulta — através da casa para reunir seus pertences antes de ser levado para um hotel.

Ele soltou palavras raivosas enquanto era levado para o carro de polícia.

— É melhor você sair daqui porque não está segura nesta casa.

Assistia entorpecida à cena, perguntando-me se era a vida de outra pessoa que estava assistindo em um filme. Embora soubesse que meu marido estava com raiva e, provavelmente, gritando palavras que não resultariam em ação, não podia evitar sentir algum medo, porque ele nunca reagira de maneira tão violenta nem desse modo ameaçador a nada antes.

Quando a noite profunda e escura substituiu a luz do dia, meus temores ficaram mais fortes. Estava com medo por mim mesma e por meus filhos. E se ele voltasse enquanto estava dormindo? A sugestão da policial fora menos que reconfortante — requerer uma ordem de proteção pessoal pela manhã. Ainda precisava esperar a noite acabar. O que ficou claro para mim foi o triste fato de que se alguém quisesse me ferir ou matar, podia. Podia trancar as portas e colocar alarme nas janelas, mas se alguém quisesse realmente entrar, o que poderia fazer fisicamente para impedi-lo? E os meus três preciosos filhos? O que seria deles se fosse ferida ou, pior ainda, morta? Sentia-me presa no meio de um pesadelo sem saída.

Telefonei para uma amiga íntima e chorei enquanto sussurrava a respeito dos meus temores.

Amy — disse ela — não pense que isso realmente diz respeito a você morrer. Você está tomando todas as providências para manter você mesma e as crianças seguras. Seu marido saiu de casa e, provavelmente, vai se acalmar o suficiente para, amanhã, perceber o erro de seu grave comportamento. Acho que você está lutando é com a *ideia* de morrer.

Um tremor de calor fluindo energia percorreu meu corpo enquanto percebia a verdade do que ela dizia. Chorei mais.

— É mesmo... e em aceitar que, algum dia, *morrerei*; tenho de admitir que de alguma maneira meus filhos ficarão bem sem mim.

Naquele momento, sucumbi e percebi que essa situação tinha me forçado a contemplar minha mortalidade de uma maneira que nunca fizera. Minha mente voltou-se para a história que lera de uma mãe missionária, cujo filhinho estava gravemente enfermo. Ela estava a quilômetros de qualquer hospital, fizera tudo que podia e estava deprimida com a ideia de seu filho morrer. Ela levantou o filhinho para Deus, dizendo:

— Fiz tudo que podia. Dou meu filhinho querido ao Senhor. Rendo-me.

Meus soluços vinham do fundo da minha alma enquanto pensava com o que me defrontava. Podia admitir que era eterna ou ficar encolhida de medo. Meus filhos olhavam-me, perguntando-se o que aconteceria se eu estivesse para morrer. A tristeza da situação estimulou-me a conversar com meu Criador como nunca fizera antes.

Com meus filhos assistindo, deixei minhas palavras dirigidas ao meu Criador fluírem.

— Sei que sou eterna, que sou parte do Senhor e que mesmo se morrer em meu corpo físico, não me fui de fato nem morri. Confio que acidentes não acontecem e que ficaremos todos bem, independentemente do que aconteça esta noite. Confio no Senhor, amo o Senhor.

Uma nova sensação de segurança envolveu-me enquanto tomava as precauções para deixar nossa casa segura enquanto dormíamos. Reuni as crianças no meu quarto, escrevi números de telefone em caso de emergência para meu filho de sete anos e bloqueei a porta com cadeiras. Lemos livros e adormecemos, sabendo que acordaríamos para a luz do dia.

Mais tarde naquela noite, acordei com dor de estômago, tremendo e com um sentimento que lembrava o ataque de pânico que sofrera na faculdade enquanto estava envolvida em um relacionamento abusivo. Cambaleei até o banheiro, questionando-me se devia beber um copo de água.

Então, ouvi a voz.

— Apenas deite na cama e respire.

Senti em todas as camadas do meu ser — a voz mais clara e mais calma que já ouvira. Calma, mas orientadora. Tranquila, todavia direcional. Meu corpo formigou, e uma sensação de paz começou a cair sobre mim. Não hesitei em seguir a voz. Ela veio do meu interior, todavia ela também saía de mim, estendia-se no espaço.

Voltei à cama, deitei, fechei os olhos e respirei. Sentimentos de nervosismo e temor atravessaram meu corpo e, a seguir, dissolveram-se gentilmente à medida que continuei a respirar profundamente. Parecia que o ar à minha volta girava e jorrava calmamente, mesclando-se com minha própria energia. As cores mudaram, e as imagens por trás de meus cílios eram simples e fluíam como um rio. Abri os olhos. O quarto estava escuro, mas as cores continuavam de modo tranquilo.

— Respire — repetiu a voz.

Fechei os olhos, vi-me como essência energética levada a lugares de trevas seguidos rapidamente pela luz brilhante e colorida. Eramme mostrados os lugares onde sentira medo e, depois, a ternura que podia dissipá-lo. Conforme a experiência prosseguia, entreguei-me, e o medo foi neutralizado. Ele foi lavado e apagado de mim. O formigamento do meu corpo cedeu e foi substituído por uma paz impressionante. Voltei a adormecer totalmente relaxada.

Na manhã seguinte, tinha a sensação de conhecer minha natureza como um ser espiritual, algo que não apreendera no passado. Por meio da minha disposição em confiar no meu Criador, fui "despertada" para participar conscientemente de minha própria transformação espiritual. No passado, fora um pouco cética em relação à minha espiritualidade, mas isso era algo que não podia mais negar. Vi claramente que sou um ser espiritual, que Deus está em mim e em tudo. Não há separação.

Enquanto absorvia essa tranquila bênção, o telefone tocou. Peguei o telefone para ouvir a voz calma e pacífica de meu marido.

— Desculpe por ontem à noite, Amy. Não vou machucar você nem as crianças. Quero resolver essa situação.

Respirei fundo, ouvindo a resignação e a verdade em sua voz.

— Eu sei — repliquei.

O medo banido, substituído pela paz e calma amorosas de Deus. Com bastante confiança, dei prosseguimento ao meu divórcio, fortalecida pela minha nova espiritualidade.

Amy Christine Bush é mãe e treinadora de pais; ela gosta de ler, ouvir música, estar na natureza e brincar com seus filhos e bichos.

Agora é a hora, esse é o lugar

COMO HOMEM DE MEIA-IDADE que sempre gostou de estar em relacionamentos, casei pela primeira vez no início dos meus vinte anos e, pela segunda vez, quando estava com 28 anos. Nas duas vezes, acreditei que me casava para a vida toda. Quando os dois casamentos terminaram em divórcio, passei por um período problemático que levou a muito exame de minha alma. No fim, envolvi-me com um grupo de estudo espiritual.

Por intermédio de um amigo, recebi uma lista de 25 grupos de estudo de San Jose, Califórnia, onde vivia na época. Consegui um mapa e localizei todos os endereços para descobrir que duas ou três reuniões aconteciam bem próximas de minha casa.

Telefonei para o professor do local mais próximo de casa, e Roxsan atendeu o telefone. Senti uma energia atravessar a linha telefônica quando ela falou, depois descobri que ela também sentiu a mesma coisa. Fiquei feliz ao saber que esse grupo acabara de começar um livro e aceitei seu convite para comparecer à reunião seguinte, ainda especulando a respeito do choque que sentira. Quando a conheci, achei que ela seria uma boa professora para mim, mas nada mais.

Alguns meses depois, Roxsan pegou-me de surpresa quando perguntou se eu poderia ficar depois da reunião. Durante toda a reunião, fiquei preocupado com a possibilidade de que ela me pedisse para deixar o grupo por minhas crenças serem conflitantes com as dos outros membros.

Depois que todos foram embora, fiquei surpreso e aliviado quando ela expressou seus sentimentos por mim. Fiquei sem fala, além de não estar à procura de outro relacionamento. Na verdade, prometera a mim mesmo só ter amizade com as mulheres. Essa promessa teve curta duração. Roxsan pediu que me juntasse a ela em um culto de domingo em sua igreja. Embora tenha me sentido tenso em nosso primeiro encontro informal, senti-me compelido a convidá-la para uma noite musical que também aconteceu na igreja. Continuamos a nos encontrar, e descobri-me muitíssimo contente na companhia dela.

Depois de quatro a cinco anos de relacionamento, Roxsan expressou seu desejo de casar-se. Disse-lhe que com meu histórico, teria de ouvir essa resposta diretamente de Deus. Não confiava em mim mesmo para tomar essa decisão. Roxsan pareceu aceitar esse raciocínio.

Alguns anos depois, enquanto Roxsan e eu caminhávamos ao longo da margem de um rio caudaloso no Novo México, comecei a olhar as pedras na água, enquanto Roxsan foi explorar um campo a uma pequena distância dali. Enquanto olhava em volta, ouvi uma voz masculina profunda dizer:

— Agora é a hora, esse é o lugar.

Um tanto assustado, olhei rapidamente à minha volta não notando ninguém por perto. Não tinha certeza se a voz viera da minha mente ou de fora de mim, embora, ao mesmo tempo, soubesse o que representava.

Achando que pudesse ter imaginado essas palavras, perguntei-me: *Agora é a hora para quê?*

— Agora é a hora, esse é o lugar — disse a voz de novo.

Naquele momento, enchi-me com todos os tipos de sentimentos: excitação, medo, descrença. Olhei para Roxsan enquanto ela caminhava em um campo de flores coloridas. Esse momento eterno foi de uma beleza que está além das palavras. Comecei a chorar, sabendo que a voz estava certa. Esse era o momento perfeito.

Apenas nesse momento, Roxsan virou-se para mim e disse:

— Acho melhor voltarmos.

Estávamos acampados com amigos, e eles tinham voltado mais cedo para o acampamento a fim de preparar o jantar.

Chamei Roxsan, e para espanto dela, ajoelhei-me e pedi sua mão em casamento. De brincadeira, ela fez uma pausa que pareceu durar uma eternidade antes de dizer:

— Aceito! Por que você demorou tanto para pedir?

— Tinha que ouvir isso de Deus — repliquei.

Casamos no dia dos namorados, tendo Deus como nossa única testemunha em um bonito jardim com queda d'água magnífica, e somos gratos pelas bênçãos contínuas que compartilhamos como amigos e amantes.

Paul Lanoie nasceu e foi criado em San Jose, Califórnia, onde foi pai de duas crianças maravilhosas, Jennifer e Joshua. Apaixonado por trabalho em madeira, ele atualmente reside em Placitas, Novo México, com sua esposa Roxsan e dois cachorros.

No meu próprio quintal

Sempre conversei com Deus, mas nem sempre foi fácil ouvir a voz de Deus falando comigo. Quando era criança, saía e subia em uma árvore em nosso quintal para ouvir o vento e olhar o céu. Sentia que se fosse para Deus falar comigo, a melhor maneira de ouvi-lo seria voltar meus olhos e ouvidos para o céu.

Fui criada como católica. Durante nove anos, frequentei escolas católicas, ia à missa seis dias por semana, nove meses por ano e nem uma vez me rebelei com isso. Amava o espaço silencioso e santo da igreja onde podia conversar com Deus. Mas quando cresci, comecei a questionar os dogmas da minha fé e um forte desejo enraizou-se em mim: queria saber como as pessoas de outras fés, em outras culturas que não a minha, relacionavam-se com Deus. Depois de examinar muitas religiões e filosofias do mundo, retornava apenas para sair e ouvir o vento e olhar o céu.

Agora, na quinta década da minha vida, acostumei-me a ouvir a voz de Deus de muitas maneiras — algumas mais evidentes e impressionantes que outras — mas em cada uma dessas ocorrências percebi a ligação comum de um *desejo* fortemente sentido.

Durante a primeira semana do novo milênio, vivenciei um dos episódios mais extraordinários de comunicação pessoal com Deus que já conheci. Chegara a um ponto de minha vida espiritual em que sentia um profundo desejo de conhecer a Deus. Em minha casa, em 6 de janeiro de 2000, sentei-me defronte de uma grande janela que emoldurava o céu aberto. Fechei os olhos e repeti meu único pedido a Deus:

— Venha, Senhor, venha. Por favor, entre em meu coração.

Ansiava por sentir a presença de Deus em mim, por entregar-me à vontade dele em todas as coisas. Abri a porta do meu coração como se abrisse a porta de minha casa e disse:

— Entre, Senhor! Sim, por favor, entre!

Depois de ficar imersa nessa oração por vários minutos, abri os olhos e olhei para a janela. O intenso brilho do sol do meio-dia circundado por um grande círculo lembrando um halo. Já vira isso algumas vezes antes, mas naquele momento o imenso halo parecia transmitir algo mais. Senti que era uma porta para o céu que levava para onde desejava ir. E rapidamente, meu coração e minha alma voaram através daquela porta.

Nos olhos da minha mente, vi um grande pássaro voando, voando em direção ao sol. Voei com o pássaro, logo atrás dele. Fiquei tão totalmente fascinada por esse voo que, de início, não ouvi a voz falando em meu interior. Quando, finalmente, ouvi a voz, ela dizia:

— Vá para fora. Vá para fora. Vá para fora.

Mas eu estava muito contente onde estava. Não querendo quebrar o encanto, meu coração respondeu:

— Não, estou muito confortável exatamente onde estou, obrigada.

Afastei a voz como se fosse uma distração da minha mente e tentei ignorá-la.

Mas a voz não ia embora. Ela interrompia-me persistentemente a ponto de me aborrecer. Por fim, na esperança de resolver a questão, levantei-me e saí. O que vi quando olhei para o céu me fez parar. Lá, alto no claro céu azul, estava uma grande nuvem na forma de uma pena listrada com as cores brilhantes do arco-íris! Essa visão fez-me arfar. Não era um arco-íris — não chovera — era uma nuvem multicolorida estendendo-se como uma pena no meio do céu que, do contrário, seria azul-claro. As cores brilhantes cintilavam e fundiam-se, criando a coisa mais deslumbrante da natureza que já vira. Permaneci paralisada, e a beleza dela fez-me chorar. Queria subir e descer a rua em total alegria mostrando a nuvem para todo mundo que encontrasse, mas não queria perder nem um segundo da sua presença. Fiquei ali com lágrimas de alegria descendo por minha face e dizendo:

— Ó, querido Deus! Obrigada, obrigada, obrigada...

Depois, meu olhar desviou-se para o topo do desfiladeiro arborizado. Lá, vi essa luz celestial entre as árvores e, mais uma vez, arfei, pois estava totalmente tomada pela beleza de tudo! Depois, comecei a ouvir, vindo do topo da cadeia de montanhas, uma música celestial e o som de vozes celestiais cantando. Jamais tinha tido a experiência de ouvir tal música angelical. Pensei que meu coração fosse explodir! De pé lá no quintal fui transportada em êxtase para outro mundo — para o céu na Terra.

Depois de vários minutos, vi essa visão se desvanecer lentamente. Comecei a perguntar-me quantas pessoas teriam visto a nuvem arco-íris naquele dia.

Conforme o dia continuava, perguntei a diversas pessoas se tinham visto a nuvem arco-íris, mas ninguém a tinha visto. Como elas podiam ter perdido isso? Isso acontecera só para mim? Eu atravessara algum portal para outra dimensão? Estava louca ou era a forma de Deus responder ao anseio mais profundo do meu coração?

Alguns anos depois, recebi uma bela confirmação. Para meu aniversário de 2004, meu marido deu-me um livro sobre Buda, bênçãos e orações — para a ler à mesa de café — chamado *The Buddha Book* [*O livro de Buda*], de Lillian Too (HarperCollins, 2003). Olhei o livro uma vez ou duas, mas ele ficou lá na nossa mesa de café por mais um ano antes que o pegasse de novo. Quando o fiz, fiquei atônita com o que li. Lá, na segunda página da introdução do livro, a autora descreve determinados sinais no céu, sinais esses conhecidos dos budistas das altas regiões montanhosas do Himalaia — sinais que, conforme diziam, revelava a presença ou a passagem de um ser iluminado. A autora explica que na região de Solu Khumbu, no Nepal, em uma vila chamada Lawudo, vivia o lama Lawudo, "o Buda vivo que se manifestava como professor-mediador vivendo em retiro em uma caverna nas altas montanhas. Poucos o conheciam pelo que realmente era até que chegou o momento da sua passagem. Só na sua morte, o lama Lawudo revelou a mente iluminada que tinha residido naquele corpo iluminado. Durante doze dias e noites, os sinais apareceram — nuvens arco-íris, céus azuis e o som de anjos cantando".

A confirmação que tive ao ler essa passagem inspirou-me a abrir-me completamente para um caminho de compromisso espiritual. Sentindo-me chamada a começar mais uma vez em minhas raízes, a sentir-me atraída por livros sobre a pessoa histórica conhecida como Jesus, mergulhei na forma mais pura dos ensinamentos originais dele que pude encontrar. Hoje, esses ensinamentos continuam a despertar o Cristo em meu próprio coração ao mesmo tempo em que me abre para a presença do amor para onde quer que olhe.

Em 2005, viajei para Israel com um grupo de almas aparentadas para visitar os locais sagrados e ver pessoas de todas as principais religiões representadas neles. "Orávamos" por paz *por intermédio da presença da paz*. Compartilhamos com muitas pessoas o objetivo mútuo de honrar uns aos outros ao mesmo tempo em que nos abríamos para a presença de Deus em nossa vida. Sinto-me em paz em meu coração porque a voz de Deus levou-me ao despertar para a presença divina em mim. Aquela que buscava encontrou. E o caminho — marcado pela minha disposição de me abrir — esteve em meu interior o tempo todo.

Rebecca Zimman é mãe em tempo integral e consultora de pesquisa legislativa em regime de meio-período. Ela gosta de viver no norte da Califórnia com seu marido, sua filha e diversos e preciosos amigos peludos. Seu passatempo favorito é caminhar na natureza e escrever seu diário.

Meu anjo

Quando estava no segundo ano, certo dia, ouvia, muito quietinha, meu professor e fechei os olhos por um segundo ou dois e, a seguir, vi meu próprio anjo. Fiquei tão surpresa que pude realmente falar com ela. Suas palavras, disse-me ela, vinham diretamente do coração de Deus. Ela usava um vestido. O vestido era vermelho na parte de cima e, na parte de baixo, tinha um remendo em tecido laranja. O vestido estava esfarrapado. Ele tinha dois bolsos com pontos brancos e verdes. As bochechas dela eram rosadas. Tinha cabelos castanhos e sorria. Ela parecia-se muito com uma boneca. Seu nome era Lily.

Fiz algumas perguntas a ela. Agora, que estou no terceiro ano, não me lembro de todas as perguntas que fiz a ela nem de todas as respostas. Disse a minha mãe que ela poderia conversar com seu anjo na queda d'água do Oregon. Meu anjo disse-me isso.

Às vezes, pergunto a Lily se ela pode ajudar-me a resolver as coisas. Mas ela quer que eu as resolva sozinha.

Às vezes, ela conversa comigo primeiro. Em geral, ela conversa comigo quando estou muito quieta e sozinha. Quando fecho meus olhos, posso conversar com ela sempre que quero. Posso até mesmo conversar com ela de olhos abertos. Converso com ela, porque ela quer compartilhar as palavras de Deus comigo, e isso é reconfortante.

Zoe Stephens é uma aluna do terceiro ano de Roseville, Califórnia. Ela gosta de aninhar-se nos braços da mãe, de ler livros, de fazer desenhos, de brincar com seus brinquedos e de andar de bicicleta com a mãe ou o pai.

O dia em que ganhei um novo nome

Nasci James Allan e, depois, por meio de minha criação católica, adotei outro nome, Joseph, na minha crisma. A crisma não era um ritual que entendesse completamente na época, mas outros membros de minha família acharam que ela era importante. Minha mãe vinha de uma grande família católica com nove irmãos e irmãs, o que quer dizer que tinha cerca de trinta primos do lado materno da família. Sendo a metade deles meninos, todos eles também receberam um nome do meio em sua crisma, portanto, isso não era incomum em nossa família. Não dava muita importância à tradição, mas parecia-me um tanto importante ter algo um pouco diferente que me separava dos outros.

No início dos meus vinte anos, mudei de Ohio para a Flórida e fui trabalhar na área de viveiro. O trabalho era satisfatório e compensador, pois estar em contato com plantas e trabalhar ao ar livre, na natureza, sempre me fez sentir mais próximo de Deus. Embora tenha permanecido nesse negócio por quinze anos, comecei a ensinar ioga por meio-período. Como alguém dá o salto de viveiro para ioga? O chamado de Deus.

Não conseguia conter meu recém-descoberto entusiasmo e alegria. Amava tanto a conexão comigo mesmo, com Deus e com os outros que a ioga introduziu na minha vida. No início, ensinava ioga de graça, perguntando-me: *Posso ousar seguir meu coração e ainda descobrir Deus ensinando ioga em tempo integral?* As pessoas pareciam genuinamente tocadas e sustentadas pelo meu ensino e prática. *Se, pelo menos, conseguisse uma orientação clara...*

Certo dia, fazendo meditação sentado (prática que se tornara parte integrante de meu ritual diário), ouvi claramente algo em meu interior. Era uma palavra que parecia familiar e, contudo, assustara-me e amedrontara-me. Conhecia-a como nome. Até aquele momento, sempre que sentia a presença de Deus era exatamente assim — um "sentimento" de conforto ou de apoio. Mas nunca "ouvira" a Deus. Não ousava acreditar que ele podia, de fato, falar diretamente comigo.

Na prática da ioga, não é incomum receber um novo nome, nome esse dado por um professor quando o aluno está pronto para recebê-lo. Minha professora, na verdade, conversou comigo sobre isso quando estudei o assunto de todo coração por algum tempo na época. Nesse dia de meditação em particular, minha professora de ioga fora velejar. Tentei telefonar para ela. Estava com medo de contar para mais alguém o que vivenciara. Talvez se ela me desse um novo nome de ioga, fosse mais fácil lidar com isso que conseguir um nome direto da Fonte. Mas não consegui alcançá-la. Por segurança, eu era o contato dela enquanto estivesse no mar em caso de haver algum problema, mas como não consegui contatá-la pareceu-me que ela estava bem, como se Deus infundisse em mim esse conhecimento.

Disse a Deus que se ele fosse me dar um novo nome, então seria melhor ele enviar uma sarça ardente ou algo claramente identificável. Disse-lhe que precisava de uma ajudinha com isso e que não queria correr o risco de entender errado. Será que ele podia entender minha pequenez e deixar sua intenção clara para mim? Precisava de um sinal. Depois de ouvir a voz de Deus, senti-me um pouco à frente exigindo algo mais dele. Quem eu pensava que era? Mas o pedido foi feito, e esperei, com bastante timidez, que algo aparecesse. Estava embaraçado e animado ao mesmo tempo. E se Deus *tivesse* de fato falado comigo? Isso me tornaria especial, importante ou diferente? Toda minha prática de namoro mostrou-me que o maior obstáculo para vivenciar Deus diretamente era meu ego. Não queria que meu ego ocupasse o lugar da alegria e do amor no meu coração.

Naquela tarde, encontrei-me com um de meus alunos — um bom amigo. Fizéramos trabalho espiritual juntos por algum tempo, e considerava-o alguém com quem podia compartilhar a experiência com segurança. Contei-lhe o que acontecera, e enquanto ele ouvia, um grande riso apareceu em sua face. Ele ouviu a verdade disso e também ficou entusiasmado. Energizados, preparamo-nos para nossa atividade regular de domingo à noite, meditação orientada.

No centro de meditação, fui para o banheiro. De pé diante da pia, lavando as mãos, alcancei o porta-toalhas de papel. Lá, escrito em letras claras, estavam as palavras "San Jamar".

Congelei. *Jamar* fora o nome que ouvira mais cedo na minha meditação, a palavra que Deus dissera em meu interior. Ele não só ouvira meu pedido por um sinal para fazer eu saber que era verdade, mas também honrou meu pedido. Fiquei abismado e senti-me humilde. O nome, como aparecera, na verdade, era o modelo do porta-toalhas de papel, mas como era perfeito o fato de Deus honrar meu pedido em um modesto banheiro público de forma que foi confirmatória, compreensível e apropriada para mim. Agora, podia me tranquilizar percebendo que minha força repousava em minha vulnerabilidade e humildade.

Não havia tempo para digerir a experiência, pois a meditação estava para começar. Achei difícil integrar minha mente no que meu coração e minha alma já sabiam: que era profundamente amado e considerado, como também o eram os outros. Meio que tropecei no círculo de meditação, sentei-me no chão quando a facilitadora começou. Não sei que palavras ela disse. Apenas fechei os olhos e fui transportado.

Na minha meditação, estava nadando. Vim à tona do outro lado de um lago. Lá, minha professora sentou-se em uma cadeira. Pus a cabeça no seu regaço enquanto ela tirava a água da minha face. De repente, ela metamorfoseou-se em outra expressão de Deus. Ela transformou-se outro mestre venerado: Jesus. Foi difícil conter o amor que me inundou. Jesus levantou-me e disse, olhando em meus olhos:

— Você deve ser conhecido como Jamar, "aquele que traz luz".

É a última coisa de que me lembro antes de abrir os olhos para uma sala cheia de pessoas. Aparentemente, a meditação acabara.

Como podia esconder o êxtase que corria em meu coração? Tradicionalmente, cada pessoa tinha a oportunidade de compartilhar sua experiência de meditação, compartilhamento que sempre começava com a pessoa dizendo seu nome. Muitos falaram sobre como haviam me visto rodeado por uma luz em sua meditação. Isso me surpreendeu e me encorajou. Quando chegou minha vez, recontei minhas experiências daquele dia e apresentei-me aos outros pela primeira vez como "Jamar".

Logo depois disso, comecei a dar aula em tempo integral. Cheguei a mudar meu nome legalmente, outra demonstração da minha compreensão e compromisso. Sou afortunado por encontrar a Deus em todo lugar nos dez anos desde esse acontecimento. Hoje, ele fala comigo de muitas maneiras, e amo e cultivo cada uma delas.

Jamar Caudy vive em West Palm Beach com sua esposa, Marlowe; sua filha, Kylie, e o cachorro deles, McKinnley. Ele gosta de andar de caiaque, de praticar canoagem, de fazer caminhadas e de jogar *ultimate frisbee*. Depois de um dia atribulado ensinando ioga, seu maior prazer é ficar abraçado com Marlowe no sofá, assistindo a um bom filme.

No momento exato

O FIM DA VIDA DE RUTHIE começou com seu gosto por viagem e aventura. Isso não era novidade.

Os relatos de suas várias jornadas exóticas eram bastante interessantes, contudo eram suas versões exageradas que levavam a família a ter ataques de riso sempre que ela voltava de viagem. Ter gangrena no dedão do pé depois de escalar o monte Kilimanjaro, escapar por pouco de um deslizamento de terra no Tibet e várias outras experiências quase fatais em montanhas do mundo todo mantinha-nos todos entretidos.

Amava minha irmã como a ninguém mais no mundo. Nossos pais tinham morrido cedo, e nossa família imediata era constituída de apenas nós duas. Ruthie tinha muitas virtudes: ela era corajosa, leal, cristã devota e muitíssimo generosa com todos que conhecia. Contudo, Ruthie exigia paciência infinita. Seu apetite por drama era insaciável. Cada nova aventura trazia perigo maior para Ruthie e aumentava minha ansiedade. Será que um deslizamento de terra *realmente* quase jogara seu ônibus em um desfiladeiro? Só Deus sabia com certeza.

Ruthie e eu chegamos a um impasse em nosso relacionamento em 1999. Quando retornei do Corpo de Paz na África, Ruthie abrigou-me enquanto procurava emprego. Nossa brincadeira fácil logo que retornei, no fim, acabou-se. Ela parecia decepcionada quando eu discordava a respeito de alguma coisa, e sentia-me culpada por ela se esforçar para acabar com minha paciência. Ela exigia ainda mais atenção e aceitação inabalável de todas suas ideias e atos. Era exaustivo, e sentia-me uma péssima irmã por me ressentir com o comportamento dela.

— O que acontece com você — perguntou-me Ruthie uma noite. — Não tem nada a dizer?

— É difícil conversar depois de um longo dia de trabalho — repliquei. Esse tipo de conversa tensa tornara-se típico e, no fim, o estresse de andar pisando sobre ovos me exauriu. Amava-a demais, todavia, sentia-me testada todos os dias.

— Vou mudar-me para um lugar mais perto do mar — disse uma manhã.

— Faça como quiser — replicou ela com indiferença enquanto entrava em um de seus acessos de mau humor.

Logo depois do meu anúncio, ela disse-me:

— Não sei quando terei tempo para vê-la de novo.

Depois disso, ela cortou todo contato comigo. Uma porta fora fechada, aparentemente, para nunca mais se abrir. Fiquei devastada e senti-me inadequada. Independentemente do que eu fizesse, nunca era suficiente. Nunca satisfaria os padrões dela do que era ser uma "boa" irmã.

Ressenti-me de ter sido posta para fora da vida dela por não fazer o que ela queria e sentia-me ferida por ela não sentir que a amava. Toda vez que a contatava, ela desligava o telefone ou ignorava minhas mensagens. Uma nuvem de depressão permanecia sobre mim.

Voltei-me para os amigos a fim de preencher o vazio, mas ainda sentia saudade de Ruthie. Senti-me extremamente sozinha, exposta e ferida. Nunca em minha vida, ela fora tão notavelmente ausente. Isso me deixou vulnerável e profundamente desconfortável de uma maneira muito estranha a mim.

Certa manhã, na praia, enquanto apreciava a vista do nascer do sol sobre o oceano, comecei a conversar com Deus como se ele fosse meu amigo.

— Senti-me chutada da vida dela e irremediavelmente paralisada quando tento contatá-la. Quando tento fazer o que é certo para mim, ela diz-me que não a amo — expliquei. — Amo-a mais que qualquer coisa neste mundo e quero passar tempo com ela de novo. Quero ser legal com ela sem me perder no processo. Oro para ter conhecimento de sua vontade para mim e por sabedoria para executá-la. Espero que o Senhor saiba o que fazer, pois não tenho nenhuma pista!

Enquanto dizia essas palavras, senti meu corpo relaxar na areia. Por um breve momento, tudo ficou calmo em mim. De repente, apareceu uma inspiração: por que não escrever uma carta para Ruthie, dizendo: "O que gosto em você é..." e, depois, preencher as lacunas? Esse pensamento foi claro, poderoso e eletrizante. Minha pele ficou arrepiada enquanto o pensamento tomava forma.

Contudo, com a mesma rapidez um sentimento penetrante de medo começou a esfriar meu entusiasmo. Se fosse levar isso adiante, precisava me preparar para a possibilidade de outra dolorosa rejeição. Meus músculos retesaram-se com esse pensamento. Não podia aguentar mais sofrimento nem longas preleções sobre como ela estava *certa* e como eu estava *errada*. Perguntei-me, ferida como estava, se poderia voltar à batalha por causa do amor.

À medida que essa sugestão inesperada começou a se estabelecer fundo em meu coração, minha tendência interior começou a mudar. Algo maior e mais poderoso que a dor e o medo estava em operação aqui: a esperança. A esperança de relacionamento curado com minha amada irmã, que tinha o poder de me jogar em um poço de desespero ou de me levar aos píncaros da felicidade.

Senti que a profundidade de meu amor libertava meu coração de todas as dores passadas. O forte desejo de compartilhar meu sentimento de apreço por ela substituiu o medo esmagador da rejeição. Depois de lembrar-me apenas dos defeitos dela, senti-me livre para expressar a razão por que amava tanto essa criatura difícil. Imagens de Ruthie em seu melhor fluíam por mim como se tivesse mudado de um filme branco e preto da época do cinema mudo para um filme em *technicolor*.

Minha oração foi respondida de uma maneira que não podia esperar. Não queria perder a chance de contatá-la e, depois, perguntar-me o que teria acontecido se tivesse corrido o risco. Pela primeira vez em semanas senti-me em paz.

Voltei para casa e escrevi:

Querida Ruthie,

O que aprecio em você é o fato de que realmente se importa com quem está sofrendo. Aprecio que você sempre deixa qualquer coisa que esteja fazendo para estar com alguém. Você fez tanto para ajudar a mamãe. Apreciei sua ajuda depois do meu acidente de carro.

Depois de encher os dois lados da folha de papel em cinco minutos, percebi que me lembrava de novo de tudo que amava nela.

Postei a carta, sentindo-me aliviada de ter feito o melhor que meu coração e consciência podiam fazer para curar esse relacionamento. Na verdade, o momento foi divino. Ruthie telefonou dois dias depois.

— Oi, é sua irmã perdida há tanto tempo. Você pode vir no sábado, antes de eu viajar para Yosemite?

Ela planejara outra viagem — dessa vez, mais perto de casa e, aparentemente, mais segura.

Depois de uma ótima refeição, deitamo-nos nos sofás da sala de estar dela e começamos a rememorar os bons tempos. Lembramos os tempos felizes quando nossas risadas contagiantes faziam os observadores rirem. Quando os ventos emocionais estavam bons, completávamo-nos perfeitamente. Meu coração ficava aquecido de passar tempo com a Ruthie de novo. Ela prometeu-me contar sobre o interior de Yosemite quando retornasse no fim de agosto. Abraçamo-nos e dissemos:

— Amo você. Vejo-a depois.

Não recebi notícias de Ruthie na data em que ela deveria retornar. Andei pelo andar, chamando todo mundo que pudesse saber do paradeiro dela.

— Não sei onde ela está, algo deve ter acontecido com ela — ouvi várias vezes de amigos e parentes.

Algo estava terrivelmente errado.

Finalmente, tive notícia através da Divisão de Detetives de Yosemite. Eles tinham achado o carro dela, mas não minha irmã.

— Estamos muito preocupados com sua irmã e começamos a procurar por ela.

Parti no avião seguinte com minha filha Carla. Um guarda do parque e um detetive ajudaram-nos a tentar juntar as peças do que havia acontecido. Contudo, a equipe de busca, composta de voluntários, com cães não encontrou nenhum sinal de Ruthie.

Na quarta manhã, verbalizaram o pensamento que não podia aguentar.

— A conclusão a que chegamos é que Ruthie não está viva.

Comecei a chorar. O pesar que tentei enterrar fundo em meu interior veio à tona em grandes soluções.

Voamos em um helicóptero a fim de apreender a enormidade do deserto em que ela desaparecera. Admiti silenciosamente para mim mesma e para Deus que Yosemite era um lugar esplêndido para ela terminar seus dias.

Retornei para casa sentindo uma tristeza profunda e alívio por ter procurado Ruthie e por ter visto o lugar do seu repouso final. Sentia a presença de seu espírito exuberante cutucando-me para levantar-me de novo e viver a vida com o senso de maravilhamento que ela abraçara com tanto entusiasmo.

Desde aqueles dias agonizantes, minha vida tomou um novo rumo. Não me sento no muro à espera de orientação interior, temendo que a seguir, de alguma maneira, algo terminará mal. Durante um dia agitado, paro o que estou fazendo para estar totalmente presente para uma amiga ou faço uma pausa para admirar as maravilhas da natureza. Ajudo os que não têm para onde se voltar e expresso amor pelas pessoas relevantes da minha vida. O amor preenche-me e sinto-me totalmente viva.

Obrigada, Ruthie, onde você estiver, e agradeço ao Senhor, Deus, por inspirar-me a contatá-lo no momento exato.

Marilyn Sapsford, antes de aposentar-se, trabalhava como terapeuta e jornalista *freelance*. Ela, mãe de uma bela jovem, hoje, gosta de viajar e de fazer trabalho voluntário em sua comunidade.

Finalmente, livre

Deus falou muitas vezes comigo de diferentes maneiras ao longo dos anos. Ele fala comigo por meio de livros, intuição, pensamentos e pessoas, mas a primeira vez que parei tempo suficiente para ouvir aquela voz baixa e calma em minha mente foi no verão de 1962. Fora atacado pela Síndrome de Guillain-Barré, uma doença debilitante que ataca o sistema nervoso. A doença paralisou meu corpo e alterou minha respiração. Como estava à morte por não conseguir respirar, tive de viver em um pulmão de ferro no Spartanburg Regional Hospital, em Spartanburg, Carolina do Sul. O pulmão de ferro é um grande respirador de metal que envolve o corpo todo, exceto a cabeça, e é usado para a manutenção da respiração artificial para pessoas que têm dificuldade de respirar sozinhas.

Depois de ficar no pulmão de ferro por duas semanas, estava péssima. Tinha 21 anos e não entendia o que estava acontecendo comigo. Era um sentimento terrível não conseguir me comunicar com minha família e meus amigos. Tinha consciência de suas conversas e da pena e dos sentimentos negativos deles. Eles achavam que eu não podia ouvir porque não conseguia falar mais alto que um sussurro. Foi durante esse tempo desafiador de não conseguir me comunicar com ninguém que toda a minha energia e atenção foram para meu interior. Em meio à minha depressão, comecei a conversar com Deus. Certo dia, ouvi uma voz em meu interior dizer:

— Menina, você tem uma escolha. Você pode escolher ficar péssima ou escolher ser feliz.

Como podia ser feliz em um pulmão de ferro? A resposta foi:

— Pense em coisas boas.

Com nada a perder, comecei a mudar meus pensamentos sobre todos e tudo na minha vida. Em pouco tempo, minha atitude e minhas percepções se transformaram. Comecei a gostar da minha experiência no pulmão de ferro. Minha consciência do meu Criador e minha ligação com ele começaram a ser a força propulsora em meu interior, e uma profunda sensação de amor pelos outros logo substituiu todos os sentimentos de preconceito e julgamento. Essa experiência transformou minha vida.

Depois de três meses, já conseguia respirar por mim mesma. Troquei o pulmão de ferro por uma cama. Depois de pouco tempo, estava forte o bastante para sentar-me na cama. Gradualmente, meus membros começaram a se movimentar e o sentido do tato estava sendo restaurado no corpo todo. Estava bem o bastante para, em outubro, ser transferida em uma ambulância para o Charleston Medical Center, em Charleston, Carolina do Sul.

Charleston era um mundo novo. As portas abriam-se para mim. Conheci muitos médicos novos, fisioterapeutas, residentes e uma nova equipe médica. Como eu era o novo interesse deles, dedicaram atenção exclusiva a mim. Eles mantinham-me ocupada. Meu fisioterapeuta exercitava meus membros todos os dias. Embora eles fizessem tudo que podiam para deixar minha vida melhor, eles recusaram-se a me dar falsas esperanças a respeito de poder andar de novo. Por fim, fiquei mais forte e fui promovida para uma cadeira de rodas.

Em dezembro, fui liberada do centro médico bem a tempo de celebrar o Natal com minha família na casa da minha mãe em Gaffney, Carolina do Sul, a 320 quilômetros de Charleston.

Depois das férias, retornei ao centro médico como paciente do ambulatório e aluguei um apartamento perto dali. Embora minha saúde continuasse a melhorar, estar no mundo era muito diferente da vida interna e silenciosa que criara com Deus em meu pulmão de ferro. Minha antiga maneira negativa de ver as coisas voltou a minha vida e, mais uma vez, fiquei deprimida e desencorajada. Era jovem, impaciente e ansiava por viver uma vida plena.

Certo dia, a despeito de meus protestos, meu marido empurrou-me King Street abaixo, saindo do centro médico. Claro que não queria ir porque sentia pena de mim mesma. Era como se todos os olhos estivessem focados em mim quando aparecia em público toda vestida com meus braços de metal e sabia que aquele dia não seria diferente. Minha cadeira de rodas parecia estranha e imensa. Tudo que queria era me esconder. Sentia-me vítima da minha doença e deserdada pelo meu Criador.

Ao nos aproximarmos da King Street ouvi uma bonita canção. Uma parada bloqueara o cruzamento da King com a Calhoun. As pessoas marchavam e cantavam canções livres. Elas batiam palmas enquanto marchavam. Alguns espectadores reclamavam, outros choravam, e outros ainda cantavam e batiam palmas. Hipnotizada, fiquei sentada na minha cadeira em um canto. Comecei a entender que essas pessoas eram os marchadores livres. Oh, como queria me livrar de minha angústia mental!

Havia um radiante homem negro liderando o desfile. Ele tinha uma presença magnífica. Quando ele passou por mim, nossos olhares se cruzaram. Não falamos. Uma onda de compaixão inundou-me e um toque curador penetrou em minha alma. Embora o homem fosse negro, ele não se importava que eu fosse uma garota sulina branca.

O homem de pé perto de mim disse:

— Esse era o Dr. Martin Luther King.

Afinal, Deus não me abandonara. Ele viera na forma do Dr. Martin Luther King para me libertar da minha prisão de pensamentos negativos. Naquele momento poderoso em que nossos olhares se cruzaram, minha vida transformou-se drasticamente. Decidi fazer diferença na vida dos outros dedicando-me a pequenas maneiras de ajudar a humanidade. Tudo que podia fazer naquele dia era sorrir, e sorri.

Aos poucos aprendi a andar de novo. Completara minha educação, constituíra uma família, ensinava na escola e era voluntária em muitas organizações da comunidade. Este mês, celebrei meus 68 anos. Aproveito meus netos, gosto de viajar e de jogar com minha seção da Red Hat, a Rocky Mountain Roses da Sociedade Red Hat. Todos os dias, ouço a voz de Deus. Ele sempre tem uma mensagem para mim. Agora, estou finalmente livre! Finalmente, livre! Obrigada, Deus Altíssimo! Finalmente, livre!

Linda Bridges concluiu seu bacharelado em Artes na Limestone College, na Carolina do Sul, em 1972. Desde sua aposentadoria do magistério em 1994, ela divide seu tempo entre a Carolina do Sul e o Colorado. Ela gosta de ler e de escrever histórias humorísticas.

Encontrando o Deus pessoal

O CONCEITO DE DEUS COMO MENTE universal, um tipo de energia inteligente, sempre atraiu minha curiosidade. No meio dos meus vinte anos, juntei-me a um grupo de estudo espiritual para aprender a meditar e gostava da viva discussão espiritual em torno de um livro intitulado *Search for God* [*Busca por Deus*]. Tendo crescido em uma família não religiosa, não entendia o que era um relacionamento pessoal com Deus. Além disso, achava que as pessoas que diziam que falavam com Deus ou Jesus estavam enganadas ou iludidas, e achava-me mais esperta, racional e realista que essas pessoas.

Em uma reunião, um homem questionou minha posição de que Deus era uma energia amorfa e abstrata que continha todo o universo. Ele fez-me algumas perguntas que levaram à grande questão:

— Se Deus é o Criador e a Mente Universal por que ele não pode ser abstrato *e* pessoal?

Não conseguia ver como isso era possível, mas uma avalanche de dúvidas e perguntas inundaram minha mente. Por fim, percebi que queria conhecer a Deus de uma forma pessoal, mas sentia medo de comprometer minha posição de esperta, racional e realista. Como podia expressar meu julgamento de que as pessoas cometiam uma injustiça com Deus ao falar com ele como se fosse uma pessoa invisível que se importava com os detalhes do dia a dia delas? Uma pequena oração veio do meu coração pedindo para encontrar uma forma de ter um relacionamento íntimo com Deus que não comprometesse minha integridade nem minha inteligência.

Aquela oração foi respondida cerca de quinze anos depois. Minhas práticas espirituais tinham aumentado, embora tenha sido um cataclismo emocional no meu trabalho que tenha realizado meu desejo.

Trabalhava como assistente administrativa em um departamento de bombeiros. Diversas mudanças fizeram com que Ralph, um cristão fundamentado na Bíblia, fosse meu novo chefe. Meus chefes anteriores nunca discutiram religião comigo, mas Ralph aludia periodicamente à autoridade da Bíblia, sempre que eu iniciava a discussão a respeito de alguma questão espiritual. Do contrário, Ralph vivia sua religião ao ser respeitoso, apoiar todas as pessoas com quem trabalhava, em vez de fazer sermão.

Sua integridade estava acima de qualquer patamar que já observara em outras pessoas. Ele assumia a culpa por qualquer coisa que não funcionasse bem e dava o crédito aos outros por tudo que dava certo. A porta dele estava sempre aberta para questões relacionadas ao trabalho e também para preocupações pessoais. Para mim, ele tornara-se o símbolo perfeito do pai, irmão, amigo e capelão sábio e amoroso, além de chefe extraordinário. Nunca conhecera ninguém como ele e não conseguia imaginar a vida sem ele.

Sabia que, periodicamente, Ralph sofria com fortes enxaquecas, mas era difícil ele faltar algum tempo ao trabalho. Depois de apenas alguns meses trabalhando juntos, Ralph de repente ficou gravemente enfermo. Ele caiu de cama com uma gripe complicada por hemorragia interna provocada por remédio para dor de cabeça. Ele estava na Unidade de Terapia Intensiva de um hospital local.

Estava inquieta com o pensamento de Ralph gravemente doente no hospital. Minhas amigas diziam que parecia que meu amado estava morrendo. Temendo a perda desse homem maravilhoso e preocupada com sua família, telefonei para todos meus amigos e pedi que orassem por ele. Não suportava o pensamento do sofrimento dele nem de sua possível morte. Um amigo, preocupado com meu estado emocional extremo, sugeriu que eu telefonasse para a linha de oração.

E foi assim, tantos anos após minha intenção de conhecer a Deus de forma pessoal, que me ajoelhei, temendo por Ralph. Telefonei para a linha de oração. A mulher que atendeu perguntou se podia orar por mim. Ela ouviu meu pedido por uma oração de cura para meu chefe.

Lá estava eu, sentada na minha sala de estar com o receptor do telefone grudado ao ouvido, todavia era como se a mulher não falasse mais a quilômetros de distância com uma estranha assustada e preocupada. Ela disse-me para acalmar minha mente e "entrar" onde há a perfeita paz e o conhecimento de inteireza e perfeição. À medida que ela dizia palavras de fé, inteireza, milagre, cura, amor e cuidado de Deus, não estava mais apenas escutando palavras de esperança. Tornara-me um diapasão ressoando com a verdade divina. Era como se a voz de Deus falasse para a filha de Deus em uma linguagem que não sabia que conhecia.

À medida que a paz tomou conta de mim de dentro para fora, todos os meus temores em relação a Ralph se dissiparam. Sentei-me mais reta e respirei fundo. Sentia-me mais leve. O peso do medo tinha sido tirado de mim. Foi uma experiência de comunhão. A oração que ela compartilhara comigo era Deus falando para mim e por meu intermédio. Meu coração abriu um novo caminho, deixando entrar uma nova voz poderosa para o amor que, agora, podia reconhecer em mim. Embora, depois, tenha percebido que tudo isso acontecera o tempo todo em meu interior, o intenso anseio emocional pela cura de Ralph derrubou minhas barreiras defensivas. Era uma barreira que não sabia que mantivera pelos primeiros quarenta anos da minha vida.

Aquela oração transformou-me. A voz de Deus tornou-se verdadeira para mim por meio dessa experiência. Recebi o amor e a paz de Deus. Senti o amor de Deus ser revelado para mim à medida que o Criador Todo-Poderoso voltava sua atenção para minha necessidade específica naquele momento. Apenas parte da mensagem de Deus foi sobre a cura de Ralph. A parte principal dela era sobre meu relacionamento com um Deus amoroso e atencioso e uma paz que ultrapassa toda a compreensão humana.

Fico felicíssima em dizer que Ralph se recuperou totalmente e voltou a trabalhar comigo por mais treze anos maravilhosos. Sua família e nossa família do trabalho foram abençoadas com sua recuperação. Além disso, a cura física de Ralph foi outra cura que colore todos os dias da minha vida. Comecei a abrir mão da minha necessidade de parecer "esperta, racional e realista". Em vez disso, entreguei-me cada vez mais a uma inteligência que é maior que a minha. A experiência de sentir a presença, a orientação e o conforto de Deus é o maior milagre e alegria da minha vida!

Jill Carel trabalha em tempo integral no departamento de bombeiros e devota muito tempo e energia a sua família e a seu ministério entre fés.

Clareza

Logo depois do dia 11 de setembro quando as torres gêmeas ruíram e o ânimo do país era de raiva e julgamento, vivenciei um sonho de cura. Foi como se Deus me tomasse pela mão e dissesse:

— Tenho algo para lhe mostrar. Você tem que entender que tem uma viga no olho, não apenas um cisco. Fornecerei lentes especiais para que você veja com mais clareza. Quero que veja o mundo e as pessoas como os vejo, não através de seus olhos humanos.

A jornada começou em um caminho no qual vi uma senhora idosa sentada em um banco do parque. Seu rosto era marcado e enrugado, e seu cabelo era listrado de cinza. Suas mãos estavam deformadas pela artrite, e ela olhava-me através de olhos turvados pela idade. Quando a olhei através das lentes de Deus, vi uma mulher brilhando com esplendor. Seus olhos suaves e a face amorosa revelavam serenidade angélica, e sua pele parecia lisa. Não vi uma mulher idosa, mas uma mulher que vivera plenamente e servira a Deus.

Minha jornada continuou, vendo diversas crianças brincando. Através dos meus olhos, vi um grupo de crianças barulhentas demonstrando pouco respeito por tudo. Através das lentes de Deus, as crianças pareciam belas borboletas correndo em torno das flores como se tivessem acabado de sair de seu casulo.

Conforme viajamos mais, vi terror no céu. Aviões explodiram em prédios. Pessoas corriam para todos os lugares, pulando dos prédios para escapar das chamas. Estava aterrorizado, rodeado pela tristeza e agonia. Não conseguia entender a cena com meus próprios olhos nem aguentar o que via. Tateava, tentando colocar as lentes especiais de novo, quando uma lágrima correu por minha face. Embora olhasse através das lentes de Deus, era difícil entender a desumanidade do homem com o homem. Vi muitos rostos me olhando em busca de ajuda, de respostas. Agora, que vira o que Deus via, podia sentir a compaixão dele e comecei a chorar e a orar. A viga fora tirada dos meus olhos.

A jornada estava chegando ao fim. Deus levou-me a uma sala grande parecida com uma galeria de arte. Cada peça exposta representava um mistério. Tive permissão para ver um dos mistérios da vida através das lentes que, agora, sabia tinham grande poder. Escolhi olhar o amor, e logo todo meu ser foi invadido pelo temor. Pela primeira vez, vi a face de Deus.

Despertei do meu sonho com um solavanco e sentei-me ereto na cama, suando e tremendo. Foi uma jornada cujas lições nunca esquecerei. Minha vida é cheia de desafios, mas esse sonho ajudou-me a saber que Deus nunca está distante. Nem sempre entendo o que Deus reserva para mim, mas, agora, tento ver a humanidade através das lentes de Deus e sinto-me em paz sabendo que ele está próximo.

Tom Halter nasceu em Evansville, Indiana. Ele é casado e tem três filhos e oito netos. Aposentado após 41 anos de trabalho em radiologia, seus passatempos são viajar, escrever histórias e poesias e assistir a futebol e filmes.

A coisa mais simples

Alguns anos atrás, minha sobrinha de seis anos desenvolveu um tumor cerebral cancerígeno inoperável. Nossa família lutou para absorver a terrível verdade da situação e, mais importante, para saber como lidar com a possibilidade de ela nos deixar. Tinha esperança e minha fé era firme, mas ainda assim me vi questionando as coisas. Queria conversar com alguém que pudesse ajudar a clarear minha mente, talvez ouvir um ponto de vista positivo ou até mesmo espiritual, mas continuava a descartar a possibilidade porque me sentia desconfortável em expor meus pensamentos e sentimentos.

Após um fim de semana especialmente difícil para minha sobrinha, acordei na segunda-feira pensando que devia telefonar para um sacerdote em particular da minha paróquia que acreditava poderia oferecer algumas palavras de conforto. Ele ouviria, e eu falaria. Ele compartilharia percepções, e faria meu melhor para entendê-las. Ele orientaria, e tentaria me manter esperançosa. Ainda assim, não telefonei. Enquanto estava nesse dilema, o telefone tocou. Era meu irmão. Sua perua tinha quebrado, e ele precisava de uma carona.

Pus as crianças no carro e fui buscá-lo. Com raiva e chateado com a perua, meu irmão sentou-se no banco da frente e pediu que o levasse para casa. Enquanto íamos para lá, ele reclamava da perua. As crianças distraíam-se no banco de trás, e eu prestava atenção à estrada, perdida em meus pensamentos — devia telefonar para o sacerdote ou não? Quando chegamos ao topo da colina, percebi um caminhão pronto para arrancar na nossa frente. Diminuí a marcha do carro e virei-me para meu irmão que ainda estava reclamando. Conforme nos aproximávamos do caminhão, meus olhos lutavam para focar as letras garrafais pintadas na lateral dele. De início, não entendi o nome que estava lendo. Era tão familiar que, por um instante, não conseguia acreditar na coincidência, mas senti uma agitação intensa em meu corpo e um agudo senso de consciência se apossou de mim. Senti um frio na coluna enquanto fixava o nome.

No lado do caminhão, escrito em letras grandes e em negrito estava o nome do sacerdote a quem desistira de telefonar. Subjugada pela emoção, lágrimas encheram meus olhos. Era uma coisa simples, apenas um nome na lateral de um caminhão. Mas lá estava ele bem diante de mim, um sinal óbvio de Deus dizendo:

— Telefone para o sacerdote e ele estará lá para você.

Quando o caminhão entrou na nossa frente, e o nome desapareceu, estava assustada.

Meu irmão continuava a falar enquanto continuávamos a descer a estrada. Meu coração estava leve, e um sorriso acolhedor cobria minha face. Deus entrara na minha vida, comunicara-se comigo e ajudara-me de uma forma simples e comum. Estava cheia de alegria e espanto pela percepção do que acabara de acontecer. Naquele momento, sabia que não estava sozinha neste mundo nem nunca estaria, contanto que meu coração fosse receptivo. Deixei meu irmão em sua casa e fui para a minha com um propósito definido na mente. Telefonaria para a paróquia tão logo chegasse em casa e marcaria um encontro com o sacerdote.

Até hoje, ainda espero ver outro caminhão com o nome do sacerdote pintado do lado. Talvez nunca mais o veja. Mas essa experiência foi inesquecível. Foi simplesmente o meu momento de ser preenchida pela presença de Deus. Felizmente, esse foi apenas um dos muitos por vir.

Lisa DeCorleto vive em Connecticut com seu marido e dois filhos. Ela trabalha em tempo integral e passa seu tempo livre com a família e os amigos ou fazendo várias atividades na igreja e serviços na comunidade. Lisa gosta de leitura, viagens e fotografia.

Irmãos

Devemos viver juntos como irmãos ou perecer juntos como tolos.

—Martin Luther King

Alguns anos atrás, passava por profundo sofrimento emocional. Traíra meu parceiro de sete anos, e o fato acabara de acontecer. Percebi que era viciado em sexo. Precisava de ajuda séria; pensei em pedir ajuda a Deus, mas não tinha muita certeza se acreditava mesmo em um poder mais alto, não sabia o que isso representava nem como orar. Perguntava-me se Deus sequer prestaria atenção em mim porque sou homossexual.

Meu parceiro era um libanês cristão. Em nossa casa, havia quadros, acima da porta, da Virgem Maria e de Jesus. Ele disse-me que se sentia seguro tendo os quadros em casa e que eles nos protegeriam. Não cresci acreditando nisso, mas, na época, comecei a gostar dessas pinturas e até mesmo sentia que elas traziam algum tipo de proteção para nossa casa.

Após uma noite com sentimento de culpa e afastado do meu namorado, peguei o quadro da Virgem Maria, que a mãe dele me dera, e o pus perto do meu coração. Comecei a soluçar sem parar porque, de algum modo, senti que a Virgem Maria me amava. Enquanto chorava, senti um amor em volta de mim que nunca experimentara antes. Era como um abraço caloroso, era tão pacífico, tão relaxante que tive medo de me liquefazer. Pela primeira vez na vida, senti-me verdadeiramente perdoado. Era como se ela dissesse:

— Sei o que você fez, mas ainda o amo porque sei que você pode fazer melhor.

Embora tenha sido uma experiência maravilhosa, logo o antigo temor voltou e descartei a experiência maravilhosa como coincidência. Não havia como Deus me amar pelo que tinha feito.

Passaram-se meses, e traí de novo. Sentia-me totalmente fora de controle e não entendia por que escolhi continuar magoando alguém que amava tanto. Estava repetindo o mesmo padrão e precisava desesperadamente de respostas.

Fui a um terapeuta, embora meu parceiro tenha se recusado a se unir a mim. Um dia depois de uma boa sessão de terapia, ajoelhei-me e orei. Embora tivesse lido muitos livros de autoajuda, tinha intelectualizado-os, em vez de pô-los em prática. Sendo um grande fã de Oprah Winfrey, ouvi ela dizer:

— Você precisa pedir para Deus usá-lo.

Percebendo que minha vida estava uma confusão, isso soava como a única coisa que faltava fazer. Matar-me não era uma opção, mas o "plano Jamie" não estava funcionando muito bem. Depois de consultar a oração de Oprah Winfrey em sua revista, orei:

— Use-me, Deus. Mostre-me como ser quem sou, quem quero ser e o que posso fazer e usar para um propósito maior que eu mesmo.

Imediatamente após orar, senti-me melhor, como se o universo realmente tivesse ouvido meu clamor por ajuda. Calmo e relaxado, abri mão de tudo que me aprisionava, sabendo que Deus responderia a minha oração. Três meses depois, em meu trabalho de comissário de bordo, um de meus colegas pôs os braços em volta de mim e disse:

— O que se passa, meu irmão?

De repente, algo ligou-se. *Oh, meu Deus. E se ele for realmente meu irmão?* Esse conceito da irmandade do homem era algo sobre o qual já ouvira falar, mas a profundidade do sentido do conceito enganava-me até aquele momento. Meu coração comoveu-se. Se ele realmente fosse meu irmão, como deveria tratá-lo?

Toda minha vida, senti que era menos que os outros, mas, nesse dia glorioso, tratei todos que estavam no voo como se fossem membros da família. Isso trouxe muita alegria a meu coração e, no fim do dia, o mesmo colega disse-me:

— Sabe, Jamie, realmente apaixonei-me por você hoje.

Naquela noite, no meu intervalo, refleti sobre os três meses desde que recitara a oração de Oprah e percebi que Deus estivera tentando conversar comigo o tempo todo. Simplesmente, eu não estivera ouvindo. A partir de quando orara pedindo para ser usado e libertado de minha dor, a mensagem de irmandade não parava de surgir na minha vida. Ouvi dizer que as coincidências são uma forma de Deus permanecer anônimo, e, com certeza, isso era verdade no meu caso. Embora tenha levado três meses para perceber isso, senti-me muitíssimo agradecido por Deus ter respondido a minha oração de uma maneira totalmente inesperada. A mensagem de fraternidade foi o perfeito chamado que me despertou para eu começar a me curar de verdade e assumir a responsabilidade por todas as áreas da minha vida. Abrandou meu coração o fato de saber que estamos todos ligados. Ficou muito mais fácil amar os outros.

Embora bem lá no fundo sentisse que Deus estava falando comigo, precisava ter certeza disso. Pedi um sinal ao universo. Dessa vez, tive um forte pressentimento para comprar o livro *God Has a Dream* [*Deus tem um sonho*], do arcebispo Desmond Tutu. Com certeza, esse livro impactou minha vida. O capítulo 2 afirmou a experiência que tive no trabalho. Tutu escreve:

> Querido filho de Deus, antes de nos tornarmos parceiros de Deus, temos de saber o que Deus quer de nós. "Tenho um sonho", diz Deus. "Por favor, ajude-me a realizá-lo." É o sonho de um mundo cuja feiúra, sordidez e pobreza, cuja guerra e hostilidade, cuja ganância e dura competitividade, cuja alienação e desarmonia é transformado em suas gloriosas contrapartes, quando haverá mais risos, alegria e paz, onde haverá justiça, e bondade, e compaixão, e amor, e cuidado, e compartilhamento. Tenho um sonho em que as espadas serão transformadas em lâmina de arado; e as lanças, em ganchos de podar, em que meus filhos saberão que todos eles são membros de uma família, a família humana, a família de Deus, a minha família.

Felizmente, ele também escreveu a respeito de homossexuais e lésbicas. Isso trouxe algum conforto a meu coração dolorido. Ele escreve: "Deus quer apenas que amemos uns aos outros. Todavia, muitos dizem que alguns tipos de amor são melhores que outros, condenando o amor dos homossexuais. Mas se um homem ama uma mulher ou outro homem, se uma mulher ama um homem ou outra mulher, para Deus tudo isso é amor, e Deus sorri sempre que reconhecemos nossa necessidade uns dos outros."

Há três anos agora, Deus "fala" comigo. Ele faz isso principalmente por intermédio de pessoas, como receber um telefonema de um ente querido exatamente no momento em que preciso de uma dose de amor. Às vezes, é apenas uma transformação na percepção dos fatos, como aconteceu no Natal em que tive pena de mim mesmo porque tive de trabalhar... até meus olhos baterem em quinze sem-tetos deitados no metrô. Eu tinha emprego, uma casa, uma família amorosa e amigos, não tinha desculpa para me lamentar! Deus guia-me diariamente para que me torne mais amoroso. Também tenho tido um efeito positivo sobre outros, o que ajuda minha autoestima e me traz verdadeira alegria.

Ainda sou uma obra em progresso, tropeçando de tempos em tempos pelo caminho, mas não há volta. Fui tocado pelo amor de Deus, e a cura tornou-se meu novo vício. Em meio a meu vício por sexo, achava que tinha de estar "alto" e bem o tempo todo. Tive dificuldade para abrir mão do meu vício, mas fui guiado pela voz do amor a essa passagem do livro de oração "Illuminata": "Os que não estão sóbrios hoje correm o risco de perder o trem da história. A própria sobriedade é o ponto alto de hoje, pois, em última instância, é na consciência mais centrada que encontramos nosso poder para transcender o mundo."

Agora, estou verdadeiramente pronto para voar.

Jamie McNiven Smith, de Montreal, tem grande alegria em estar com a família e amigos. Ávido leitor e amante da natureza, ele fala inglês e francês, ama viajar e esforça-se para levar bondade e paz para todos os lugares em que vai.

Cura com Deus

Quando tinha 38 anos, parei de comer e, como uma flor, feneci vagarosamente. Em seguida, sofri uma psicose aguda — era como se o inferno tivesse aberto suas garras e quisesse me engolir. Nos dezesseis anos seguintes de psicoterapia, vivi em isolamento, exceto pelas horas de trabalho para sustentar os custos do tratamento. Embora esse período tenha sido marcado por profundo sofrimento e dor, coisas positivas aconteciam. Estava transformando-me, ficando mais rica em meu interior e começando a valorizar as coisas mais simples da vida.

Certa noite, saí para jantar com amigos. Sentia-me profundamente deprimida. Como sempre, observava todo mundo comendo com apetite saudável, enquanto ficava sentada diante do meu prato de cenoura grelhada fingindo sentir o aroma de cada bocado. Na verdade, estava morrendo de fome. Lembro-me de como me senti totalmente desesperada quando fui para a cama. Simplesmente não podia continuar mais e queria morrer.

No meio da noite, acordei com uma sensação estranha, como se uma força ou energia estivesse ondulando sobre meu corpo. Fiquei mais forte até que meu corpo estivesse vibrando. Não estava assustada porque o efeito era cálido e reconfortante, e não me sentia mais sozinha em meu desespero. Parecia que alguém estava comigo para compartilhar isso. Essa sensação permaneceu comigo toda a noite, e comecei a conversar, expressando meus pensamentos mais íntimos como se alguém estivesse me ouvindo. Sussurrei:

— Não sei quem você é, mas sei que está aqui em meu interior e que posso contar tudo a você.

Pouco depois, comecei a respirar de um jeito totalmente diferente. Não estava assustada, mas, antes, curiosa para saber o que aconteceria a seguir. Continuei a conversar com a "presença", que se tornara parte de mim, um amigo, ou companhia, fiel e pronto para ouvir.

Certo dia, essa "presença" respondeu-me — por meio da minha respiração. Tinha-lhe feito uma das minhas infindáveis perguntas, sem esperar resposta, quando, de repente, minha respiração mudou completamente, era como se outra pessoa respirasse por mim. Uma única inalação, começando a partir do plexo solar, indicava resposta positiva, enquanto duas ou mais exalações curtas, mais uma vez centradas na região do plexo solar, indicavam resposta negativa. Depois de receber a resposta para minha pergunta, minha respiração voltou ao normal.

Não podia de maneira alguma ter inventado um sistema complexo de comunicação por meio do meu sistema respiratório. Era um método engenhoso para evitar mais confusão em minha mente. Vibrei por ter encontrado com quem compartilhar toda minha solidão. Parecia que tinha encontrado um amigo de toda a vida.

Minha fiel companhia ficou comigo e respondeu a minhas perguntas. Houve momentos de terror em que pensei estar possuída por um demônio. Roguei a Deus que expulsasse essa coisa se fosse maligna, pois não queria nada com o maligno. Mas ela ficou e continua a responder a minhas perguntas.

Após um longo período de confusão, decidi que essa estranha companhia era "boa". Falo constantemente com ela, e ela sempre responde a minhas perguntas. Converso com ela como uma criança faria. Quando acordo aterrorizada por um pesadelo, ela conforta-me e sinto ondulações calorosas e gentis em meu interior como se ela estivesse me acariciando. Contudo, questionava a identidade dessa misteriosa presença interior e, por isso, comecei minha jornada para descobrir a verdade.

Comecei devorando dois ou três livros por semana, mas eles não eram suficientes para satisfazer minha sede insaciável. Aqueles dezesseis anos de vazio existencial começavam vagarosamente a ser preenchidos. Comecei a frequentar um movimento espiritual que ensinava que Deus está em cada talo de grama, planta, animal, mineral e em nós. Perguntei: seria possível que a presença com que conversava fosse Deus?

—Você é Deus, nosso Pai celestial?

A resposta foi afirmativa.

—Você tem certeza?

Mais uma vez, a resposta foi afirmativa, mas não estava convencida. As respostas às minhas perguntas ficavam sempre limitadas a sim ou não. Todavia, esse contato ainda era um imenso conforto para mim.

Em maio de 2002, estava em uma livraria e, por acaso, meu olhar caiu sobre um livro intitulado *Conversations With God* [*Conversas com Deus*], de Neale Donald Walsch. Aturdida, comprei os três volumes e comecei a ler assim que cheguei em casa. O autor explicava como, em determinada noite que estava cheio de raiva e irritação, ele derramou sua alma em uma carta raivosa para Deus, e o Senhor, inesperadamente, respondera-lhe. Esse foi o início de sua maravilhosa e inspiradora conversa com Deus.

Fiquei extasiada, pois o Deus que falava era extremamente amoroso, simples, acessível a todos, disposto a ouvir, cheio de alegria e tinha senso de humor. Ele não era nada como o Deus severo e rígido que julgava e punia como me ensinaram. Achei a mensagem única e revolucionária: tudo é UM, não há separação entre um ser humano e outro, entre uma coisa e outra, entre nós e Deus.

Soltei um suspiro de alívio. Tinha finalmente o encontrado. Sim, esse era o Pai pelo qual procurara minha vida toda. Entreguei-me ao cálido abraço, não duvidando mais da identidade da misteriosa presença que sentia em meu interior há tantos anos.

Se Deus tinha respondido para Neale, uma pessoa normal como eu, por que ele não podia responder para mim também? Estava com medo, medo de ser desapontada, de não conseguir escrever nada para ele, de não ter inspiração, de sentir só vazio. Mas alguns meses depois, sentei-me em minha escrivaninha para começar o dia lendo e meditando na companhia de Deus e dos anjos. Peguei uma folha de papel e uma caneta e, com o coração em suspenso, comecei a escrever:

"Amo-o, queridíssimo Pai."

Amo-a também. Não tenha medo, vá em frente. Procure a resposta em você e a encontrará. Nesse exato momento, você está bloqueada por seu temor, e isso a impede de se abrir completamente. Pouco a pouco, você aprenderá a superar o temor, e esse será um momento glorioso para você. Você desobstruirá o caminho para novas possibilidades e para uma nova esperança. Continue.

Esse foi o início do meu diário com Deus, um diário no qual abria meu coração todos os dias e derramava todos meus pensamentos, temores, preocupações, emoções e perguntas, e sempre recebi uma resposta esclarecedora e amorosa.

Minha querida filha, você está certa. Sempre estive com você. Sempre ouvi seus clamores e estou feliz por você finalmente sentir minha presença: estou em todo ser humano, estou mais próximo que sua respiração. Sou sua própria respiração, o sopro da vida. Agora, vá em paz, deixe que todo ar, todo pensamento, toda palavra, toda célula de seu corpo fique cheia de paz em todo e em cada momento do dia. A paz esteja com você, agora e para sempre.

Depois de tantos anos, percebi, Deus, que o Senhor sempre esteve comigo. O Senhor nunca me abandonou. Sou infinitamente grata por seu amor.

Patrícia Williams Scalisi nasceu e cresceu em North Wales, Grã-Bretanha. Casada com um italiano, agora ela vive em uma pequena vila perto da fronteira suíça em que desempenha sua atividade de tradutora.

Mamãe e a gaiola

Sou um homem de 49 anos oriundo de uma grande família irlandesa católica. Quando criança, minha mãe costumava contar uma história à qual nunca prestei muita atenção. Quando minha irmã Mary, doze anos mais moça que eu, tinha cerca de quatro meses, minha mãe decidiu pô-la na cama no quintal para tomar um ar fresco em um dia brando para a primavera. Minha mãe colocou Mary em um carrinho antigo com a capota abaixada. Depois de colocá-la ali, mamãe voltou para a cozinha e fechou a porta de tela.

Enquanto limpava alguns pratos, ela disse que escutou uma voz. A voz dizia:

— Ponha a capota.

Por que devo pôr a capota? perguntou-se minha mãe. *O sol não está nos olhos de Mary e não há vento.* Mais uma vez, a voz disse:

— Ponha a capota.

Dessa vez, a voz foi um pouco mais firme. Quase como um robô, minha mãe foi até o carrinho e pôs a capota no lugar. Ela voltou para a cozinha. Ela mal fechara a porta de tela atrás de si quando uma gaiola que meus irmãos e eu tínhamos pendurado na árvore alguns anos antes caiu do alto e ricocheteou na capota do carrinho.

Lágrimas ardentes correram dos olhos de minha mãe, e ela tremia quando correu para tirar Mary do carrinho. Minha mãe sentou-se na escada de trás de nossa casa balançando o corpo para frente e para trás com Mary nos braços, soluçando ela mesma como um bebê.

Anos depois, quando comecei a ter experiências semelhantes, perguntei a minha mãe sobre aquele incidente.

— Mãe, a voz que você ouviu era de homem ou de mulher? — perguntei.

O semblante dela mudou. Jamais esquecerei aquele olhar em sua face. Era quase angélico. Ela olhava à distância, sorrindo e disse:

— Oh, meu Deus! Não era nem um nem outro. Era apenas uma voz.

Perguntei-lhe por que ela achou que a voz a deixou ver a gaiola bater no carrinho. Por que, na opinião dela, a voz não lhe disse para tirar Mary do carrinho ou para trazê-la para dentro de casa.

Minha mãe disse que ela nunca pensara realmente sobre isso até eu lhe perguntar. Ela ficou muito agradecida por Mary ser salva; ela simplesmente aceitara o ocorrido como uma espécie de milagre... na verdade, fora um milagre!

Com frequência, tentava imaginar por que Deus fez minha mãe testemunhar esse evento, em vez de apenas lhe dizer para mudar o carrinho de lugar. O que não contei é que tive três irmãs que morreram antes de Mary nascer. Duas eram prematuras, e uma nasceu com um problema cardíaco congênito. Era muito jovem para me lembrar delas, mas foi uma época muito traumática para minha mãe e meu pai. Posso imaginar que se minha mãe tivesse passado por outra terrível e inesperada morte de um filho, duvido que ela se recuperasse.

Hoje, Mary tem uma bonita filhinha. O nome dela é Joan, em homenagem a minha mãe.

John Mulrooney é um comediante que se apresenta sozinho, tendo mais de 25 anos de experiência no mundo dos espetáculos.

Atravessando o nevoeiro da incerteza

Cresci em um ambiente abusivo e destrutivo com pais alcoólatras e dependentes químicos e sempre fui mentalmente desafiado pelos irmãos. Vivíamos em extrema pobreza. Nossa casa era quase inabitável: o telhado tinha goteiras, o encanamento não funcionava, e minha mãe fazia pouco para melhorar a situação. Tentei meu melhor para superar isso, mas achava insuportável viver nessas condições. Muitos anos de minha juventude foram passados fugindo de casa ou sendo colocada em lares adotivos e instituições. Minha mãe tirou a vida quando eu tinha dezesseis anos, e aos dezessete anos, eu já vivia por conta própria — finalmente, pude traçar meu próprio caminho e criar uma vida para mim mesma que não seria nada como aquela da qual viera.

Recebi instrução, casei aos 25 anos e embarquei na minha nova vida. Meu marido e eu tínhamos dinheiro, amigos e o que parecia ser uma vida feliz. Com nossos barcos, *jet skis* e férias nos melhores lugares, parecíamos ter tudo.

Logo depois dos meus 34 anos, dei à luz a nossa filha perfeita, que completou nosso pacote de família perfeita. Só havia um problema: sentia-me péssima e deprimida. Nunca me senti *realmente* amada por meu marido e, logo depois de nossa filha nascer, deixei-o para começar de novo a vida por conta própria. Tudo de que realmente precisava, pensava eu, era de um amor verdadeiro para compartilhar a vida comigo. Mas com todo o amor que tinha para dar, não importava quanto tentasse, não conseguia expressar esse amor nem recebê-lo da maneira que ansiava.

Pouco tempo depois de ter deixado meu marido, conheci alguém. Ele era bondoso e espiritual e tratava-me como se fosse a única mulher sobre a Terra. Mas depois de um ano, nosso relacionamento também se desfez. Ele não conseguia entregar seu coração para mim da maneira que precisava que ele fizesse, e isso fez com que eu começasse a perder o controle do ponto de vista emocional.

Consumindo antidepressivos e bebidas em excesso e vivendo no modo básico de sobrevivência, lutava para manter minha filha de três anos segura, mas estava difícil. Às vezes, sentia que ela seria mais bem criada pelo pai, que tinha alguém novo em sua vida e parecia muito mais estável. Certo dia, estava deitada na cama, contemplando minha vida, quando fui guiada a ligar a televisão. Vi um líder espiritual falando sobre Deus de uma forma que nunca ouvira antes. Intrigada, saí e comprei seu livro. Depois de ler apenas algumas páginas, pensei: *se ele consegue fazer perguntas a Deus e obter respostas diretas, por que eu não poderia fazer o mesmo*?

Deixei o livro de lado, peguei uma caneta e papel e decidi tentar fazer isso. Comecei a escrever: "Querido Deus,...", escrevi uma pergunta de um parágrafo e expus todas as maneiras como tinha tentado encontrar a felicidade. Depois, escrevi: "Por que isso não está funcionando? O que estou fazendo errado?"

Esperei pacientemente por uma resposta. Ouvi e clamei, mas nada aconteceu. Depois de dez minutos, decidi que se não ouvisse nada, seria melhor continuar a ler o livro. Quando comecei a colocar o caderno de lado, a resposta veio. Ela foi tão clara, tão grande e tão profunda que estremeceu meu corpo todo! A resposta dizia:

— Minha querida, durante toda sua vida, você tem procurado o amor fora de si mesma. Ninguém nem nada jamais será suficiente para satisfazê-la. O amor que você procura está com você o tempo todo. O amor que você procura sou eu. E você nunca ficará satisfeita com menos que isso.

Não era realmente uma "voz", como se fosse externa a mim, e não recebi as palavras separadamente de modo linear. Foi mais uma transformação radical e instantânea de consciência. Foi um profundo conhecimento interior que cortou a nebulosidade da incerteza e que, depois, tive de traduzir em palavras.

Pude perceber imediatamente a razão por que tinha "procurado, mas nunca encontrara" e o motivo por que havia tanto tempo era tão infeliz. Com essas palavras veio o conhecimento de que, como essa informação estava em meu interior, todas as respostas de que sempre precisei ou das quais pudesse precisar também sempre estariam em meu interior. Todo o universo abriu-se para mim, e não tive nem mesmo que sair da cama para encontrá-lo! Comecei a gemer e chorar como se estivesse sendo purgada de uma antiga desorientação. Era como se a luz de todo o universo estivesse brilhando em meu interior. Chorei até não poder mais, caí no sono sabendo que toda a direção da minha vida estava para se transformar.

Daquele dia em diante, procuro todas as respostas em meu interior. Embora tenha havido uma importante transformação da minha consciência e, às vezes, dificílima, a voz de Deus ficou cada vez mais clara à medida que seguia seu caminho. Ela não é tão alta e profunda como foi na primeira noite, é uma voz mais calma e tranquila. Tenho realmente de aquietar minha mente a fim de ouvi-la de forma clara! Mas quando aquieto minha mente, a voz simplesmente emerge. Ela vem de um lugar muito profundo em meu interior. Ela não vem da minha cabeça nem por meio de meus ouvidos, é mais um "conhecimento" que se traduz em palavras que soam como minha própria voz. Às vezes, ela vem como uma sensação instantânea que não precisa de tradução e, outras vezes, como palavras de verdade, como se estivessem em um diálogo normal.

Continuo meu trabalho de remover os bloqueios para ter mais consciência dessa voz, e, embora ela não seja julgadora e seja perdoadora, tem-me sido revelado um mundo totalmente diferente — um mundo de amor, de alegria, de paz e de uma felicidade que supera qualquer expectativa que já possa ter tido. Agora, dedico toda minha vida a essa voz e observo simples e alegremente para onde ela me leva, com o conhecimento de que, independentemente de para onde ela me leve, vou em paz.

Donna Moldovan é uma médica que vive em Atlanta, Geórgia, com sua bonita filha de treze anos. Ela gosta de assistir a filmes, comer comida indiana, fazer exercício e fazer longas caminhadas na praia.

Fazendo uma jornada até a voz de Deus

Acabo de receber a notícia de que o teste feito com as células da minha mama direita revelou que elas eram "suspeitas" e devo removê-las o mais rápido possível. Olhei para a minha médica, vendo o temor em seus olhos ecoarem em suas palavras:

— Se você não fizer essa cirurgia, estará morta em dois anos.

Algo em meu interior disse-me para esperar e buscar orientação antes de tomar alguma decisão. Logo depois, soube que o grupo de mulheres da igreja que frequentava estava estudando a espiritualidade dos nativos norte-americanos e tinham contatado uma mulher que fora treinada por um curador indígena para liderar jornadas xamanísticas. Ela concordou em liderar nosso grupo nessa jornada. Embora nunca tivesse feito nada assim antes, sabia que a intenção da "jornada" era buscar orientação, portanto, pareceu-me ser a oportunidade de que precisava.

Reuníamo-nos na casa de um dos membros do grupo. A facilitadora pediu-nos para compartilhar nossa intenção e a orientação que cada uma de nós esperava receber. Depois, ela forneceu-nos as "regras" da jornada e explicou que o tambor que bateria na cadência do coração humano era o veículo por meio do qual entraríamos em nosso próprio espaço interior e retornaríamos dele. Devíamos fechar os olhos e deixar o tambor nos levar nessa jornada interior.

Primeiro, purificamo-nos e abençoamo-nos com fumaça feita de folha de sálvia, de cedro e de lavanda. A seguir, ela explicou que quando a batida do tambor ficasse mais lenta e parasse, tínhamos de deixar nosso espaço interior e voltar nossa atenção para a sala e o grupo, abrindo os olhos de novo. Ela instruiu-nos a antever nós mesmas entrando no "mundo de baixo" quando a batida do tambor nos levasse para nosso interior. Na tradição dos nativos norte-americanos, esse é o "reino terreno", o reino em que são encontrados os "poderes animais" (guias); em que as lembranças, as emoções e as confrontações de nosso "lado escuro" podem levar à cura. Ao acessar esse reino interior visualizaríamos uma abertura no chão como uma fenda ou um buraco. Nessa tradição, o "mundo de cima", o mundo do céu, é onde são encontrados os mestres espirituais. Se encontrássemos um animal ou pessoa em nossa jornada, éramos instruídas a perguntar:

— Você é meu professor? — até recebermos uma resposta afirmativa.

Embora seguisse as direções que fomos instruídas para acessar o "mundo de baixo", não consegui chegar lá. Por mais que tentasse visualizar descendo através de uma fenda na terra ou vendo um túnel para entrar, pareceu como se fosse impulsionada para cima depois de saltar em um trampolim. A última fenda na terra em que tentei entrar foi um estreito abismo próximo de onde o Lago Superior corta a costa, um lugar familiar para mim. Estava de pé bem acima do Lago Superior, na beira da fenda. Não consegui descer nem mesmo quando dei alguns passos no vazio daquele abismo, fiquei confusa sobre o que fazer a seguir. Nenhuma instrução fora dada sobre o que fazer em uma situação como essa.

Em meio à minha perplexidade, uma bonita gaivota pairou em frente de mim, convidando-me a subir em suas costas. Aceitei o convite, e subimos no belo céu azul, descendo e planando enquanto voávamos. Quando aterrissamos, parecia que estava de pé sobre algo sólido, contudo minha experiência era de que estava no ar, rodeada por nada além de ar. Não obstante, comecei a andar.

A primeira pessoa que encontrei no caminho foi um homem idoso muito bondoso que foi um amigo para mim. Quando lhe perguntei se era meu professor, ele disse que era um deles, mas não aquele a quem eu estava procurando. O próximo ser que encontrei foi um lobo. Não tinha a aparência de um lobo comum. Esse lobo parecia feroz, com maneira mortífera. Ele mostrava os dentes caninos, e a saliva pingando de sua mandíbula. Ele rosnava de maneira ameaçadora, e seus olhos atravessaram os meus. Tive medo que estivesse com hidrofobia. No entanto, a despeito do meu tremor, perguntei se ele era meu professor.

— Isso depende — replicou ele. —Você está disposta a me aceitar em todos meus aspectos?

Ouvi um trêmulo "sim" sair de minha boca. Tão logo o sim foi dito, a feroz criatura à minha frente transformou-se em um belo lobo jovem que pediu que o seguisse.

A sensação de estar rodeada de ar mudou quando o lobo levoume para as planícies de tundra, na floresta do outro lado do rio e, por fim, para uma caverna onde a loba alimentava os filhotinhos. Foi uma visão alegre que me inundou de energia amorosa e amor maternal. Nesse momento, o tambor que me levava na jornada assinalou que era hora de voltar. Deixei relutante a caverna para retornar à minha não jornada de vida.

No meu retorno, ouvi uma voz me dizer que precisava registrar minha experiência. Conforme registrava, ficou claro para mim que os filhotes de lobo representavam as células "suspeitas" em minha mama e serviram como um lembrete para me nutrir. Essas células, semelhantes ao meu guia lobo, foram vistas, de início, como temíveis e perigosas. Contudo, se as aceitasse em todos seus aspectos, elas poderiam levarme a algo saudável e revigorante.

Tudo isso aconteceu em 1989. Não fiz a cirurgia. As células "suspeitas" continuam a habitar em minha mama. Ao permanecerem lá, elas são um lembrete constante de quando preciso diminuir o ritmo, de quando preciso reservar tempo para ficar sozinha e descansar. Elas também me lembram de cuidar do meu corpo fazendo exercício físico suficiente. É quase como se elas fossem um lembrete para me manter mais consciente de mim mesma e de minhas necessidades — espiritual, emocional e física — simplesmente pela presença delas em meu corpo. É como se elas fossem curadoras residentes.

Quem poderia imaginar que a voz de Deus viria por meio de células "suspeitas" e pela boca de um lobo com aparência de feroz?

Myra S. MacDonald é uma ex-professora de educação especial e psicoterapeuta aposentada. Mãe de dois filhos e madrasta de dois, ela atualmente trabalha com condenados por violência doméstica. Ela, durante toda sua vida, sempre se interessou em investigar as religiões do mundo.

Uma golfada de ar de cada vez

Abri lentamente os olhos e olhei o relógio, 7h30. Hora de levantar e brilhar nessa bonita manhã de abril. Meu marido dorme feliz, com um braço descansando acima da cabeça sobre o travesseiro. Inclinei-me apoiando sobre o cotovelo e observei em silêncio o movimento para cima e para baixo de seu peito. Passei gentilmente os dedos em seus cabelos pretos ondulados, sussurrando em seu ouvido:

— Acorde, dorminhoco.

Ele movimentou-se e virando-se para mim com um sorriso escancarado, aconchegou-se perto de mim.

Por trás da porta fechada do nosso quarto, podíamos ouvir o ruído de xícaras e pratos enquanto nossa filha Kerri preparava seu café da manhã. O pungente aroma de café fresco flutuava pela casa, provocando meus sentidos.

Deslizei silenciosamente para fora da cama a fim de pegar uma caneca de café para mim. Com o café na mão, sentei-me do lado de fora ouvindo os passarinhos cantarem suas saudações matinais. Surgindo através dos sons de suas tranquilas cantigas, as palavras diziam:

— Tenha fé... e confie que tudo é exatamente como foi pretendido que fosse.

Essas palavras penetraram na tranquilidade da minha mente. Sorri em reconhecimento da voz, fechei os olhos e mergulhei mais fundo no mundo do meu silêncio interior à espera de mais. Mas não houve mais pensamentos, não mais palavras, nada! Foi estranho. Em geral, recebo uma forma continuada de diálogo quando pequenos sussurros da quietude do meu santuário interior vêm à tona em minha consciência. Ponderei o silêncio por alguns momentos mas, depois, com um longo suspiro, abri os olhos e entrei em casa.

Era um bonito outono australiano, e o tempo estava perfeito. Embora tivéssemos planejado encontrar meus pais para o almoço no dia seguinte, o sentimento em meu coração pressionava-me para aproveitar o momento e celebrar *agora*, não depois. Telefonei para mamãe e papai e perguntei se podiam se juntar a nós para o almoço ao meio-dia.

Mamãe logo perguntou:

— Por que hoje se amanhã é o nono aniversário de casamento seu e de Neale?

Respondi que não tinha certeza da razão para isso, mas o dia estava muito bonito e meu sentimento era celebrar nosso aniversário hoje, e a data foi acertada. Ao terminar meu último bocado de café, fui acordar meu marido e minha filha caçula. Era o feriado de Páscoa na escola, e Olivia desfrutava um tempo calmo longe da grande atividade da vida na sala de aula. Ela estava muito alegre com a oportunidade de juntar-se a nós em nossa festividade.

O restaurante escolhido estava bem cheio, por isso escolhemos nos sentar do lado de fora olhando a água. A refeição foi adorável e a companhia ainda mais. Olivia tirou algumas fotografias da lembrança do dia e caminhamos para casa.

Enquanto lavava a louça da noite, estas palavras retumbaram em minha mente: *Vá até o Neale, agora!* Assustada com a firmeza da voz, sacudi a água das minhas mãos e corri à sala de descanso, onde encontrei Neale com dificuldade de respirar e seu rosto estava com a cor bem azulada. Telefonei imediatamente para a emergência.

O som de sirenes e a visão das luzes piscando da ambulância ressoavam no interior da minha mente enquanto corríamos para a área de emergência do hospital. Enquanto respondia a todas as perguntas dos médicos e via a luta do meu marido por cada golfada de ar, minha mente ficou sobrecarregada. Sentei-me ao lado dele não acreditando, sentindo-me totalmente paralisada enquanto os médicos tentavam salvar a vida dele. Isso não podia estar acontecendo, pensei. Como pode ser isso? Neale estava tão bem essa manhã! Mesmo no almoço, ele riu e brincou! Continuei desejando que o dia começasse de novo, enquanto lembrava a alegria de despentear o cabelo dele antes de me sentar lá fora e ouvir os passarinhos cantarem suas alegres melodias.

Os minutos transformaram-se em horas. Logo depois da meia-noite, os médicos de Neale acharam que a condição dele estabilizara o bastante para removê-lo da emergência para a UTI. Sentindo a enormidade da nossa situação pesar sobre mim, encostei gentilmente minha testa na mão de Neale, tentando reprimir os soluços que ameaçavam irromper do fundo do meu interior. Lágrimas ardentes corriam silenciosamente pela minha face, umedecendo o lençol debaixo da mão dele, e, mais uma vez, a voz sussurrou suavemente em meus pensamentos:

— Confie que abraçamos vocês dois em amor... tudo é exatamente como foi pretendido que fosse.

Minha mente começou a disparar, perguntas indo e voltando na tentativa de extrair uma resposta da voz, mas não houve nenhum som nem sentimento, só um conhecimento para acalmar minha mente e mover minha consciência para a segurança do meu santuário interior. Sucumbindo ao seu gentil carinho, meu corpo suspirou quando uma onda de paz me inundou. A calma estabeleceu-se.

O sol começara a levantar acima do horizonte quando um médico jovem veio me informar que o hospital não tinha as instalações necessárias para lidar com a condição do pulmão de Neale. Nós dois tínhamos de ser transferidos para o Prince Charles Hospital a cerca de cem quilômetros de distância.

No encaminhamento do caso de Neale para o Prince Charles Hospital, a equipe de médicos explicava que o rompimento de bolhas, chamadas bolhas enfisematosas, tinha formado inúmeros pneumotóraces, ou pequenos buracos, no pulmão esquerdo de Neale fazendo com que o pulmão entrasse em colapso e o ar ficasse preso entre o pulmão em falência e a parede do tórax. Por isso, fora inserido um tubo respiratório através dos músculos intercostais na cavidade torácica assim que ele chegou na emergência.

A transferência de uma cama para outra deslocou o tubo respiratório que permitia que o ar preso na cavidade torácica de Neale fosse liberado com segurança. O aumento interno do ar não liberado provocou imediatamente um aumento na pressão que começou a comprimir o funcionamento do coração de Neale.

Em questão de segundos, o coração de Neale deixou de bater! Foi acionado o código azul e, mais uma vez, os médicos trabalharam freneticamente para reavivá-lo, enquanto minha filha Angela e eu, em choque, assistíamos a tudo. Milagrosamente, Neale foi mais uma vez estabilizado, e os médicos avisaram que a única opção deles era reparar cirurgicamente a bolha rompida e esperar que o tecido do pulmão se curasse.

Durante os dois meses seguintes, médicos especialistas em cirurgia torácica realizaram três importantes operações. Cada uma delas falhou em produzir o resultado desejado, deixando Neale totalmente dependente do aparelho respiratório.

Desde o início dessa jornada, a voz anônima e sem cara do meu santuário interior tornou-se minha companheira, uma amiga confiável a quem confidenciava meus sentimentos quando o temor, a dúvida e a solidão lançavam sua sombra sobre mim. A cada vez que a voz se comunicava, um caleidoscópio de luz e som enchia os espaços entre meus pensamentos. Sua sinfonia linguística transformava-se em palavras e percepções que meus ouvidos interiores podiam ouvir e meu coração podia sentir.

Os médicos, por fim, avisaram que as sucessivas operações tinham enfraquecido muito o corpo de Neale e que já tinham feito tudo que podiam. Eles explicaram que o tecido e a membrana do pulmão dele estavam tão frágeis e danificados que cada vez que tentassem fazer um reparo, eles simplesmente se rasgariam de novo em poucos dias. Eles estimularam-me a me preparar como se fosse apenas uma questão de dias para que os órgãos de Neale entrassem em falência, e ele entrasse em coma e morresse.

Ouvi um arfado sair de meus lábios, e o tempo parecia ter parado. Então, as palavras: "Tenha fé... confie... tudo ficará bem" ressoavam em minha mente. Senti meu corpo inspirar profundamente quando um caleidoscópio de luzes e sons começaram sua dança entre os espaços dos meus pensamentos. Nos momentos seguintes, a voz começou a falar por meio das minhas cordas vocais. Pude perceber a maneira gentil, mas autoritária, em que a voz se comunicou com os médicos. Sentia as vibrações dos médicos enquanto ouviam atentamente cada palavra minha. Meu coração pulou quando eles concordaram de modo unânime em fazer mais uma tentativa de reparar o pulmão danificado de Neale. Meu corpo relaxou, e a presença foi-se.

Procurou-se a opinião de especialistas em aparelho respiratório dos Estados Unidos e da Europa e, depois de muita deliberação, o consenso foi que fosse colocada uma tela cirúrgica no lado de fora da pleura do pulmão esquerdo de Neale para vedar a ruptura da bolha enfisematosa.

Na manhã seguinte, Neale foi para cirurgia. O tempo arrastava-se, e podia sentir que ficava bastante ansiosa. Então, a voz falou calmamente:

— Está tudo bem!

Quando o médico atravessou a porta sorrindo e dizendo:

— Neale está na sala de recuperação e vai indo muito bem!

Lágrimas de alegria corriam livremente por minha face.

Passaram-se mais três meses antes de deixarmos o hospital e retornarmos para casa. Caminhava por cada cômodo da casa como se fosse a primeira vez que os visse. A voz sussurrou:

— Bem-vinda!

Nos onze anos seguintes, a saúde de Neale continuou a percorrer as rápidas corredeiras da vida. Quando o barco vira, afundando-nos na água gelada, a voz gentil e amorosa sussurra suavemente entre os espaços dos meus pensamentos, confortando-me com um abraço que ajuda a acalmar minha mente e conforta meu coração dolorido com estas palavras:

— Tenha fé... e confie que tudo é exatamente como foi pretendido que fosse.

Essas palavras estão tão no fundo do meu coração hoje como estavam em 1997.

O maior amor da vida de Sharron Brook é ser esposa, mãe e avó. Ela é cuidadora e parceira de um homem maravilhoso e gentil

que é a luz da vida dela, e eles têm sete filhos adultos e dez netos. Alguns de seus passatempos prazerosos são escrever o diário pessoal, "escrever os primeiros pensamentos" refletivos e arte em computador.

Expressando a voz de Deus

Sentei-me embaixo da alta palmeira. Mais cedo naquele dia, caminhara pela praia deserta e jurei que não abriria os olhos nem sairia de debaixo da palmeira até que passasse — até que conseguisse de alguma maneira apagar toda dor e infelicidade que devorava cada pedacinho da vida que havia em mim.

Apenas seis meses antes, vivenciei a mais profunda alegria que jamais conhecera. Depois de anos de busca da verdade mais profunda que podia encontrar em meu interior, em um momento de entrega inesperada, minha mente libertara-se milagrosamente de todo julgamento e medo. Vivenciei a verdade de quem eu era pela primeira vez na vida. Foi uma experiência de infinito amor, profunda paz e contínua alegria. Foi um instante de reconhecimento divino — um momento de ver o mundo através dos olhos de Deus — e esse momento permaneceu comigo por três meses como se o tempo tivesse parado. Não tinha mais nenhum pensamento baseado no medo nem no julgamento que pudesse me separar de mim mesmo, de Deus ou de alguém mais. Dançava nas ruas, abraçava amigos e estranhos e mal podia conter a inundação de alegria e de amor que sentia.

E, então, com a mesma rapidez com que aparecera, a experiência foi-se. Certo dia, alegremente em êxtase como em todos os outros dias, guiava meu carro pela autoestrada quando, de repente, notei um pensamento medonho atravessar minha mente pela primeira vez em meses. Momentos depois, notei outro pensamento e, depois, outro. Era como se o julgamento e o medo tivessem voltado a minha alma e tomado as rédeas. Sem saber como reagir para manter meu recém-descoberto senso do "eu", entrei instantaneamente em pânico e perdi-me nos pensamentos terríveis que atravessavam minha mente. Com medo de perder a profunda alegria e paz que se tornaram minha única realidade, passei os três meses seguintes tentando destruir cada pensamento medonho, julgador e limitante que emergia em minha mente. Acreditava que isso restauraria meu estado de paz contínua, mas a cada pensamento que eliminava, afastava-me mais e mais da paz e entrava no desespero.

Seis meses depois, tendo perdido o tesouro mais profundo da minha vida, sentei-me embaixo da palmeira sem que restasse algum traço de alegria ou felicidade em meu interior. Em minha tentativa desesperada de me agarrar àquela experiência, perdi tudo e não tinha mais vontade de viver. Nada tinha importância. Estava pele e osso, mal comia e sentia como se tivesse perdido minha própria alma. Naquela tarde, na hora em que o sol sinalizou que já era tarde, doze horas depois que me prostrara debaixo da palmeira, nenhuma libertação resgatara-me de meu sofrimento. De coração partido e humilhado, saí da praia e caminhei os dezesseis quilômetros de volta à minha casa em total depressão. Lá, liguei e pedi ajuda a minha amiga Candace.

Algumas semanas antes, Candace, enquanto estava em um estado de profunda meditação e entrega, começara inesperadamente a ouvir o Espírito Santo em seu interior de uma forma clara e conversacional. Ela ligara-me entusiasmadíssima para dizer:

— Você não vai acreditar no que acaba de acontecer.

A seguir, ela contou-me sobre essa voz incondicionalmente amorosa.

Com nada mais a que me voltar e nada a perder, telefonei-lhe para pedir que compartilhasse o Espírito Santo comigo. Não sabia realmente o que era o Espírito Santo, mas confiava que o que minha amiga me dissera era verdade.

As palavras que ela compartilhou comigo transformaram minha vida. O Espírito Santo falou comigo por intermédio de Candace sobre os julgamentos que acolhia em relação a tudo que eu pensava e sentia. Pensara que tinha de fugir de todo pensamento e sentimento que parecia afastar minha alegria e ligação com Deus. Mas o Espírito Santo disse exatamente o contrário: se quisesse vivenciar minha ligação com Deus e restaurar-me àquela condição de profunda paz e amor, precisava aprender como *abraçar* com amor tudo em mim *sem julgar*. O Espírito Santo passou-me um exercício para praticar o amor e abraçar incondicionalmente minhas emoções. Enquanto ouvia as palavras do Espírito Santo, meus sentimentos de desconexão, de desesperança e de desespero profundamente enraizados, de repente, sumiram e foram substituídos por senso profundo de alegria e de maravilhamento.

Essa foi minha primeira experiência de juntar-me ao Espírito Santo. Fui capturado. Nada que já tivesse estudado ou praticado causara esse impacto imediato. Nos quatro anos seguintes, Candace graciosamente compartilhou comigo aquela voz calma e baixa em seu interior sempre que lhe telefonava em busca de orientação e apoio. Então, o inesperado aconteceu. Apaixonamo-nos, casamo-nos, e tudo mudou.

Uma coisa era pedir a *minha amiga* que compartilhasse a voz de Deus quando estava triste, confuso ou amedrontado. Mas para minha *esposa*? Simplesmente, não podia fazer isso. Não queria fazer isso. Não queria depender da minha esposa para o resto da vida para ouvir a voz de Deus, então comecei a perguntar àquela voz sábia e amorosa no interior dela como podia aprender a ouvir essa voz por *mim mesmo*.

Ao longo dos dois anos seguintes, o Espírito Santo forneceu-me dúzias de diferentes exercícios para praticar e ajudar a ficar receptivo a ouvir a voz que havia em meu interior. Mas independentemente de quanto tentasse, simplesmente não conseguia ouvi-la. Ficava sentado horas em meditação, cheio de completa alegria e paz, receptivo, desejoso e atento para ouvir até mesmo o mais leve sussurro, mas tudo que ouvia era o silêncio. A cada vez que tentava, começava com grande esperança e entusiasmo, convencido de que esse seria finalmente o dia. Mas toda vez, minha tentativa acabava em devastação. Certo dia, disse:

— Esqueça. Desisto.

E parei de tentar.

Mas o desejo não me deixara. Sem dúvida, podia passar um mês ou dois sem pensar no assunto, mas invariavelmente o desejo de ouvir aquela voz em meu interior dando-me conforto, orientação e apoio sempre que quisesse brotava de novo até que, sem graça, voltava a minha esposa e pedia-lhe que compartilhasse a voz mais uma vez. Orava secretamente para que a ajuda dela de alguma maneira virasse a maré a meu favor para que começasse a ouvir a voz por mim mesmo.

Certo dia, fora orientado a parar de tentar ouvir a voz de Deus como uma voz separada, distinta e audível em minha mente. Ao contrário, fui orientado a praticar pedir sinais. Toda manhã, antes de levantar da cama, faço uma pergunta a Deus e procuro a resposta em sinais durante o dia. Nos primeiros cinco ou seis dias de tentativa... não aconteceu nada. Não percebi nenhum sinal. Mas, no sétimo dia, algo maravilhoso aconteceu. Minha pergunta daquela manhã foi se estava no caminho certo ou não. Estava indo na direção certa? Enquanto caminhava até o trabalho, percebi uma folha vermelha amarelada de bordo caindo do galho, oscilando gentilmente de um lado para outro no ar enquanto caía. Enquanto olhava a folha, houve uma extensa erupção de entusiasmo em meu coração que arrepiou a pele do pescoço e dos braços e trouxe uma imediata sensação de conhecimento. Como essa folha, não importava se parecia que me movia para a direita ou para a esquerda ao longo do meu caminho. Na verdade, acabava sempre por seguir a direção reta — estava sempre me aproximando mais de Deus.

A alegria que senti de receber uma resposta para minha pergunta foi imensa. Com prática, logo comecei a receber respostas na forma de sinais com regularidade. Depois de diversos meses de sucesso, fui orientada a dar o próximo passo: praticar ouvir a voz de Deus por intermédio de outra pessoa. Mais uma vez, começava meu dia com uma pergunta e, depois, ouvia a resposta por meio de meus colegas, das pessoas que encontrava na rua, enquanto assistia à televisão ou por intermédio de alguém com quem entrasse em contato. Nos dois primeiros dias, tive dificuldade em conseguir respostas, daí, como acontecera com os sinais, comecei a "ouvir" as respostas ditas para mim por intermédio dos meus colegas, amigos, da caixa do mercado ou de uma música tocada no rádio. Às vezes, a resposta era exatamente as palavras que ouvira. O contexto das palavras, com frequência, era distinto, mas logo que as ouvia experimentava a mesma sensação de extensa e energética alegria, entusiasmo e conhecimento inundar minha consciência. Sentia a verdade da resposta. Outras vezes, a resposta era a perspectiva subjacente às palavras ou a intenção por trás das palavras que forneciam a resposta de que precisava. Em pouco tempo, recebia consistentemente respostas para minhas perguntas simplesmente ouvindo as pessoas. Minha mente tornava-se aos poucos sintonizada em ouvir de forma diferente.

Por fim, comecei a sentir-me tão contente por conseguir ouvir a voz de Deus de tantas maneiras diferentes que não sentia mais o desejo de ouvir alguma voz alta em minha mente. Você adivinharia? Foi exatamente quando abri mão de todo desejo de ouvir a voz calma e baixa em mim que isso finalmente aconteceu.

Era uma manhã de domingo, dia 14 de março de 1999. Como na maioria das manhãs de domingo, Candace e eu estávamos apoiados na cama, tendo comunhão com o Espírito Santo. Meditávamos um pouco antes de levantar e, depois, Candace compartilhava a mensagem transmitida pela voz de Deus. Naquela manhã, sentia-me especialmente tranquilo e conectado enquanto ouvia Candace compartilhar as palavras do Espírito Santo. De repente, o Espírito Santo virou-se para mim por meio de Candace e disse:

— Abra a boca e fale essa voz.

À surpresa que senti, seguiu-se o nervosismo e a incerteza, mas como me sentira tão conectado e bem apenas alguns momentos antes, respirei fundo e abri a boca. Saíram da minha boca as palavras mais bonitas que já disse. Lágrimas correram dos meus olhos. Um sentimento profundo de paz e de inteireza me envolveu. Essa foi minha primeira experiência de ouvir a voz de Deus da maneira que sempre havia sonhado. Não ouvi uma voz distinta em minha mente e repeti o que ouvira; estava totalmente unido à voz de Deus em minha consciência enquanto ouvia com maravilhamento e alegria as palavras saindo da minha boca. Durante anos, tentara ouvir em meu interior uma voz distintamente separada e, por fim, entendia a razão por que nunca conseguira isso: a voz de Deus fazia verdadeiramente parte de mim — a voz do meu mais alto "eu" que está junto de Deus. Ao buscá-la como se fosse outra coisa que não minha própria voz, continuei a falhar em ouvi-la, por causa de sua sutileza, durante todos esses anos.

Desde aquele dia, consigo ouvir a voz de Deus em meu interior de forma clara e reconhecível. Agora, entendo por que tinha de vivenciar pessoalmente cada desafio, percepção errônea, conceito e crença que me impediam de ouvir essa voz. Exatamente por causa dessa luta, agora entendo e percebo que preciso verdadeiramente ajudar os outros a ouvir essa voz por eles mesmos. A contínua alegria, a profunda paz e ligação sempre presente que, hoje, vivencio com Deus é tão realizadora, tão transformadora de vida e recompensadora que dedico minha vida a inspirar, ensinar e apoiar os outros para que ouçam essa voz por eles mesmos.

David Paul Doyle vive em Ashland, Oregon, com sua esposa e filha. O desejo de seu coração é vivenciar sua união com Deus em todos os momentos e apoiar e ensinar os outros do mundo todo como fazer o mesmo.

A nova sensação

Quando criança, tinha medo da vida; escondia-me no armário quando alguém batia à porta. Na adolescência, desmaiava antes de prova oral. Tinha tanto medo de Deus e do pós-vida que tinha praticamente ataques de pânico ao pensar na morte. Sempre que via um sem-teto na rua ou alguma pessoa com deficiência andando em cadeira de rodas, sentia medo. Tinha medo de ficar sozinha e de acontecer um desastre financeiro. Às vezes, tinha medo até mesmo de respirar por temer inalar toxinas e poluentes do ar. Implorava a Deus para que respondesse a minhas orações. Pedia alegria e saúde. Questionava se tinha tomado a decisão certa no casamento e na escolha da minha carreira. Pedia para ter relacionamento com minha mãe e implorava para me comunicar com Deus de forma a encontrar paz. Aos 38 anos, minha vida estava para ser totalmente transformada.

Depois de quatorze anos de um casamento sólido, meu marido e eu vivenciamos alguns desafios e cometemos diversos erros que nos deixaram sem casa. Terminamos na casa da minha sogra, batalhando. Sentia-me desesperançada, inútil, como se não houvesse saída.

Então, fiquei doente.

Lembro-me de uma conversa chorosa com meu marido enquanto observava nosso mundo ruir. Meus maiores medos tornaram-se minha realidade. Estava aterrorizada de seguir a vida sozinha... e, aparentemente, estava perdendo meu marido. Temera me tornar uma sem-teto... e, agora, não tinha casa própria. O pensamento da morte me aterrorizava... e ficava mais doente a cada dia. Entrei em choque, estava totalmente sem esperanças, adormecida para o mundo. Fechei-me em mim mesma e bloqueei a realidade.

— O que você está sentindo? — perguntou meu marido.

— Não sinto nada — foi minha resposta profética.

Em 2006, depois de anos de desafios de saúde, fui diagnosticada com esclerose múltipla. Isso era algo que temera com grande intensidade. Muitas das mulheres de minha família tiveram a doença e, agora, estava aterrorizada de que ela também pudesse tirar minha vida. Fiz tomografia computadorizada, ressonância magnética, punção lombar, raios X e fui informada de que teria de tomar esteroides pelo resto da minha vida a fim de parar o progresso da doença. Os médicos disseram que a doença só pioraria. No fim, ficaria confinada a uma cadeira de rodas.

Em meses, minha visão ficou embaçada, e minha fala ficou indistinta. Perdi a sensação nas mãos, nas pernas e nos pés. Tinha dificuldade para andar sozinha. Não conseguia mais tomar banho sozinha, alimentar-me nem pensar claramente. Minha mente flutuava em uma nebulosidade perpétua e não conseguia focar em nada. As pessoas perguntavam se estava bêbada, e sentia-me como se estivesse.

Implorei ajuda a Deus para acabar com a dor, para estancar o progresso do embotamento. Mas não acreditava realmente que minhas orações ajudariam porque não acreditava que Deus estava ouvindo. Nunca recebi uma resposta.

Tinha de tomar uma decisão. Morreria e deixaria meu marido, minha filha de seis anos e minha vida potencialmente com propósito? Ou sobreviveria, seria bem-sucedida, descobriria como me curar totalmente e, depois, ajudaria meus parentes e os outros a também se curarem? Escolhi sobreviver. Comecei a ler com um olho tampado porque minha visão dupla era insuportável. Li o livro *A Return to Love* [*Um retorno ao amor*], de Marianne Williamson. Li *Power* vs. *Force: The Hidden Determinants of Human Consciousness* [*Poder* versus *força: as determinantes secretas da consciência humana*] de David R. Hawkin. E no meio da leitura do livro *You Can Heal Your Life* [*Você pode curar sua vida*], de Louise Hay, aprendi uma técnica para "estender amor aos meus pensamentos" por meio de um curso sobre ouvir a voz de Deus.

Com essas fontes, aprendi a começar a estender amor a tudo. Imaginava o amor em uma garrafa sendo vertido sobre a minha cabeça para banhar meu cérebro e fluir pela minha espinha. Estendia amor para meu marido, minha filha, minha vida e para o mundo. Aprendi a liberar toda ansiedade, a deixar a confusão de lado e apenas a estender amor.

Preguei uma citação de Gautama Buda no espelho do meu banheiro e a lia todos os dias:

> Que eu não ore para ser protegido dos perigos, mas para ser destemido quando os enfrentar.
> Que eu não implore pelo calar da dor, mas para que o coração a domine.
> Que eu não olhe para os aliados no campo de batalha, mas para minha própria força.
> Que eu não deseje com ansiedade temerosa ser salvo, mas espere por paciência para conquistar minha liberdade.

Comecei a meditar e a sentir amor. Disse-me que Deus era amor, portanto, o que sentia era Deus. Comecei a ouvir, a ouvir de verdade as pessoas, o mundo e a Deus. Enquanto meditava no pátio do fundo, ouvia a natureza: o arrulho pesaroso das pombas e o repique melodioso do vento. Assistia aos martins-pescadores pescando no lago, os beija-flores zunindo a minha volta, e os esquilos mastigando a casa do amendoim que jogava para eles. Para mim, isso era Deus. Nunca ouvi uma "voz" responder para mim. Ao contrário, reconhecia Deus em tudo à minha volta e sentia sua presença amorosa em mim.

Uma vez que me comprometi a ouvir e a sentir, achei possível viver, de fato, no presente. Costumava preocupar-me com o futuro: como ficaria financeiramente? Ficaria totalmente curada? Meu marido e eu salvaríamos nosso casamento? Sentia-me tão culpada em relação ao meu passado: por que fizera isso e aquilo e por que não falara nada? Raramente, vivia no presente. Agora, sentia-me em paz no presente. Quando ouço e sinto a Deus, estou completamente no presente. Faço silenciosamente uma pergunta a Deus para, a seguir, esvaziar minha mente, respirar fundo e ouvir. O que sinto é minha resposta.

É realmente impressionante como você pode transformar totalmente sua vida se quiser fazer isso. Posso não estar ainda totalmente curada, mas melhoro todos os dias. Vivencio mais paz do que jamais tive antes. Ouço a Deus todas as manhãs e envio amor para o mundo. O amor que estendo irrompe como uma onda. Envio-o para o mundo todo, e ele volta para mim, pulsando como a batida do coração ou a onda do oceano.

Agora, tenho sensação suficiente em minhas mãos para escrever. Tenho sensação suficiente nos pés para andar. Enxergo bem o bastante para participar normalmente da vida. Não temo as coisas sobre as quais não tenho controle. E, com certeza, não temo mais a Deus. Sei que fui verdadeiramente abençoada com um marido amoroso, com uma bonita filha e com uma ligação com meu poder mais alto.

Recentemente, uma mulher que conheci no consultório do médico disse-me:

— Você é a pessoa mais tranquila que já conheci.

Que tal?

Rosálie McClung estudou literatura comparada na U. C. Davis antes de ensinar linguagem das artes e ciências humanas e publicar crônicas por dez anos. Hoje, Rosálie escreve e ilustra livros

para crianças, livros de autoajuda e crônicas. Em seu tempo livre, ela também desenha, pinta, tricota gorros e cozinha as receitas sicilianas de sua família.

Reviravolta na fé

Fui adotado quando criança por uma família que o mundo caracterizaria como gentil, amorosa e muitíssimo religiosa. Embora tenha lutado durante muitos anos com a dicotomia da imagem de pais de humor instável e os ensinamentos da igreja nos quais fui criado para acreditar, acho que ninguém percebia o pesadelo em que estava preso. Não consigo me lembrar de nem um único dia da minha infância em que não tenhamos agradecido por nossa refeição antes de comer, feito a oração em família ou lido as Sagradas Escrituras. Contudo, com todos os símbolos exteriores de uma vida baseada na fé, ainda temia que o lado sombrio desse membro da família devastasse nossa família. Durante a maior parte da minha infância, sentia-me perdido e sozinho, completamente abandonado e enganado por uma vida que não podia mudar.

Exteriormente, parecíamos a família perfeita: com renda de classe média alta, ativa em nossa comunidade e igreja. Todavia, nossa vida privada era uma estranha combinação de oração, serviço e abuso. Surras aleatórias entretecidas com ataques de gritos e pratos quebrados compunham o pano de fundo de minha vida diária.

O cair da noite era a hora mais temida. Era quando podíamos ser trancados em um quarto escuro e sofrer o maior pesadelo que uma criança poderia imaginar. Supõe-se que sua família o ame e o proteja, não que o torture física e sexualmente. Que criança imaginaria que um membro da família a usasse para conseguir gratificação sexual? Como uma criança pode racionalizar o abuso físico que parece ser infligido por nenhum outro motivo além de satisfazer um impulso sombrio e pervertido? Nenhum de meus irmãos e irmãs escapou da torrente diária de abuso, contudo, por meio da graça de Deus, todos nós sobrevivemos a esse inferno terreno.

Embora todas as necessidades físicas da vida — alimento, vestimenta e abrigo — como também as educacionais fossem supridas, sentia-me privado de qualquer amor verdadeiro. Ansiava por ser abraçado e confortado. Embora tivesse seis irmãos e irmãs, vivia com uma tristeza profunda e perpétua que só poderia ser descrita como solidão.

Por causa de minha infância e do sentimento inabalável de que fora rejeitado, ignorado e trapaceado pelo amor de Deus, comecei a procurar aquela experiência na vida que ajudaria a explicar, ou justificar, todo o sofrimento. Tendo rejeitado, por preconceito, a maioria das verdades que ensinaram na igreja, estudei a sério os ensinamentos das religiões do mundo. Descobri um nicho reconfortante em minha mente, abracei totalmente a filosofia oriental do budismo. Durante anos, estudei a arte da meditação, dedicando minha vida ao caminho da paz. Meu primeiro professor foi um lama tibetano e, depois, de 1996 a 2002, estudei ioga Surat Shabd com um sadguru. Embora minha meditação trouxesse uma profunda sensação de paz, ainda não vivenciara a comunicação direta com Deus.

Durante os anos de meditação, ficou bastante claro que precisava perdoar a mim mesmo e a minha família pelos erros passados. O processo de perdão foi apenas isso — um processo. Às vezes, revisitava diversas vezes um único evento da minha vida antes de finalmente sentir a mente em paz. Tendo trabalhado para abrir meu coração para a experiência do amor, por fim estava preparado para dar o passo seguinte.

Em março de 2000, fui reintroduzido no hábito de estudar a Escritura por intermédio de um amigo. Quase imediatamente, reconheci a mensagem da palavra de Deus como a peça do quebra-cabeça da qual estivera à procura. Com grande ânsia no coração, iniciei um estudo diário das Sagradas Escrituras, embora substituísse os termos cristãos comuns por sua contraparte oriental. Por quase dois anos, troquei a imagem de Buda pela de Cristo. Os preconceitos dolorosos da infância voltaram a se alojar de uma maneira muito sutil.

Aos poucos, passei a entender a imagem de Cristo sob uma luz totalmente nova, mas meu grande progresso veio depois de pedir a

Deus que me ajudasse a entender o verdadeiro sentido de Cristo. Em poucos dias, senti uma presença em meu coração que nunca conhecera antes. Os antigos preconceitos contra minha criação cristã deixaram de existir e, agora, podia finalmente aceitar os ensinamentos de Cristo em minha vida.

Certo dia, fui movido a começar uma conversa com Jesus Cristo enquanto tomava meu banho matinal. De início, meu comportamento pareceu estranho: estava tendo uma profunda experiência espiritual ou ficando louco? De forma bastante estranha, senti-me perfeitamente confortável durante meu ritual matinal. Enquanto falava alto, não sentia embaraço com minha nudez. Na verdade, abrir minha mente para um irmão amoroso foi bastante libertador.

Com o correr dos meses, nossas conversas pareciam ter criado um padrão: falava ou pensava alto e, depois de um breve momento de reflexão, sentia que recebera a resposta. Sabendo que o Espírito Santo fornecera uma resposta, raramente sentia necessidade de rever a questão. Isso acontecia com muita frequência durante meu tempo de leitura e reflexão; a resposta simplesmente parecia estar lá, pronta para eu conhecê-la. Amava totalmente essa nova experiência de receber o amor de Deus.

Quando comecei a aceitar cada vez mais o amor de Deus, comecei a ver minha vida como mais do que um pesadelo deformado do qual tinha de escapar. Comecei a reconhecer o valor da minha infância quando comecei a brincar com a ideia de perdoar a mim mesmo e aos meus pais. Quanto mais disposto ficava a deixar o passado para trás, menos doloroso ele me parecia. Aos poucos, comecei a ver a vida que sempre se pretendera que eu levasse.

Quando aceitei o dom do perdão, percebi uma inexplicável calma na minha vida. Certa noite, enquanto estava sentado no pórtico da frente lendo a Bíblia, fui golpeado por um desejo avassalador de conhecer a resposta específica para uma pergunta perturbadora. Dirigi os onze quilômetros até a igreja.

Entrando minutos antes de o culto começar, sentei-me em silêncio e comecei a meditar sobre meu desejo ardente. Durante o culto de oração, senti uma profunda sensação de paz. Apesar de refletir em minha disposição para vivenciar a palavra de Deus e receber uma resposta, não estava preparado para o que estava para acontecer. Senti como se todo meu corpo tivesse sido rodeado por anjos. Era como se cada fibra do meu ser tivesse ficado vivo instantaneamente, e meu coração entoava um cântico de gratidão que não conhecia. Sabia que uma presença reconfortante me observava quando ouvi uma voz inegável falar em meu interior. Era uma voz alta, retumbante, estranha e, ao mesmo tempo, pacífica e reconfortante.

Totalmente consciente de que experimentava algo divino, saí dali aquela noite sabendo que minha pergunta fora respondida. A viagem para casa foi verdadeiramente mágica. O tempo parecia ter parado enquanto me aquecia no calor que emanava do meu coração. Na hora que cheguei em casa, não tinha lembrança consciente da pergunta original nem da resposta que recebera, contudo sentia-me perfeitamente reconfortado e sabia que parte de meu ser fora tocado pela mão de Deus.

Depois daquela noite de cura extraordinária, toda vez que oro ou medito, faço-o com a intenção de ouvir a voz de Deus. À medida que continuei a aceitar o amor de Deus por mim e estendia o mesmo amor a minha família e amigos, minhas conversas com o Espírito Santo tornaram-se mais frequentes. Conforme minha rotina de oração e meditação progredia, juro que podia ouvir uma voz audível, mas ela era tão suave que mal podia decifrar suas mensagens. Todavia, sentia-me emocionado em saber que a presença do Espírito Santo na minha vida era real.

Na terça-feira à noite, enquanto dirigia para a igreja a fim de comparecer a uma aula, escapei por pouco de um acidente de carro. Um motorista jovem manobrava de forma imprudente um mercedez preto conversível na minha frente. Pisei no breque, pensando: *Que tipo de pai irresponsável daria um presente tão caro ao filho irresponsável?* Em segundos, ouvi uma voz bastante real dizer:

— O que você fez com os presentes que seu pai lhe deu?

Movi o carro para a beira da estrada enquanto lágrimas de alegria inundavam minha face.

O impacto do momento atingiu-me com toda força. Pela primeira vez na minha vida, entendia realmente o valor de ouvir a voz de Deus. Independentemente do que estivesse vivenciando, podia confiar que aquela voz calma e baixa em meu interior ofereceria orientação e sabedoria relevantes e também percepções. Fiquei maravilhado, percebendo que podia sintonizar minha mente para receber comunicação de Deus sempre que eu precisasse ou ele quisesse.

Fiquei no carro à beira da estrada e contei minhas bênçãos. Minha vida não girava em torno do sofrimento que suportei em minha infância, mas era um precioso dom que estava me permitindo aprender e crescer. Senti um profundo senso de gratidão por ter recebido o dom do perdão em minha vida e sabia, em meu coração, que era privilegiado por fazer essa jornada com aqueles que facilitariam meu retorno a Deus.

Russel Hill é artista gráfico e desenvolvedor de aplicativos para internet. Pai de dois filhos maravilhosos, ele desfruta de uma paixão saudável por caminhadas e *rafting*, descidas de corredeiras.

Apaixonando-se

TONY ERA UMA PRESENÇA TÃO DOMINADORA que, na verdade, senti-o antes de vê-lo. Quando ele entrou no restaurante, estava sentada de costas para a porta. Senti uma energia eletrizante atrás de mim. Nunca tinha sentido essa sensação. Imediatamente, virei-me para ver quem entrara. Observei-o passar e sentar-se de frente para mim. Embora ele não fosse o homem mais bonito que já tinha visto, não conseguia tirar os olhos dele. Ele, obviamente, sentiu o mesmo porque também não parava de me olhar. Estávamos embasbacados um com o outro.

Acho que a eletricidade entre nós podia ser sentida por todo o restaurante, pois, no dia seguinte, a garçonete e uma amiga minha planejaram com entusiasmo nos reunir. Elas deram a ele o número do meu telefone, e ele telefonou naquela manhã. Conversamos durante horas e ficávamos agradavelmente surpresos com nossa conexão imediata e com a química entre nós. Ele era tão charmoso e cortês que sabia que podia me apaixonar por ele. Até mesmo sua voz tinha um efeito hipnótico sobre mim.

Esse foi o início de nosso longo e tempestuoso relacionamento. O trabalho dele exigia que viajasse durante meses de uma vez, por isso revezávamos as visitas. Podia lidar com a distância entre nós, mas quando ele me disse que estava vendo outras mulheres nos lugares para os quais viajava, fiquei devastada. Tentei diversas vezes terminar nosso relacionamento, mas não conseguia abrir mão dele. Continuei voltando, esperando que ele me escolhesse sobre todas as outras. Estava disposta a esperar.

Depois de dois longos meses de separação, Tony, finalmente, veio me visitar. Fiquei tão entusiasmada! Mal conseguia conter minha euforia quando ele atravessou a porta da frente. Era impossível resistir a sua presença física. Depois de estar lá por meia hora, ele comentou casualmente que faria uma viagem para esquiar com novos amigos e não poderia passar muito tempo comigo. Senti um soco no estômago. Esperara tanto tempo para vê-lo e não conseguia entender como ele podia entrar e sair da minha vida com tanta indiferença. Parecia que toda vez que tínhamos uma oportunidade de passar um tempo juntos, ele tinha alguma desculpa para terminar o encontro antes do planejado. A apatia dele era como um tapa na cara. Ele acabara de conhecer essas pessoas e as estava escolhendo e preterindo minha companhia.

Dolorosamente, percebi que o sentimento que sentia por Tony sempre havia sido unilateral. Nunca fora tão importante para ele quanto queria ser. Depois de mais de dois anos de aceitação da indiferença dele, tomei a decisão de partir meu coração e terminar o relacionamento para sempre. Não podia mais aceitar suas migalhas emocionais.

Depois de muitas horas de choro incontrolável e de especulação se meu coração sobreviveria a essa dor, acalmei-me o bastante a ponto de perceber que estava na hora de dar uma olhada profunda e difícil em mim mesma. Não entendia a razão por que tinha continuado a deixar que ele me tratasse dessa forma e por que continuava voltando para receber mais desse tratamento. Queria um relacionamento de compromisso, então por que atraía homens que não estavam emocionalmente disponíveis? Fora casada três vezes com esse tipo de homem e fizera muito trabalho espiritual em mim mesma, mas continuava a fazer escolhas ruins. Algo estava faltando em minha vida.

Percebi que tinha profundos problemas de autoestima com os quais nunca lidara. Encontrei um livro intitulado *How to Raise Your Self-Esteem* [*Como aumentar sua autoestima*], de Nathaniel Brandon, e o devorei. Um dos primeiros exercícios visuais do livro tocou-me particularmente. Fiquei confortável em meu sofá e comecei o processo visualizando uma montanha com um caminho para o topo. Imaginei um dia de outono perfeito com um céu azul-celeste brilhante e ar claro e nítido. Podia sentir o cheiro de madeira queimando à distância. Um arco-íris de flores silvestres coloridas e perfumadas e perenes adornava a encosta da montanha. Um riacho de água fresca e clara serpenteava através da floresta. Subi o caminho, entregando-me à serenidade e à beleza do lugar e comecei a derramar os sentimentos negativos que eram um fardo constante na minha vida. À medida que fazia isso, percebi que minha mente e meu corpo ficavam mais leves, e uma paz jubilosa enchia meu espírito. Podia ver uma suave luz clara emanando de mim. Conforme me aproximava do topo da montanha, a subida ficava tão fácil que praticamente saltitei o resto da subida.

Quando cheguei ao pico, estava exultante. A vista de tirar o fôlego espalhava-se por quilômetros e quilômetros. Senti como se estivesse no topo do mundo. Não obstante, esse sentimento jubiloso durou pouco, pois percebi uma nuvem negra movendo-se vagarosamente em direção a mim. Sabia que essa nuvem representava os anos acumulados de meus sentimentos mais negativos. Virei-me para a nuvem e disse:

— Oh, conheço você. Fugi de você a maior parte da minha vida.

De repente, fui interrompida por uma voz firme e amorosa tão clara e distinta que não a pude ignorar. Soava como se outra pessoa falasse comigo em minha mente. O conhecimento de que era a voz de Deus em meu interior permeou meu coração e minha alma.

— Você precisa amar isso — disse a voz.

Em vez de fugir, dessa vez, passei gentilmente meus braços em torno da nuvem, e segurei-a, e amei-a como faria com uma criança com dor até que ela se dissolvesse completamente. No mesmo instante, senti uma calma e alegria de espírito que não sentia havia anos. A paz e a alegria continuaram a aumentar até eu ficar em estado de constante arrebatamento. Durante dias, experimentei uma alegria e amor pela vida que acredito era o céu na Terra. O sentimento era semelhante ao que sentira no passado quando me apaixonava. Então, dei-me conta de que me *apaixonara* por alguém — EU!

Conhecer e amar essa parte negativa e temerosa de mim curou meu coração. Escutar e ouvir a voz de Deus naquele dia foi a experiência mais poderosa e maravilhosa de minha vida. A alegria que vivenciei permeou cada faceta de meu ser. Tenho uma atitude muito mais amorosa e positiva em relação a todos e parei de reclamar. Até mesmo minha aparência mudou. Os amigos e a família dizem-me que minha pele brilha como uma luz suave e que meus olhos estão mais claros e suaves.

Agora, agradeço a Tony por ter me ajudado a olhar para mim mesma, fazendo com que chegasse ao fundo do poço para que pudesse me elevar à mais maravilhosa altura. Sei que estou pronta para receber o amor que verdadeiramente mereço — amor incondicional. Abriu-se para mim uma mágica e bonita nova forma de olhar o mundo. Obrigada, Deus.

Janet Calledare trabalha na indústria de alimento saudável, encontrando e ajudando todos os tipos de pessoas, sem distinção. Ela sente amor profundo por seus filhos, família e amigos e gosta de renovar casas e criar coisas, de joalheria a arranjos de flores.

O amor em sua forma mais pura

No meio dos meus vinte anos, minha firme crença em Deus foi abalada depois de perder três pessoas muito jovens que eram próximas a mim. Gritei para Deus:

— Por que você levou essas pessoas?

Com o coração partido e amarga, fiquei doente por alguns dias e desliguei-me de todo mundo à minha volta.

Não muito depois, quando estava sentada estoicamente na igreja com aquele arrepio amargo em meu coração, meu pastor chamou quem quisesse ir à frente e comungar. Não me sentindo adequada para esse ato, em vista do meu estado mental, permaneci em meu assento enquanto outros se reuniam para a celebração no altar.

De repente, senti uma presença à minha volta. Tentei afastá-la, mas ela não saiu. Nenhuma palavra foi dita. Não recebi nenhuma revelação, não houve nenhum trovão audível nem voz retumbante, apenas uma sensação de paz e o conhecimento interior de que tudo estava bem. Era como se alguém estivesse me dizendo que ficar sentada ali parecia ser a atitude correta naquele momento. Senti que, de alguma maneira, minha tristeza era entendida e que não sentiria para sempre esse triste desligamento. Lágrimas de alegria formaram-se em meus olhos, e um suave sorriso se esboçou em minha face. Fiquei sentada em estado de impressionante graça. Embora não tivesse percebido na hora, agora sei que Deus estava falando comigo enquanto estava sentada ali em maravilhamento.

Anos depois, lendo sobre alguém que tivera uma experiência de ligação com Deus, o regozijo e a alegria que senti na igreja, naquele dia distante, ressurgiu e ficou comigo por vários dias. Quando os outros perceberam meu comportamento tranquilo e mencionaram a transformação que viram em mim, decidi permitir-me o tempo de quietude de que precisava para a contemplação.

Minha decisão de examinar minha vida levantou muitas questões e perguntava-me a razão por que um círculo ligado de novo e desligado de novo definira o relacionamento que tinha vivenciado com Deus ao longo dos anos. Por que, perguntava-me, olhei para fora de mim mesma quando procurava uma ligação com meu Criador? Enquanto examinava esse pensamento, a palavra "entrar" começou a flutuar em minha mente.

Pendia por um programa de meditação orientada que comprara recentemente e comecei a incorporar a meditação em minha rotina diária. Logo, apaixonei-me por esse tempo de quietude do dia. Muito da paz que buscava, encontrei nessa prática. No entanto, não estava preparada para o que estava para acontecer quando, certo dia, posicionei os fones confortavelmente em meus ouvidos.

Durante essa meditação, descobri que estava me dirigindo a mim mesma na segunda pessoa. Foi bizarro. *O que é esse negócio de "você"?*, perguntei-me. Enquanto me aprofundava cada vez mais na meditação, descobri-me falando de forma disparatada sobre o fato de o meu marido não apreender as ideias espirituais como achava que deveria apreender. Quando percebi como estava sendo julgadora, foquei os pensamentos de amor e aquietei minha mente. Quando descansei, ouvi:

— Por que você acha que ele deve aprender isso mais rápido que você?

Antes de perceber o que estava acontecendo, levantei os olhos e disse:

— Tudo bem, mas por que você acha isso?

Com quem eu estava falando? Esperava uma resposta? Não consigo descrever a sensação de total insensatez combinada com o "conhecimento divino" de *não* estar falando comigo mesma. Fechei os olhos e perguntei timidamente:

— Oh, é o Senhor?

A resposta quase me derrubou da cadeira.

— Sim, minha filha, estou bem aqui. Sempre estive aqui, sempre estarei aqui.

Sim, minha filha? Não falava comigo mesma desse jeito. *Sim, minha filha?* Por que diria isso para mim mesma? Estava claro que algo estava acontecendo, mas, por mais que quisesse acreditar, ainda sentia dúvida acompanhada de um sentimento de descrença, incerteza e um pouco de medo. Estava ficando louca?

Mais tarde naquele dia, relatei o incidente para um amigo querido.

— Você é o tipo de pessoa que sai por aí inventando histórias? — perguntou ele.

— Não — disse — claro que não.

— Você é mentirosa? Você diz coisas apenas para ouvir o som da sua voz?

— Claro que não! Você me conhece muito bem e sabe que não!

— Exatamente — disse ele.

Meus olhos encheram-se de lágrimas.

— Oh... entendo o que você quer dizer — disse humildemente. Estava aterrorizada.

Naquela tarde, no caminho de casa, senti-me tão amada, tão especial, tão acarinhada! Naquele momento, soube, sem sombra de dúvida, que ouvira a voz de Deus. Desde aquele dia de profunda realização, lembro-me das muitas vezes em que ouvi a voz de Deus e, todavia, não sabia que era ele.

Minha vida foi transformada para sempre. Estou aprendendo a perceber, a observar os muitos momentos do meu dia. A vida não é mais uma nuvem de atividade simplesmente a ser repetida no dia seguinte. Minha mente não tagarela de modo incessante nem vagueia como nômade. Há um propósito, há pensamento positivo e há amor. Agora, sei que a voz de Deus tem me guiado durante toda minha vida e continua a fazer isso todos os dias. Essa voz de amor inspirou-me a praticar atos de amor hoje, em vez de esperar pelo amanhã que parece não chegar nunca. De modo semelhante, essa voz mostra-me a importância de "permanecer quieta", não no sentido literal, mas de uma maneira que ajuda a me conectar com meu espírito. Às vezes, preciso apenas de sentar, fechar os olhos e aquietar minha mente. Outras vezes, escolho fazer uma caminhada ou sair para desfrutar a beleza da natureza a minha volta. Muitas vezes, ouço a voz de Deus em momentos deliciosos, logo antes de cair no sono, e sei que amanhã será o melhor dia da minha vida, sempre. Essa voz é o amor em sua forma mais pura e verdadeira. Sei que fui abençoada e agradeço por isso.

Sharon Caldararo é uma feliz esposa e mãe de três filhos extraordinários e avó de cinco (e ainda na contagem) netos gloriosos. Uma de suas maiores alegrias é visitar casas de repouso e se comunicar com idosos.

Não julgue um livro pela capa

Joe e Sally perguntaram se passariam algum tempo com Nancy, sua filha de quinze anos com desafios de aprendizagem. Nancy foi posta em uma classe de alunos com necessidades especiais de uma escola pública de Ensino Médio e estava na segunda ou terceira série de leitura. As crianças da escola a atormentavam e a chamavam de "estúpida" e "retardada". O estresse fez com que Nancy tivesse dor de cabeça e de estômago e roer as unhas até sangrarem. Embora ela não tenha vivenciado nenhum problema desse tipo na escola de Ensino Fundamental, entrar na adolescência na escola de Ensino Médio e ser rejeitada provou ser muito difícil e doloroso para ela. Seus pais acreditavam que se a pusessem em uma escola para alunos com necessidades especiais, ela regrediria ainda mais. Mas, claramente, a situação atual dela não era a ideal.

— Achamos — disse-me Sally — que você pode ajudá-la a entender por que ela é como é e a encontrar alguma paz nisso. Por favor, você poderia tentar fazer isso?

Concordei, e a família viajou quatro horas até minha casa no fim de semana seguinte. Dei a Nancy algum tempo para se sentir confortável comigo antes de iniciarmos. Quando ela pareceu bastante relaxada, sentei-me em frente a ela e comecei a falar.

— Nancy, por que você acha que as crianças da escola mexem com você?

— Não sei — replicou Nancy. Ela fixava o tampo da mesa e torcia os dedos.

— Por que você rói as unhas? — continuei.

— Não sei — respondeu ela de novo, e evitou contato visual.

Quando respondeu à terceira pergunta e à quarta da mesma forma apática, fiquei sem saber como lidar com ela. Em desespero, fiz-me a pergunta mágica que sempre faço quando não sei o que fazer: *O que o AMOR faria?*

De repente, senti-me estremecer e mudar e, realmente, comecei a me sentir desagradável e terrível.

— Não é de surpreender que todos a chamem de estúpida e de retardada — zombei. — Você só diz: não sei, para cada pergunta que lhe faço. Se eu continuar a ouvir isso o tempo todo, também vou chamá-la de estúpida e retardada.

Parte de mim estava chocada por ouvir o que acabara de sair da minha boca. Essa era a resposta que recebera para a pergunta: *o que o AMOR faria?* Deixei a coisa continuar. Falei confusamente por, pelo menos, um minuto, zombando dela, repetindo o que as crianças da escola tinham dito sobre ela.

Oh, meu Deus! O que estava acontecendo? Senti, exteriormente, uma estranha mistura de pânico horrorizado e dei uma olhada furtiva para os pais de Nancy para ver como eles foram afetados pelo que disse; todavia, em meu íntimo, sentia uma profunda e tranquila paz. Jamais falara com alguém de forma tão dura e humilhante, sobretudo com alguém com necessidades especiais. Na verdade, em geral, era mais compassiva e compreensiva que o normal quando interagia com uma criança como Nancy. Podia sentir que seus pais estavam chocados. Eles deviam estar se perguntando por que acharam que eu poderia ajudar sua filha se a tratava dessa maneira. Não tinha ideia do que sairia da minha boca a seguir e, pior de tudo, lembrei-me de que estava gravando tudo.

Embora minhas palavras e meu comportamento tenham me chocado e estivesse consciente da preocupação dos pais e pudesse sentir o retraimento de Nancy, sabia que tinha de confiar que o que estava acontecendo era o que tinha de acontecer, e deixei o processo continuar.

— Por favor, Deus, ajude-me a ajudar essa criança — orei.

Abri mão de qualquer tentativa de controlar o que estava acontecendo.

— Você acredita que Deus está em seu interior? — perguntei firmemente.

— Humhum — sussurrou ela.

— Bom — falei ríspida. — Desse momento em diante não quero outra palavra sua! — De repente, senti meu corpo estremecer e mudar e voltar ao meu calmo "eu" de novo.

— Quero que você deixe Deus usa sua língua, sua garganta, seus dentes, seu fôlego e sua mente — disse-lhe. — Quero que você deixe Deus falar por você — continuei suavemente.

— Está bem — replicou ela timidamente.

Para deixá-la relaxada, pedi que respirasse fundo pelo nariz e soltasse o ar alto pela boca, como um golfinho. Devagar, ela repetiu o exercício para limpar a respiração três vezes e quando ficou relaxada, comecei a fazer perguntas.

Durante quinze minutos, ela falou confiantemente, sem hesitar, pronunciando cada palavra com clareza. Às vezes, ela usava palavras de três ou quatro sílabas para responder às minhas perguntas. Ela disse-nos a razão por que escolheu sua mãe, por que escolheu seu pai, e por que eles eram perfeitos para sua expressão de vida. Eles lhe proveriam, explicou ela, o apoio e o incentivo de que ela precisava para fazer o trabalho de Deus.

Quando fiz a pergunta seguinte, não estávamos preparados para a réplica dela.

— Por que sua alma escolheu um corpo que poderia parecer atrasado e agir como um?

Ela parou, sorriu e inclinou levemente a cabeça para a direita.

— Isso é tão simples — sussurrou ela. — Vim para ensinar AMOR. Seria fácil você me amar se eu tivesse a sua aparência, e andasse como você, e falasse como você. Mas você ainda me amaria quando babo, quando roo minhas unhas até sangrarem? Você ainda me amaria quando tivesse que trocar minha fralda? Vim para ensinar AMOR.

Um silêncio sagrado encheu a sala. Não conseguia falar. Sua verdadeira beleza e graça e a coragem da alma dela me tiraram o ar. As lágrimas encheram meus olhos.

O gravador desligou.

Muitos abraços e mais lágrimas foram trocados antes de Sally e Joe pegarem Nancy e partirem para a casa deles. Eles estavam cheios de alegria, paz e gratidão por toda a experiência.

Nancy lembrou-se de sua missão e permitiu que a voz de Deus falasse por seu intermédio. Joe e Sally viram a perfeição de sua filha e perceberam como eles deviam servi-la.

Toda a experiência foi assustadora para mim e deixou-me humilde. Aprendi a entregar-me e a confiar que tudo estava na ordem divina, sobretudo quando o AMOR aparece como "amor agressivo".

Dois meses depois, recebi um cartão de Sally informando-me que Nancy estava indo pela primeira vez a uma manicure profissional porque "Deus não quer mais que roa minhas unhas." Ela acrescentou que dificilmente Nancy diz: "Não sei", e foi convidada a se juntar a um clube de meninas.

Sempre que ouço alguém dizer que Deus só fala com pessoas especiais, tenho de concordar. Sou tão agradecida por Deus ter usado Nancy para me mostrar como todos nós somos especiais!

Depois de dezesseis anos no exército como instrutora de Educação Física e de treinamento em combate, Caroline McIntosh gosta de viajar, escrever, ensinar e seguir seu coração aventureiro para onde quer que ele a leve.

Os suspiros de Deus

TINHA TUDO QUE UMA MULHER PODIA QUERER. Meu amado e carinhoso marido era um homem de negócios bem-sucedido que provia todas as nossas necessidades e vontades. Tínhamos cinco belos filhos, mas vivíamos em um apartamento em São Paulo, Brasil, uma cidade em que a população cresce constantemente, passando a representar uma ameaça para minha família. A cidade tornara-se perigosa, e meus filhos precisavam de proteção para o tipo de vida que a cidade oferece hoje. Tinha de impor limites severos nas atividades deles e dar constantes advertências.

Um dos sonhos do meu marido era ter uma fazenda, assim, conversamos a respeito de mudar para o interior, onde poderia proporcionar uma vida mais saudável para meus filhos. Ele continuaria a cuidar das empresas que possuía em São Paulo durante a semana e, nos fins de semana, poderia estar com a família.

Decidimos mudar para uma cidade a 250 quilômetros de São Paulo. Alguns parentes meus viviam lá e, como pesquisadora das verdades de Deus, fiquei interessada em diversos movimentos daquela cidade. Estávamos a caminho de uma vida mais agradável, e a harmonia continuou a nos abençoar como um sinal de que estávamos no caminho certo. Nessa época, meu filho mais velho tinha oito anos; e o caçula, um ano.

Então, um anseio inesperado encheu meu coração por separar-me legalmente de meu marido. Que sentimento estranho! O sentimento ficou mais e mais estranho! O que era isso? Por que estava me sentindo dessa maneira? Depois de trabalhar para tornar todos os nossos planos uma realidade, estava simplesmente jogando-os fora, ralo abaixo. Continuei a perguntar a Deus por que sentia essa compulsão misteriosa. Ofendera a Jesus ao me casar com um judeu? Estava sendo punida por causa de meu interesse na reencarnação? Fora tomada por uma energia negativa porque tentava aprofundar minha experiência interior com Deus?

Não tinha ideia nem, tampouco, nenhuma pessoa sábia a quem pedir ajuda. Quem sabe fosse um pedido para que esquecesse minhas mais novas crenças e mantivesse minhas crenças religiosas tradicionais. Ou talvez Deus estivesse pedindo que sacrificasse toda essa felicidade por ele. Realmente, não tinha ideia. O sentimento apenas tomou conta de mim e não conseguia afastá-lo. De repente, fora lançada em um buraco escuro. Perdida em meu sentimento, chorei e orei por respostas, mas o sentimento de que devia me separar de meu marido apenas ficava mais forte. Pedi a Deus que me enviasse sinais. Contudo, tudo à minha volta permanecia na mesma. Meu amor por meu marido e meus filhos não mudara. Nossa vida era perfeita e nosso projeto da fazenda continuou a ser planejado sem percalços. Vivia um conflito terrível.

Depois de dias de oração profunda, uma paz imensa e repentina encheu meu coração. Embora me sentisse mais centrada, perguntei a Deus por que devia me separar legalmente de meu marido. Embora não tenha ouvido conscientemente uma resposta, uma certeza cresceu em meu interior — devia seguir o que estava sentindo.

— Está bem — disse a Deus — se esse é um teste de lealdade, vou fazer como o Senhor pede.

Quando disse ao meu marido que queria me separar legalmente dele, o caos se instalou em nossa vida. As semanas seguintes foram um pesadelo para ele. Embora as trevas estivessem em todo lugar, a paz crescia em meu coração. Sentia-me cada vez mais segura de que estava fazendo a coisa certa. Minha família e meus amigos sempre se preocuparam com minha busca da verdade. Agora, eles tinham certeza de que ela estava me levando à insanidade. Quem no mundo quereria separar uma família tão amorosa? Minha mente dizia que eu estava louca, mas meu coração sentia que tudo estava bem.

Meu marido sabia dos meus estudos sobre a vida e tinha dificuldade para entender minhas experiências. Minha única explicação para a separação era que precisava me libertar mais dos laços culturais do nosso casamento para continuar meus estudos. Claro que essa era a pior coisa que ele podia ouvir porque queria dizer que eu estaria livre para estar em outro relacionamento.

Deus, a que desafio era atraída. Teríamos de separar a família? Nunca pude imaginá-lo separado dos filhos. Se um de nós tivesse que escolher com quem eles ficariam, escolheria deixá-los com ele. E onde eu devia viver? Seguir meu coração em face do amor que tinha por minha família queria dizer que devia estar preparada para sacrificar tudo.

Aprofundei minhas orações para que meu marido encontrasse paz nessa situação e, pouco a pouco, pensamentos de como manter a harmonia na família surgiram em minha mente. Disse-lhe que podíamos continuar a viver juntos nos fins de semana e que continuaríamos a levar em frente nosso plano de mudar para a fazenda. Nada mudaria de fato, mas ainda teríamos de nos separar legalmente. Por milagre, ele finalmente aceitou meu exótico pedido, e fomos em paz para nossa separação legal.

Dois anos após nossa separação legal, a empresa do meu marido faliu. O mundo dele ficou tumultuado, e meu coração doía ao ver a condição dele. Ele perdeu o crédito e não podia trabalhar até tudo ser esclarecido pela lei. Ele tornou-se um homem invisível para a sociedade. Como sobreviveríamos com uma família com sete pessoas para sustentar?

Orei a Deus para que me desse coração e mente tranquilos. Não podia me perder em minhas preocupações. Agora, tinha de ajudar meu ex-marido. Deus respondeu-me enchendo meu coração de paz. Não conseguia pensar no futuro. Minha mente parou no momento em que vivíamos e, apoiada pela força de Deus, ajudei meu ex-marido a tomar as decisões certas. Meu amor por ele falou mais alto e decidi começar a viver como sua esposa de novo.

Foi nesse momento que os advogados nos disseram da importância de termos estado separados legalmente por dois anos. Em nosso país, quando um homem separado legalmente por mais de dois anos fali, sua ex-esposa é deixada totalmente fora das consequências de sua falência econômica. O que me pertencia por causa da separação permaneceria intocado. Embora a corte retivesse todos seus bens, nossa separação garantiu-nos recursos para viver e não entrar em desespero. Deus protegera amorosamente minha família, guiando-me com gentileza por meio dos anseios do meu coração.

Minha jornada na busca da verdade de Deus levou-me a ser receptiva o bastante aos meus sentimentos para ouvir e acreditar nos sussurros de Deus e saber no fundo da alma que a voz de Deus me guia e protege. Hoje, vivo o momento, sabendo que sou fortalecida e guiada quando enfrento meus desafios. Tenho fé que tudo que acontece é planejado, que estou onde devia estar. Também sei que tenho o que preciso para crescer espiritualmente e que sempre tenho um lado positivo em tudo que, à primeira vista, parece estar errado.

Susana Sillbermann é uma brasileira que tem 59 anos. Ela tem cinco filhos e seis netos. Ela gosta de ler e aprender sobre psicologia, neurociência, educação, arte, filosofia e tudo relacionado com o comportamento humano.

Apenas sincronicidade

Toda pintura é uma jornada. Essa iniciou em meu estúdio de arte. Comecei com uma pintura básica de gesso branco sobre uma grande lona esticada, processo que faço para toda pintura. Esse é um ritual que faço para sentir a lona na qual me derramarei nos meses seguintes. A lona preparada que estava sob meus dedos logo tomaria forma e, nesse momento, eu estava no controle. Uma vez que a pintura começasse a fluir, a arte assumia o controle e me guiava. A pintura para o Hospital Parkview não era diferente, mas mal sabia eu que a jornada naquela lona vazia seria uma das minhas favoritas.

Quando me pediram para apresentar uma ideia para uma obra de arte a ser colocada na recepção do maior hospital da nossa região, soube de imediato o que pintar. Veio-me à mente a cena de uma família em uma antiga rua do centro de Fort Wayne entretecida com um mapa aéreo da área do hospital. Gostei da minha ideia, mas faltava alguma coisa nela. Como sempre, quando isso acontece, apresento ao meu subconsciente a tarefa de encontrar o ingrediente que falta. Abri-me para o que estava ao meu redor, tendo fé que algum ingrediente imprescindível apareceria em momento "heureca".

Segui minha rotina normal e, como sempre, começou a se formar uma corrente subterrânea que procurava a solução. Talvez alguém tenha dito algo, ou eu tenha visto uma frase em uma revista. Qualquer coisa pode ter trazido aquela corrente de uma ideia à superfície. Quando isso aconteceu, minha mente agarrou-se a essas imagens que pipocavam à minha volta, como se tivesse um tempo limitado para controlá-las. As frases, as coisas visuais, os sentimentos, tudo se precipitou em meu caminho, formando uma grande ideia.

Quando perguntei a minha classe, uma de minhas alunas avançadas/*portfólio* apresentou a ideia de um anjo. Ouvi a ideia de um anjo e quase mais nada de sua apresentação. Meu momento "heureca" tinha chegado. Via imagens borbulhando em minha mente, imagens dos tetos de Michelangelo, dos céus vívidos de Chagall com anjos flutuando, e a prateleira de Nana com anjos agrupados. Rápidos pensamentos atravessavam minha mente, e o ondulante efeito da ideia de minha aluna seguia a corrente. Sem eu saber, começara a mágica do anjo.

Pesquisei anjos, surpresa por descobrir como eles estavam profundamente enraizados em nossa sociedade. Antigas obras de gregos, romanos, indianos, japoneses, assírios e egípcios registravam figuras angelicais. Os anjos eram símbolo de proteção, mensageiros, guias e confortadores que adornavam nossos templos, túmulos, igrejas e palácios. Os anjos ultrapassaram os limites religiosos: cristianismo, islamismo e judaísmo, todas essas religiões os abraçavam. Encontrei anjos de diversas raças e dos dois sexos, pertencentes a todas as classes sociais. Os encontros com anjos estavam escritos nos nossos textos mais antigos — no Antigo e no Novo Testamentos da Bíblia, no Alcorão e nos pergaminhos hebraicos. Museus de arte dedicavam alas para expor vasos gregos de anjos, budas com anjos e inúmeras pinturas cristãs a óleo salpicadas de anjos. Quanto mais aprendia sobre os anjos na nossa sociedade, mais sabia qual era o ingrediente que faltava na minha pintura.

Encontrei infinitas referências a anjos. Ouvi falar de anjos em canções nas transmissões de rádio e televisão e encontrei-os mencionados na nossa literatura. Lembrei os anjos de Rafael, mas não sabia nada a respeito dos inúmeros anjos nos poemas de Emily Dickinson e de Edgar Allan Poe nem nas letras de James Taylor. Os anjos eram representados em todos os signos do zodíaco.

O primeiro dia em que transportei meu estúdio de pintura portátil para o saguão do hospital foi em um frio dia de janeiro. A lona vazia coube como uma luva na traseira da minha perua. Carreguei meus apetrechos de pintura e montei minha oficina. As pessoas olhavam-me com cara de questionamento enquanto descarregava meu estúdio.

Sabia a importância de pintar aqueles anjos em público. Queria, sobretudo, compartilhar esse processo com os funcionários do hospital, mas, naquele dia frio e nada convidativo, duvido que meus esforços fossem eficazes. Estava sentada no lugar em que meus pais tinham nascido, onde eu nasci e onde dei à luz a meus dois filhos.

Aos poucos fiquei mais ligada emocionalmente a meu novo espaço e estabeleci a rotina de carregar meu trabalho duas manhãs por semana e de pintar durante todo o inverno. A pintura começou a ganhar vida, e comecei a ver o efeito que os anjos despertavam nos outros.

Se estivesse em um elevador com um estranho, as chances seriam de que não falaríamos um com o outro, e muito menos trocaríamos informações relevantes. Mas pintar em público agia como um imã. À medida que as pessoas ficavam mais interessadas no que estava fazendo, elas puxavam conversas que, com frequência, ficavam profundas. As emoções eram vivas, transpiravam sem amenidades, no saguão do hospital. Nunca considerei esse componente para minha pintura. As pessoas que estavam nervosas à espera dos resultados de exames médicos me visitavam. O fato de estar pintando ali ajudava os entes queridos dos pacientes a passar o tempo e a redirecionar seu foco. Ouvia histórias sem esperanças sobre dores, aflições e sofrimentos de totais estranhos. Os voluntários do hospital ficavam entretidos com pensamentos da antiga Fort Wayne, Indiana, quando todos nós tentávamos lembrar nomes de lojas das ruas da década de 1950 mescladas em toda minha pintura. Na mudança de turno, os funcionários paravam para ver o que estava acontecendo.

Cada vez que alguém parava, eu apontava os anjos, que estavam camuflados como árvores de bétula na minha floresta. O efeito era mágico quando os viam pela primeira vez. Os funcionários do hospital eram meus visitantes favoritos. Queria que eles entendessem enquanto identificavam os anjos que a profissão deles de cuidar do doente os transformavam em nossa comunidade de anjos na Terra.

Foi surpreendente descobrir que muitos funcionários colecionavam anjos. Uma médica mostrou-me o alfinete de anjo em seu avental. Uma enfermeira mostrou-me um adesivo de anjo que usava para premiar os pacientes. Um rabi citou uma Escritura sobre anjos, e um sacerdote conversou livremente sobre a presença de nossos anjos da guarda. Quanto mais pintava, mais vivenciava a mágica que envolvia os anjos.

O momento mais poderoso durante a pintura foi a simples sincronicidade. Duas senhoras na casa dos sessenta anos aproximaram-se para observar minha pintura. Estava óbvio que elas estavam perturbadas e vagavam ao acaso pelo hospital para matar tempo. Uma estava com os olhos vermelhos e inchados, e as duas pareciam muito tristes. Pela voz, dava para saber que eram irmãs. Elas disseram que tinham ido visitar a outra irmã. Tentei deixar o ambiente mais leve e falar sobre minhas irmãs. Irmãs são especiais, disse-lhes, e também tinha duas irmãs. Expliquei a pintura e apontei as árvores de bétula e perguntei se viam os anjos à beira do caminho, na floresta. Não estava preparada para a reação delas. Assim que identificaram os anjos, elas começaram a chorar e caíram uma nos braços da outra. Abraçadas, uma das irmãs olhou para mim com lágrimas correndo pelas faces e disse:

— Acabamos de autorizar o desligamento dos aparelhos da nossa irmã. Acabara de comentar que gostaria que nos mandasse um sinal de que havíamos feito a coisa certa. Ela coleciona anjos!

Senti um arrepio no braço enquanto observava as irmãs deixarem minha mesa com uma aparência completamente diferente. Elas pareciam mais altas, de braços dados e com mais determinação que antes.

Quando terminei e assinei meu nome sobre a pintura, ainda não estava preparada para acabar minha experiência com os anjos. Queria ficar sentada no saguão do hospital, onde as emoções eram vivas, transpirando sem amenidades, e as pessoas eram atraídas por minha pintura, sentindo a magia que ela emanava. Não tinha ideia que aquela jornada de simples linhas e várias cores seria tão poderosa. Sei que houve pessoas que passaram pela minha pintura e nunca descobriram o que estava escondido na floresta. Também sei que havia funcionários que passavam pela pintura e só viam os anjos que pintara para eles. Para mim, aquela pintura era sobre momentos como os das irmãs. Passei a fazer parte da última mensagem de uma vida, um poderoso presente de partida, um sinal dos anjos feitos por minhas pinceladas coloridas que oferecia conforto. Esse belo símbolo antigo que enriqueceu minha vida por meio dessa pintura também começou a cura das duas irmãs.

Vicki Junk-Wright vive com o marido, Ted Wright, e seus dois filhos em Indiana. Ela ensina artes e faz trabalhos de arte sob encomenda. Publicações que retratam seu trabalho incluem *The North Light Book of Acrylic Painting Techniques* [*O livro da luz do norte das técnicas de pintura com tinta acrílica*] e *Mastodons on Parade [Mastodontes em desfile*], publicados pela Indiana e Purdue University. Em 2006, ela foi premiada pela Robert Rouschenberg Foundation Grant por seu trabalho com crianças com necessidades especiais.

Pintura de Vicki Junk-Wright. Direitos autorais de 2007. Usado com permissão. Não pode ser impressa sem autorização expressa da artista.

Superando meu "autismo"

Meu filho Jake de sete anos, sentado em sua cadeirinha no banco do carro, bem atrás de mim, teve um colapso emocional ensurdecedor. A despeito dos meus esforços para impedir esses colapsos, eles ainda ocorriam de vez em quando.

Jake revelava todos os sintomas de um grave autismo. Ele enfrentava imensos desafios para tentar fazer com que o mundo fizesse sentido para ele, sobretudo as pessoas. Suas habilidades de comunicação expressiva e receptiva eram gravemente comprometidas. Às vezes, luzes, sons e toques comuns eram insuportáveis para ele, e ele era extremamente hiperativo. Tudo parecia natural e fácil para seu irmão mais velho de dez anos, Derek. Sentia-me imensamente abençoada como mãe pelos dois e aprendera a abraçar as oportunidades de aprendizado que cada um deles trouxe para minha vida.

Trabalhava intensamente com Jake para ajudá-lo a superar seus desafios. Sabia, no fundo do meu coração, que, por intermédio de Deus, todas as coisas são possíveis e acreditava nos ensinamentos de Jesus e em milagres. Continuei a acreditar, a esperar e a procurar respostas e orientação de Deus. Com frequência, voltava-me para Deus em oração em busca de apoio porque a vida com Jake transformava até mesmo o mais comum evento diário em uma enorme provação. Manter uma programação organizada era praticamente impossível. Não havia como forçar Jake nem fazê-lo se conformar. Ele fazia seu melhor. E eu também.

Nesse dia em particular, dirigia enquanto Jake estava histérico no banco de trás, e eu tentava entender porque as coisas tinham que ser desse jeito. Não imaginava o que havia para aprender aqui nem o que poderia fazer para ajudar Jake quando ele ficava assim. Desesperada, deixava Deus ouvir a respeito disso! Foi nesse dia que ouvi pela primeira vez a voz de Deus.

Eram as férias de verão de Derek, e ele queria ir para a casa de um amigo brincar. Jake tinha uma sessão de terapia à tarde, assim, disse a

Derek que o deixaria na casa do amigo a caminho da terapia. A terapia de Jake acontecia em uma grande sala parecida com um ginásio de esportes com piscina, trampolim e equipamento de alpinismo. Ele *amava* ir à terapia.

Entramos animados no carro e expliquei a Jake que deixaríamos Derek na casa do amigo e, depois, iríamos para a terapia. Ele fez um breve contato visual comigo, depois olhou com expectativa através da janela.

Ao sair da vizinhança, virei à esquerda para ir à casa do amigo de Derek. Jake sabia que virava à direita para ir à terapia. Virei à esquerda, e ele entrou em pânico.

— Sai desse caminho! — exclamou ele alarmado. — Sai desse caminho!

Tentei explicar a situação.

— *Vamos* por aquele caminho Jake, mas primeiro...

Minhas palavras não foram ouvidas. Jake estava tendo uma explosão de raiva horrorosa — mordendo-se, chutando, berrando de frustração e de raiva e desintegrando-se em uma confusão histérica.

Com Jake aumentando sua gritaria a um grau de liquefazer o cérebro, deixei Derek na casa do amigo e comecei a me dirigir para o ginásio. Foi tarde demais. Jake desfizera-se em soluços histéricos, seu rostinho pálido estava vermelho como um beterraba com manchas brilhando em sua testa. Muco e lágrimas escorriam por seu queixo. Tinha sorte de ele estar preso na cadeira especial para crianças no carro, pois, quando ele ficava desse jeito, atacava com frequência quem estivesse por perto e, em geral, eu era o alvo. Jake continuava a chutar as costas do banco da frente enquanto eu tentava permanecer calma e explicar as coisas para ele.

— Jake, agora podemos ir para o ginásio. Está tudo bem, mas você precisa se acalmar para irmos. Só tive que deixar o Derek primeiro.

Ele ainda não conseguia me ouvir.

— Olhe pela janela, Jake. Veja para onde estamos indo.

Ele estava muito perturbado; parecia alheio ao que acontecia ao seu redor. Ele focou totalmente sua aflição e desapontamento pelas coisas não terem acontecido como esperava. Sabia, por experiência, que o acesso poderia durar de trinta a quarenta e cinco minutos e, depois, mais uma hora para se acalmar. A terapia durava apenas uma hora. Não poderíamos ir naquele dia.

Depois de ficar no estacionamento da terapia por vinte minutos com Jake ainda consumido em sua tristeza, fomos para casa. Telefonei para a terapeuta a fim de explicar por que não tínhamos ido.

— Sim, sei que tenho de pagar mesmo assim — disse-lhe.

Coloquei minha bolsa para segurar aberta a porta que levava da garagem para casa. Jake ainda estava no carro, soluçando com a camiseta puxada sobre sua cabeça, recusando-se a sair.

Agora, era minha vez de ter um colapso. Lágrimas começaram a correr por minhas faces e implorei a Deus em voz alta.

— Vê? Por isso quero que ele consiga me entender! Ele ama ir ao ginásio e não pôde ir hoje porque não entende o bastante para me ouvir e confiar em mim! — Soluçando e frustrada, cheguei finalmente ao limite da minha paciência e controle.

Sem aviso, uma voz alta e profunda, de repente, trespassou minha mente, algo distinto de tudo que já tinha vivenciado anteriormente.

— Em que você é diferente do seu filho? Por que você não confia em mim e para onde *eu a* estou levando?

Congelei. A voz parecia vir de todos os lugares à minha volta. Ela penetrou minha autocomiseração e aquietou minha consciência só para aquele momento. Em geral, sentia Deus como uma presença silenciosa em meu interior e perguntava-me se o ouvira direito. Dessa vez, não havia dúvida.

Endireitei-me e sentei-me calma; a seguir, pude absorver o que era dito, e uma enorme onda de alívio me atravessou quando a verdade daquelas palavras inundou minha mente. Senti como se um peso tivesse sido imediatamente tirado de mim. Percebi que *era* muito semelhante a Jake quando as coisas não corriam como esperava! Minha vida teve frequentes viradas inesperadas e, com frequência, meu foco voltava-se para meu próprio desconforto. Com certeza, Deus, que tem uma perspectiva *muito* mais abrangente em mente do que eu, conhecia a necessidade dessas viradas. Talvez eu, quando as coisas não corriam como esperava, pudesse ter *me acalmado e ouvido*, exatamente como queria que meu filho fizesse. Se ouvisse, poderia aprender coisas! Perguntava-me com que frequência deixara de ouvi-lo antes. Ele deve ter se sentido impotente como eu me senti tentando alcançar Jake. Ouvi-lo estava sob meu controle. Apenas não tinha entendido isso antes.

Enxugando as lágrimas do rosto, disse silenciosamente em meu interior:

— O Senhor está certo, Deus. O Senhor me ama, portanto confiarei que conhece o caminho. Vou começar a ouvir melhor.

Cheia de alegria, disse a Jake que ficasse ali o tempo que achasse necessário. Esperaria até que estivesse preparado para entrar.

Sou muito agradecida por Deus ter me mostrado isso. Isso me ajudou a deixar de lado o que não posso controlar e focar o que *está* sob meu controle. Agora, sempre que vivencio essas viradas inesperadas que não posso controlar e começo a ruir, tento mudar meu foco para quem está realmente no banco do motorista da minha vida. Só Deus pode levar-me para onde quero realmente ir. Tenho de lembrar-me que, às vezes, meu papel é me acalmar e tentar ouvir. Nunca sei quem mais pode se beneficiar com as viradas inesperadas nem que nova compreensão conseguirei, mas confio que Deus conhece essas respostas. Só preciso trabalhar em meu foco e em minha habilidade de escutar para ouvir a orientação e a garantia do Senhor. Ainda estou longe de ser perfeita nisso, mas quanto mais tento, cada vez mais fácil fica ouvir a Deus. É o que sempre digo ao meu filho:

— Se quiser melhorar em alguma coisa, é preciso praticar.

Posso ouvir Deus dizer mansamente:

— Exatamente!

Tara McClintick é mãe membro da Son-Rise, antes professora de Educação Especial na Primeira Infância. Ela ama trabalhar com crianças e é apaixonada por técnicas naturais de cura.

DavidPaul Doyle

Batidinha no ombro

No verão de 1998, era mãe solteira com dois filhos: uma filha com quatro anos e meio e um filho com um ano e meio. Eles eram de pais diferentes, com os quais nunca fui casada. Naquela época, não recebia pensão por nenhum de meus filhos. Embora tivesse diploma em paramedicina e trabalhasse no campo médico antes de ter filhos, batalhava para me sustentar como massagista terapeuta autônoma, fazendo meu melhor para não pôr meus filhos em uma creche. Se tivesse de pagar pela creche, dificilmente viveria com a baixa remuneração do meu trabalho. A conselho de um advogado, entrei com um processo para receber pensão do pai da minha filha. Fui informada que o acordo original que fizera com ele dando-lhe guarda conjunta era ilegal sem o pagamento de pensão para a criança.

Em uma ensolarada tarde de verão, ouvi uma batida à porta da frente. Com meu filhinho nos braços, atendi à porta. Duas trabalhadoras do Serviço de Proteção à Criança estavam de pé na varanda da frente.

—Você é Theresa Miller? — perguntou uma delas.

— Sim — respondi.

Uma delas olhou minha identidade e disse:

— Somos do Serviço de Proteção à Criança e gostaríamos de fazer algumas perguntas.

Senti como se o chão fugisse sob meus pés. Disse para mim mesma: "Não posso acreditar que ele realmente fez isso." Automaticamente, presumi que o pai da minha filha estivesse usando o Serviço de Proteção à Criança como uma manobra legal para derrubar o meu caso.

As duas fizeram o papel da "policial boa e da policial ruim" e me interrogaram de maneira intimidante, dizendo:

—Você faz parte de alguma seita? É viciada em cocaína? Por que ainda está amamentando seu filho? Você tem alguma doença mental?

E mais inacreditável de tudo:

— O pai de seu filho abusou sexualmente de sua filha, e você permitiu que isso acontecesse?

Quando elas saíram, estava profundamente abalada. Algumas semanas antes, em um evento da escola, a madrasta da minha filha dissera-me:

— Você está para receber tudo que merece.

Devia ser a isso que ela se referia.

Depois dessa experiência, o pai da minha filha fez uma petição de emergência para suspender meus direitos maternos por três semanas para aguardar uma avaliação psiquiátrica. Até mesmo minha família afastou-se de mim. Como meu ex-namorado estava, agora, casado e era rico, e eu era uma mãe solteira e desempregada, eles achavam que ele tinha mais credibilidade e acreditaram na história dele. Senti-me como se estivesse sendo crucificada.

Embora o Serviço de Proteção à Criança tenha rejeitado o caso por falta de evidência, senti-me aterrorizada e, em desespero, concordei em assinar um "contrato" com o pai dando a ele apenas a guarda física da minha filha, o que queria dizer que não receberia pensão para ela. Além disso, ele determinou nosso "cronograma de visita", o que me obrigava a fazer a viagem para levar e ir buscar minha filha. Vivia a uma hora de viagem dele, o que tornava ainda mais difícil conseguir um emprego que me sustentasse e ainda tivesse a flexibilidade de horário para me permitir passar tempo de qualidade com ela.

Em meio a tudo isso, aconteceu algo que transformaria toda a mudança no curso de minha vida de uma maneira que nunca teria imaginado. Uma semana depois do episódio no tribunal, sentindo-me desesperada, isolada e quase a ponto de me suicidar, li a respeito do novo livro de Wayne Dyer sobre São Francisco de Assis. Ele falava sobre a famosa oração de São Francisco:

Senhor, fazei-me instrumento de vossa paz.
Onde houver ódio, que eu leve o amor,
Onde houver ofensa, que eu leve o perdão,
Onde houver discórdia, que eu leve a união,
Onde houver dúvida, que eu leve a fé,

Onde houver erro, que eu leve a verdade,
Onde houver desespero, que eu leve a esperança,
Onde houver tristeza, que eu leve a alegria,
Onde houver trevas, que eu leve a luz.
Ó Mestre, fazei que eu procure mais consolar que ser consolado,
Compreender que ser compreendido,
amar, que ser amado.
Pois é dando que se recebe
é perdoando que se é perdoado
e é morrendo que se nasce para a vida eterna.
Amém.

Algo em meu interior apegou-se a essa oração para salvar minha vida. Orei-a sem parar durante aquelas três semanas, pedindo verdadeiramente para me tornar uma serva da vontade de Deus no mundo, pedindo para ser de alguma utilidade porque estava claro que eu não tinha poder por mim mesma.

Cerca de um ano e meio depois dessa experiência, espontaneamente, comecei a sentir um tapinha gentil no meu ombro esquerdo quase todos os dias. Enquanto, normalmente, ficaria assustada com uma coisa tão inesperada, era algo reconfortante. Durante diversos meses, o tapinha continuou, de forma gentil, mas insistente. Então, certa noite, enquanto lavava a louça na pia, em um raro momento de solitária quietude, senti o, agora, familiar tapinha em meu ombro. Dei as costas para a pia, cruzei os braços em volta do meu peito, fechei os olhos e disse em minha mente:

— Está bem! Mas como sei que você é da luz?

Imediatamente, ouvi uma voz na minha mente que soava separada dos meus pensamentos. Ela disse:

— Bem, entre em seu coração e veja.

Permiti que minha consciência chegasse ao âmago do meu coração e, no mesmo instante, senti uma enorme onda de amor e paz. Foi como se um milhão de anjos me abraçassem, amassem meu ser acima de qualquer coisa que conhecia. Naquele momento, soube que a voz não só era benevolente, mas também fazia parte do meu destino. Disse na minha mente:

— Está bem, comunicar-me-ei incondicionalmente com você desse momento em diante. Serei sua serva.

Quando comecei a me reunir cada vez mais com a voz, experimentei uma orientação gentil e amorosa que, primeiro, levar-me-ia a me ligar com o âmago do meu coração e, depois, com o meu mais alto "eu" ao repetir a frase: "Sou o que sou", como um mantra. Quando fazia isso, sentia uma profunda calma centrada e, ao mesmo tempo, era tomada por um grande sentimento como se minha mente estivesse alinhada com meu mais alto "eu". Depois, a voz amorosa do Espírito Santo surgia em minha consciência, dando-me qualquer instrução que tivesse de seguir.

Essa voz, que vim a conhecer como o Espírito Santo, explicou-me que meditar e permitir que minha consciência individual se entregasse ao meu mais alto "eu" eram a chave para me conectar claramente com ela. Tornei-me capaz de entrar nesse estado em segundos.

Por fim, a situação com o pai da minha filha tornou-se cooperativa e, agora, minha filha e eu passamos muito tempo juntas — tempo esse que está acima do definido no nosso "contrato". Isso resultou totalmente da minha disposição de ouvir essa voz de amor, o que me ajudou a aprender a me amar e a mover todo relacionamento da minha vida em direção à cura. Hoje, acredito que a voz de Deus *é* a voz de amor, e que amor é o que sou.

Theresa Miller, abençoada mãe de dois filhos, trabalha no campo da medicina convencional e da assistência médica holística desde 1988.

O homem sem casa

UM HOMEM SEM CASA CHAMADO JOHN, que vivia no abrigo de uma missão de resgate, e uma mãe solteira na casa dos trinta anos estavam na minha classe de treinamento de uma semana para o trabalho no *call center* de uma empresa telefônica. Na noite anterior, antes da última aula, aconteceu algo inesperado enquanto estava na pia da minha cozinha lavando a louça.

Foi como se o tempo tivesse parado por um momento enquanto minhas mãos repousaram desocupadas na água quente de lavar louça e, repentinamente, fiquei totalmente consciente dos meus sentidos. Ouvi uma voz no meu interior dizer:

— Diga a John para telefonar para seu pai.

Não percebi a voz como voz externa a mim, como se alguém falasse ao vivo comigo, mas ela também não soava como se fosse meu próprio curso de pensamento. Não sabia o que fazer nem o que pensar, mas não podia negar o que ouvira. Mais tarde, naquela noite, da mesma forma clara, mas inesperada, fui informada que uma mãe solteira da minha classe estava tendo alguma dificuldade que, no final das contas, a iluminaria. Não entendia o motivo para a dificuldade dela, mas a mensagem foi clara.

Na manhã seguinte, decidira não dizer nada a nenhum deles, não querendo parecer espiritual demais no trabalho. Quando vi a mãe esperando por mim diante da porta da classe, convidei-a para entrar e conversar. Embora tivesse decidido não dizer nada a ela, mudei de ideia e expliquei que sabia que ela estava passando por grande estresse e tendo dificuldades na minha aula.

— Você é a melhor aluna que tenho — disse-lhe — mas na noite passada, tive conhecimento de que há um motivo para você estar tendo dificuldades. Você entende por quê?

— Ó Deus — disse ela, começando a chorar — eu sei a razão para isso. Meu filho tem uma desordem de aprendizagem e, agora, sei como ele se sente. Ela, nesse momento, sentia compaixão renovada pelos desafios do filho na aprendizagem.

Em vista desse resultado positivo, decidi aproximar-me de John. Durante a aula, enquanto os alunos criavam arquivos de clientes de verdade no computador, chamei John para vir até a minha mesa e falei baixinho para ele o que ouvira enquanto lavava a louça.

Ele olhou para baixo.

— Faz dez anos que não vejo meu pai — disse-me ele. — Não tenho certeza de onde ele está nem de como contatá-lo.

Quando ele se juntou de novo à classe, e os alunos criavam os arquivos da Pensilvânia, a tela do computador dele apresentou uma lista da Virgínia.

— Quem é esse? — perguntei a ele.

— É a conta do meu pai — respondeu ele. — Esse é o número do telefone dele.

Ele tirou um pedacinho de papel do bolso da frente que pegara no quadro de avisos da missão. No papel, estava escrito o seguinte: "John, telefone para xxx-xx-xxxxxxxx." Ele não tinha ideia de quem pusera o papel lá, mas era o mesmo telefone que apareceu na sua tela.

— Uau, você não tem desculpa. Tem de ligar! — disse-lhe.

Na segunda-feira seguinte, ao chegar ao trabalho, soube que um dos funcionários que eu treinara e de quem me tornara próxima estava lidando com uma tragédia. Seu sogro tinha matado a esposa e, depois, ele suicidara-se. Inquieta e atrasada para um compromisso, quase passei por John sem parar. Ele perguntou se eu tinha um minuto, e disse-lhe:

— Não, agora realmente não posso atendê-lo.

Ele disse calmamente.

— Apenas um minuto?

O tempo parou e olhei para ele.

— O que foi? — perguntei.

— Não telefonei em tempo — disse ele.

— Não fez o quê?

— Não telefonei para meu pai a tempo. Ele matou-se ontem de manhã.

Sentei-me pesadamente, o mesmo calmo mensageiro que se comunicara comigo antes começou a falar por intermédio da minha boca. Disse a John que ele não devia se sentir culpado. Seu pai estava fora do alcance dele e, de alguma maneira, por meio de Deus, a mensagem do pai dele viera por meu intermédio e da nota no quadro de avisos. Disse-lhe para sentir o amor que seu pai lhe estendia, não o pesar por não ter telefonado para ele. Como ele estava em uma situação semelhante à da minha amiga, lidando com o suicídio, juntei-os em uma sala em que podiam conversar um com o outro.

Foi então que percebi como estávamos ligados uns aos outros, cada um desempenhando um papel na vida do outro. Com a ajuda dessa comunicação e orientação em meu interior, senti no coração como é importante alcançarmos os outros. Isso me mostrou que também posso ser uma mensageira de Deus, e trouxe uma sensação de paz e amor para minha vida, além de me encorajar a me aquietar com mais frequência... e ouvir.

Grace Ross tem bacharelado em psicologia e é profissional de desenvolvimento de força de trabalho certificada que trabalha como conselheira de carreira e dá aulas de administração de estresse.

O despertar

Minhas mãos tremiam enquanto agarrava a direção e orava sem parar:

— Por favor, Deus, ajude-me a vê-lo através dos seus olhos.

Fazia três dias que, ao chegar em casa, encontrara meu marido inconsciente por causa de uma *overdose* de drogas. Agora, estava a caminho do hospital psiquiátrico para me encontrar com ele e seu médico.

O médico advertiu-me:

— Esteja preparada para ouvir algumas coisas bem difíceis.

Perguntava-me o que poderia ser mais difícil do que já sabia.

Seis anos antes, acordei uma noite com forte sensação de que algo estava errado. Eram três horas da manhã, e meu marido não estava em casa. Isso não era incomum; ele era enfermeiro. Mas não conseguia afastar o persistente sentimento de que ele não estava apenas preso no trabalho. Precisava levantar-me. Quando meus filhos eram adolescentes e eu me preocupava porque estavam atrasados, pensamentos tranquilizadores sempre acalmavam meus temores. Mas isso era diferente. Meu coração estava disparado. Meu estômago dava voltas. Comecei a orar:

— Por favor, Deus, mostre-me onde ele está!

Naquele momento, pensei ter ouvido meu marido chorar. Um pensamento claro e distinto ocorreu-me: *Ele está na piscina.* Embora não fosse possível ouvir alguém chorar daquela distância, não questionei o pensamento. De camisola, atravessei todo o complexo até a piscina.

Encontrei-o lá, banhado por aquela luz estranha da piscina, bêbado e chorando.

— Sou uma pessoa terrível — disse ele. — Você não devia ter se casado comigo — continuou ele, confessando que ficava bêbado regularmente depois do trabalho e, naquela noite, estivera com uma prostituta.

Poder-se-ia esperar que essa informação provocasse raiva, mas o que senti foi medo e negação. Meu pensamento perdia-se na noite. Não podia ser! Ele era meu mais alto poder, minha fonte de segurança e de autoestima. *Problemas com bebida eram comuns entre profissionais da área de saúde*, pensei... *vamos conseguir alguma ajuda para ele, e tudo ficará bem.*

Cinco anos depois, na sala de espera do hospital de reabilitação, chorei, e meu marido tranquilizou-me. Precisava desesperadamente acreditar nele, uma necessidade à qual me agarrei pelos últimos cinco anos em que ele começou e parou mais programas de reabilitação e empregos do que consigo contar.

Durante todo esse período, continuava a ter pensamentos muitíssimo perturbadores de que *nada* estava bem. Todavia, ignorava a sensação de doença em meu estômago quando ele dava desculpas para vir para casa. Ignorei meu próprio conhecimento de que suas desculpas para sair de empregos e deixar os grupos de apoio não eram nada razoáveis nem críveis. Ignorei a voz de Deus que falava por intermédio de outros e me dizia a verdade: meu marido tinha um sério problema de dependência química. Escolhi acreditar nas mentiras dele, porque elas sustentavam minha fantasia de como queria que fosse minha vida. Queria o casamento e uma família normal. Fora mãe solteira muito nova e achava que ser casada apagaria minha vergonha. Meu marido tornou-se meu resgatador, e eu não queria abrir mão disso.

Depois de mudar duas vezes em busca do ambiente mágico que resolveria tudo, decidi que a igreja forneceria a nutrição espiritual de que tanto necessitava. Mas, ao sentar-me sozinha na igreja entre os outros casais, descobri-me embaraçada pela ausência do meu marido. Então, Deus ofereceu outro caminho. Certa tardezinha, ao dirigir do trabalho para casa, sentia-me deprimida e perdida, pensava em começar a participar de um grupo de apoio espiritual para mulheres.

Naquela tarde, pegara a data da primeira reunião e convidei pessoas a se juntarem a mim. Reuníamo-nos duas vezes por mês, orávamos e meditávamos sobre vários aspectos do nosso poder espiritual e apoiávamos umas às outras. Liderar o grupo deixava-me focada espiritualmente durante o intervalo das reuniões quando, alegremente, preparava-as.

Esse foco provou ser crucial quando, certo dia, meu marido chegou em casa e confessou que estava usando narcóticos que roubara do hospital. Por um momento, senti pânico, mas, como fortalecera meu sistema de apoio espiritual e conectava-me intencionalmente com Deus, ficou, para mim, mais fácil reconhecer e ouvir as orientações provenientes de Deus usadas para me guiar. Quando me chegou a ideia de que a maneira apropriada de responder ao uso de drogas de meu marido era voltar à igreja e contatar imediatamente um grupo de apoio para pessoas afetadas pela dependência química de outros, ouvi e agi.

Ofereceram um curso na igreja com base no livro de Maria Nemeth, *The Energy of Money* [*A energia do dinheiro*]. A filosofia subjacente do livro era que a maneira como lidamos com o dinheiro é o modo como lidamos com a vida. Em uma semana de aula, estava trabalhando na "biografia do dinheiro". Depois de responder a muitas perguntas com as palavras: "Não sei", ou: "Não me lembro", tive uma epifania:

— Oh, meu Deus — disse em voz alta — tenho lidado com o dinheiro de forma totalmente inconsciente e é exatamente dessa forma que levo minha vida, inconscientemente.

Em um momento de completa entrega, fiz uma oração que transformou minha vida:

— Querido Deus, por favor, desperte-me!

Essa oração devia vir com um aviso! Já no dia seguinte, cheguei em casa e encontrei uma trilha de excremento que atravessava a casa até onde meu marido estava desmaiado em um poça de excremento. A imagem era uma metáfora apropriada, mas devastadora.

Assim, encontrava-me dirigindo para o hospital a fim de me encontrar com meu marido e seu médico, entoando a oração:

— Deus, ajude-me a vê-lo através de seus olhos. Permita-me ver perfeição neste momento.

Enquanto estava sentada na severa sala do hospital, ouvindo meu marido confessar comportamentos horríveis relacionados a seu vício em sexo, permaneci calma. À medida que os comportamentos que ele descrevia se tornavam cada vez mais chocantes, a voz de Deus tornava-se progressivamente mais alta. Aquela voz forte em minha mente superava todos os outros sons da sala.

— Está tudo bem — disse a voz. — Sua paz e segurança estão em seu relacionamento comigo.

Finalmente, meu estupefato marido olhava-me fixo.

— Não entendo como você pode estar tão calma. Sou um monstro.

Acredito que, naquele momento, o Espírito Santo falou diretamente por meu intermédio. As palavras que saíram da minha boca eram de Deus.

—Você fez coisas terríveis — disse — mas conheço a verdade de quem você é. Você é filho de Deus e, não é por nenhum outro motivo além desse, que o perdoo.

Quando meu marido continuou a viver no vício e na negação, fui levada por meio de contínuas comunicações milagrosas com Deus a me divorciar dele. Um dos instrumentos de comunicação de Deus mais poderosos provou ser minha neta de seis anos. Ela veio visitar-me logo depois de meu marido ir para o hospital. Embora ela não soubesse nada sobre a situação nem onde estava seu avô, ela atravessou a porta, pediu lápis e papel e começou a desenhar.

Ela parecia em transe enquanto desenhava. Primeiro, ela desenhou o que parecia um tornado no centro da página.

— Este é um vento grande — disse ela.

A seguir, ela desenhou dois braços atravessando o tornado:

— Este é o vovô.

Tive de me lembrar de respirar enquanto observava ela continuar.

— Este é um anjo — disse ela mostrando as pequenas figuras amarelas tocando os braços do vovô.

Depois, ela desenhou, do lado oposto do tornado, uma figura chorando.

— Esta é você — declarou ela.

— Por que estou tão triste? — perguntei.

— Porque está saindo sangue dos seus joelhos — disse ela enquanto desenhava rabiscos vermelhos nos meus joelhos.

Ela deixou o lápis de lado e era ela de novo.

Pensei que Deus falara comigo por intermédio do desenho dela, mas o sangue nos joelhos pode ser apenas a ideia de uma criança de seis anos da razão por que a vovó está triste. O sentido total do desenho ficou claro no dia seguinte. Depois de passar, pelo menos, uma hora ajoelhada pedindo orientação a Deus, uma pontada de dor atravessou meus joelhos, e uma luz ofuscante encheu minha mente.

— É isso — gritei — minha esperança está em ficar de joelhos e depositar minha dor aos pés Deus.

Olhei atentamente para o desenho da avó. Ficou claro que não era minha responsabilidade salvar meu marido. Ele tinha um anjo pronto a ajudá-lo. Meu trabalho era ajudar-me com oração.

O Senhor fora verdadeiramente o meu Pastor ao longo daquele período extremo. Foi por causa desse período que adquiri confiança ainda maior na orientação da voz de Deus e uma compreensão mais clara das muitas maneiras em que a voz de Deus pode se manifestar. Deus nunca desiste. Ele chamou-me até mesmo no desenho de uma criança.

Segui minha vida com coragem e fé e estou cumprindo o propósito da minha vida em uma nova carreira de instruir os outros em suas experiências de transformação. Também encontrei coragem para amar de novo. Estou em um novo relacionamento que excede em muito o que poderia ter imaginado, e Deus continua a guiar meu caminho.

Kare Castle, depois de trabalhar por dezoito anos no campo da educação fundamental, serve atualmente como especialista em alfabetização e instrutora de vida. Além de passar tempo com a família e na natureza, a paixão de Kare é escrever livros para crianças.

O urso de pelúcia feioso

O VENTO FRIO DE MICHIGAN congelava-me até os ossos enquanto apertava meu casaco inadequado e corria na escuridão para a festa anual de Natal da minha empresa em um luxuoso hotel. Não estava ansiosa por participar dessa ocasião. Era apenas outra obrigação — um componente da vida monótona de trabalho que levava. As festas, com o único propósito de diversão, eram ocasiões particularmente amedrontadoras para mim, e essa só refletiu minha solidão quando entrei no salão mal iluminado cheio de casais tagarelando e de luzes faiscantes.

A mesa de entrada expunha uma fileira de enfeites de porta; nunca ganhara um enfeite de porta antes. Nunca ganhei nada na minha vida e não esperava ganhar, mas meus olhos gravitaram para um urso de pelúcia feito à mão, apoiado em um canto. Em vez do brinquedo de criança bonito e fofo que seria de esperar que estivesse ali, esse urso era particularmente feioso, e a atração que sentia por ele era inexplicável. Não queria o urso de pelúcia, e não havia espaço para um item desnecessário como esse em meu apertado apartamento, todavia estendi a mão para pegá-lo. No momento em que toquei o urso, uma tranquilidade tomou conta de meu interior que parecia dançar à parte de toda música e do burburinho das conversas da festa. Enquanto os convivas desvaneciam-se ao fundo, fui dominada pela certeza absoluta de que esse urso me pertencia. Só podia explicar essa sensação como um conhecimento inabalável sobre o qual não havia sombra de dúvida, nem uma molécula de incerteza, como se o pequeno urso feioso já fosse meu.

Nunca antes experimentei uma certeza como essa, uma sensação tão poderosa de saber o resultado de um evento que ainda não acontecera. Durante toda a noite, senti-me preocupada pela estranheza dessa experiência. Perguntava-me quando ocorreria o sorteio dos enfeites de porta, ansiosa para saber quando, realmente, receberia meu urso de pelúcia e iria embora.

Finalmente chegou o momento, quando a música parou, e as luzes brilharam. O mestre de cerimônias começou a retirar os nomes para os enfeites de porta. Conforme cada sorteado se adiantava para declarar seu prêmio, todos batiam palmas e torciam. Todavia, o pequeno urso feioso de pelúcia permanecia na mesa. Então, achei que o mestre de cerimônias tinha dito meu nome e levantei-me da minha cadeira. Só depois que me levantei, ele chamou, de fato, meu nome. A primeira voz que ouvi chamando meu nome não foi a do mestre de cerimônias, mas a do interior da minha mente. Não obstante, ouvi-a tão claro como quando fui chamada no microfone. Não tinha percebido que a primeira voz não pertencia ao mestre de cerimônia até o momento em que ele falou de verdade!

Por que aquilo acontecera? Não fazia sentido essa certeza poderosa em relação a um evento tão irrelevante como ganhar um enfeite de porta bobo. Minha sensação de admiração em relação a ganhar o urso e de ouvir meu nome chamado no interior da minha mente antes de o mestre de cerimônias me chamar tinha uma aura de divindade. Mas por que esse desperdício de direção divina sobre algo tão trivial?

Acordei no domingo de manhã encarando o urso de pelúcia feioso, cuja cabeça mal modelada estava sobre meu travesseiro. A magia do encontro da última noite desvanecera-se como os sonhos que parecem tão reais logo antes de você acordar. Toquei o rosto feito à mão do urso de pelúcia com as costas de minha mão, mas não senti nada de extraordinário. Seja o que for que tenha enchido minha consciência na noite passada, essa sensação desaparecera. Talvez estivesse com a imaginação hiperativa, e nada acontecera realmente.

A escassa luz matinal que atravessava a janela do meu quarto, fez-me suspirar na aridez da minha própria realidade. Agora, devo reiniciar minha luta costumeira com uma vida que parecia monótona, vazia e sem propósito. Meu casamento terminara havia seis anos, em parte porque sentia necessidade de seguir um novo caminho para dar algum sentido para minha vida. Mas, agora, sozinha, solitária e sem dinheiro, esse caminho parecia não levar a lugar nenhum. Não me sentia realizada nem alcançara a habilidade de me sustentar. Deus concedeu-me muitas experiências úteis, mas parecia que nenhuma delas se aplicava aos dilemas do dia a dia e ao sentimento de descontentamento. Queria muitíssimo abandonar a vida corporativa e viver próxima de meu filho no Arizona, mas faltava-me dinheiro e fé para realizar essa grande mudança.

Levantei-me e vesti um roupão no caminho para a cozinha. Lá, sacudi a cafeteira e sentei-me à mesa enquanto o café começou a pingar na cafeteira. Parecia inútil até mesmo sonhar em mudar para o quente Arizona, estava presa aqui, lutando com a difícil batalha corporativa e lutando para o dinheiro dar para meu sustento. Estava presa a Michigan até morrer. O cheiro de café encheu a cozinha, mas não elevou meu espírito. Já orara a Deus pedindo orientação, mas, agora, orava a sério:

— Por favor, Deus, como posso construir a vida pela qual anseio há tanto tempo? Deveria tentar a sorte e mudar para o Arizona sem nem mesmo ter uma ideia clara de como me sustentar lá?

Aos poucos, o cheiro do café desvaneceu-se. Algo em meu interior mexeu-se, e meu ser interior começou a inundar-se com uma sensação de certeza idêntica à que sentira quando pus os olhos pela primeira vez no urso de pelúcia. Sentia uma luminosidade crescendo em meu interior, e minha consciência foi invadida pela certeza de que me mudaria para o Arizona. Sabia isso com tanta certeza como se já tivesse me mudado para lá. Era uma certeza nascida do tipo de confiança mais profunda, pois ia além da fé até o conhecimento absoluto, uma consciência eterna de que já existia algo. Era como se o roteiro da minha vida, escrito há tanto tempo, por fim, tivesse sido me mostrado.

Esse roteiro punha-me no Arizona, e cabia só a mim desempenhar a minha parte.

Assim, esse era o motivo! Sem a magia que vivenciara com o urso de pelúcia na noite anterior, teria racionalizado essa experiência com algum processo de pensamento invertido e duvidaria da minha sanidade. Descartaria essa orientação divina como produto de um pensamento cobiçado ou como efeito do vinho que consumira na noite anterior. Sempre duvidava das incitações que pensava pudessem ser de Deus, mas não podia negar esse profundo senso de certeza que tinha experimentado.

No dia seguinte, deixei meu emprego e, duas semanas depois, mudei para o Arizona. Minha carreira nunca se recuperou dessa mudança, mas minha vida floresceu tanto no aspecto emocional quanto no espiritual. A mudança provou ser uma importante parte da cadeia de eventos que trouxeram para minha vida um senso mais completo de realização.

Hoje, o urso de pelúcia feioso está no alto de uma prateleira supervisionando o espaço vivo que meu marido e eu compartilhamos. Conheci meu marido logo depois de me mudar para o Arizona, e juntos aprendemos como nos reunir a Deus em nosso amor e nos comunicarmos um com o outro de uma forma que cura quaisquer desafios ou dificuldades que surjam em nossa vida. Agora, estou aprendendo a compartilhar esse amor e aprendizado com os outros de novas maneiras.

Hoje, encaro o passado com grande gratidão pela tapeçaria da minha vida, como cada evento separado junta-se sem costura com o seguinte, e como o fato de seguir a orientação do conhecimento divino levou-me exatamente para onde se pretendia que eu estivesse.

Georgianne Giese trabalhou como programadora de dados e tem três filhos e oito netos. Escrever é seu passatempo. Aprender a reconhecer a voz de Deus e a vivenciar a presença de Deus são sua paixão.

Deus se manifesta

Entrei no carro e bati a porta. *Maldição*, pensei, *ele não quer ouvir! Como podemos nos entender?* Eram 15 horas de um dia de semana e dirigi de volta ao trabalho, ainda fervilhando com a conversa. Acabara de sair de uma sessão de aconselhamento com meu marido, que não ouvira nada do que eu dissera.

— Tenho de perder trabalho para vir à sessão e tenho muito trabalho para fazer — descarreguei. — Agora, estou com tanta raiva que não conseguirei fazer nada quando voltar.

Então, fiz algo nada característico para mim. Orei.

Na adolescência, tinha decidido que Deus não existia ou que ele, se tivesse feito um mundo como este, não queria ter nada que ver com ele. Vi muito sofrimento no mundo. Fui abusada física, sexual e emocionalmente e julgava o que via à minha volta como qualquer coisa, menos se importar com o sofrimento alheio. Antes de chegar a essa conclusão, frequentei uma igreja cristã com minha família. Supunha-se que Deus fosse um Criador Todo-Poderoso e todo-amoroso. No meu raciocínio, não podia entender como um Criador Todo-Poderoso e todo-amoroso poderia criar um mundo cheio de tanto sofrimento; portanto, se Deus existisse, não interagiria com ele. Não estava aberta para orar nem para ouvir a voz de Deus.

Vinte anos depois, tinha casado, tido filhos, divorciado e casado de novo. Dessa vez, sem ter consciência desse fato, casei-me com um alcoólatra. Essa descoberta foi um choque. Perguntava-me o que devia fazer agora. Depois de viver com esse problema por quatro anos, por meio de circunstâncias descobertas por acaso, meu marido iniciou um tratamento e entrou para os Alcoólicos Anônimos. Juntei-me ao Al-Anon, o grupo de doze passos para as famílias dos alcoólicos.

Quando cheguei ao terceiro dos doze passos: "Decidimos entregar nossa vontade e nossa vida aos cuidados de Deus, na forma em que o concebíamos", tive dificuldades. Dei contra a parede das minhas antigas conclusões a respeito de Deus. Falei sobre o assunto com os amigos do Al-Anon que disseram que devia agir como se Deus existisse, devia defini-lo como entendia que ele era e ver o que acontecia. Podia admitir que fizera uma confusão da minha vida; talvez estivesse equivocada a respeito de Deus

Decidi que se Deus existia, oraria para ele. Comecei a orar, mas, de início, sentia-me simplesmente tola. Achava que só as quatro paredes podiam me ouvir. Mas ainda estava disposta a admitir que havia uma possibilidade de eu estar errada, e persisti. Então, veio esse dia da sessão de aconselhamento frustrante.

Orei de coração:

— Ajude-me com essa raiva.

No mesmo instante, ouvi uma voz autoritativa, carinhosa e poderosa em minha mente dizendo:

— Pense em outra coisa.

Sem consciência de tomar a decisão, fiz o que as palavras diziam. As horas passaram no trabalho. Uau! Tinha feito tanta coisa! Em vez de sentir raiva, estava calma, tranquila e feliz. Sentia-me excelente! Minha oração foi respondida imediatamente!

A gratidão inundou meu ser. Lembrei-me das vezes no passado em que a raiva interferira na minha vida. Nesse dia, tive ajuda com isso. Sabia que não tinha mais que lidar com isso sozinha. Senti que realmente existia um Deus, e ele ouvia-me e ajudava-me quando pedia.

Esse dia permanece uma clara lembrança, pois foi a primeira vez que orei e tive consciência de receber uma resposta direta; foi a primeira vez que ouvi a voz de Deus. Por conseguinte, continuei a orar, a conversar com Deus e a esperar que ele me oriente, confiando em que ele se importa comigo. Cada vez mais orações são respondidas, assim, aumenta minha disposição para todos os dias e todas as horas entregar minha vontade e minha vida aos cuidados de Deus. Esse incidente iniciou uma forma de viver com a voz de Deus que traz continuamente mais compreensão, paz, amor e alegria para minha experiência de vida.

Desde aquele dia, a voz de Deus comunica-se amorosamente comigo em palavras, imagens em minha mente, pensamentos, sentimentos e eventos externos, a forma que for mais eficaz e mais adequada para o momento. Ele guia-me e sempre me ama, mesmo quando eu era tudo, menos amorosa. Agora, vivo com o conforto e a segurança de saber que ele está sempre lá quando preciso dele. Sou continuamente abençoada!

Depois de criar uma família e trabalhar nos campos de engenharia de *software* e de assistência social, aos 62 anos, Jamara Luma está aposentada. Ela ama a beleza natural de Spokane, Washington, onde vive e passa boa parte de seu tempo focando o interior em sua própria cura e crescimento.

Ovos, cheiro de fazenda e dádivas escondidas

Reprimi uma brincadeira quando abri a porta do galinheiro. Minha narina fecha-se instintivamente como se mergulhasse na água de repente, pois o forte cheiro de amônia abafa o frescor da manhãzinha na fazenda. Não quero fazer parte desse "campo de concentração de galinha", como chamo, com frequência, a principal fonte de renda de meu marido fazendeiro: 35.000 galinhas poedeiras. O galinheiro não só agride minhas narinas, mas também me é ofensivo do ponto de vista ecológico, moral e mental. Não gosto do trabalho sujo e aborrecido de juntar os ovos. Embora ame meu agradável marido, assim não dizendo muito, assumo meu lugar atrás dele e começo a empilhar ovos no carrinho situado ao lado da correia condutora. Trabalho em silêncio, enquanto a reclamação interior aumenta em proporções gigantescas.

Durante uma parada no fluxo de ovos, olho para a porta e maravilho-me com a beleza da manhã. É final de março, a neve cobre os campos, a neblina abraça a terra, o sol nascente pinta toda a cena de rosa suave, a despeito do frio cáustico. O corrimão de metal da minúscula varanda brilha com delicados cristais de orvalho congelado. Os cavalos comem feno com os lombos peludos borrifados de neve fresca e gelada. O cheiro da respiração fumegante paira ao redor da cabeça desses animais imponentes, acrescentando névoa à gentil neblina matinal.

As bandejas de ovos batem umas nas outras no final do transportador. Entro em ação, pegando e empilhando antes que os ovos se prendam ou terminem por quebrar em uma confusão grudenta, repulsiva e molhada de cascas quebradas e gemas e claras de ovos. Enquanto empilho os ovos, reclamo por não conseguir abrir a porta para ter mais ventilação. Reclamo da minha sorte madrasta na vida de ter de ficar presa aqui de manhã e, de tarde, ter de fazer um trabalho que odeio. Enlouquecendo em silêncio, faço o trabalho sujo que tenho diante de mim enquanto anseio por uma caminhada na bonita paisagem interiorana. Com frequência, oscilo entre estar inteiramente presente e escapar da monotonia atual sonhando acordada ou distraindo-me.

Cansada do meu mau humor, começo a voltar minha atenção para o que minhas mãos tocam — os ovos lisos e quentes e as duras bandejas plásticas de pôr ovos. A mudança para a textura da esteira é firme e fria à medida que meus dedos a tocam para pegar os ovos e se afastam para pôr os ovos nas bandejas; correndo a mão sobre a esteira, fico impressionada como ela parece mais lisa que as cascas dos ovos. Agrupo cuidadosamente cinco bandejas de ovos uma em cima da outra, depois empilho no carrinho de transportar ovos, reparando no peso da pilha. De repente, sinto-me envolvida em uma gentil nuvem de profunda gratidão. Sou grata por meu corpo, sua habilidade de tocar, de se mover e de respirar; por minha mente e a liberdade de acreditar em coisas diferentes do que meu marido acredita; por nosso profundo amor, a despeito de nossas diferenças. Gratidão e amor comovem-me no interior e, então, irradiam no exterior. Penso nos gatos, raposas e aves carniceiras da fazenda que comem os ovos descartados, nas pessoas cujas mãos também tocarão esses ovos: os processadores e empacotadores, o motorista dos caminhões, os auxiliares dos armazéns, os cozinheiros e todos os vizinhos, amigos e famílias que usam nossos ovos. Bendigo reverentemente cada vida preciosa.

Sorrio lembrando-me de minha careta por causa do cheiro do lugar. Observo, com compaixão, minha tendência de focar as áreas desagradáveis da minha vida; o sofrimento dos que amo, minha própria inquietação e tédio, meus pensamentos e emoções negativos. Existe uma bela e especial qualidade em minha vida quando me afasto dos meus problemas atuais e me torno receptiva para a voz de amor e sabedoria de Deus. Quando ouço com receptividade e gratidão, vejo como sou rica em amizades e oportunidades. A vida é cheia de alegria quando estou presente e agradecida, encontrando os dons escondidos em cada momento.

Sempre haverá dias em que os ventiladores do galinheiro não serão suficientes para dissipar o mau cheiro ou em que as situações pessoais e da vida também cheiram mal. Nesses momentos, se, de algum modo, consigo contemplar toda minha vida enquanto vivo momento a momento, consigo perceber uma beleza inacreditável. Cada momento é precioso. Minhas fraquezas e meus momentos de mau cheiro podem me ensinar mais sobre mim mesma do que meus sucessos, alegrias, trabalhos criativos e celebrações. Tudo da vida pode ser abraçado como um dom, liberando, assim, a graça que preciso para alcançar o autoconhecimento, o crescimento espiritual e viver plenamente.

Sharon Joy Landis é poeta, escritora, jardineira, avó, ex-líder da 4H, treinadora de cachorro e administradora de fábrica de laticínios de leite de cabra. Ela também é uma ávida leitora e amante de Deus, da vida, das artes, das cores e da natureza. Ela vive em Lilitz, Pensilvânia.

Só, mas não solitário

TINHA QUATRO ANOS E ESTAVA sentado na grama ensolarada do meu quintal. Contente e tranquilo, estava só, mas não solitário, sentindo-me perfeitamente feliz. Minha memória capturou três desses eventos similares durante diversas estações diferentes e separadas por diversos anos. Embora sejam ocorrências distintas, todas elas têm uma coisa em comum: estava ao ar livre, só, mas não solitário, o espaço à minha volta era bonito e tranquilo e sentia-me circundado por um intenso sentimento de alegria e amor.

Durante anos, fui perseguido pelo mistério dessas lembranças, pois elas não tinham um sentido racional para mim. Levei 25 anos para descobrir que elas não eram acidentais. Elas foram postas lá por Deus como um tipo de cápsula do tempo a ser decodificada e usada quando mais precisasse na vida. Todos os sonhos da minha vida pareciam se tornar realidade para mim: faculdade, carreira, casamento e um bonito filho. Depois, sem aviso, o sonho da minha vida transformou-se em pesadelo quando meu casamento acabou. Minha vida passou de uma família feliz para três indivíduos sofredores. Não importa de quem foi a culpa. Um casamento fracassado é como uma guerra, não há vencedores, apenas casualidades. Isso foi extremamente difícil para mim e aceitei a culpa e o fracasso junto com a responsabilidade financeira. Sentia que tinha não só falhado com minha esposa e filho, mas também com Deus porque rompera meus votos de casamento e traíra minha obrigação como marido e como profissional da saúde.

O divórcio reiniciou meu relacionamento desconfortável com Deus. Minha percepção de Deus tinha muito de medo, culpa e vingança e pouco de amor, aceitação e perdão. Minha experiência seguinte transformou tudo isso.

Pouco depois, o peso da culpa em relação ao meu casamento fracassado e à separação de Deus foi demais para aguentar. Uma noite depois da outra, orava por perdão e para que Deus afastasse minha dor incessante. Logo caí em uma depressão profunda, subjugado pelo desespero. Só havia uma saída!

Em meu frio e solitário apartamento, sentava-me no escuro pensando em como faria o que tinha de ser feito. Uma bala seria a forma mais segura e o método mais rápido. Sentando sobre minha cama, tentava juntar coragem para apertar o gatilho, quando comecei a chorar incontrolavelmente. Toda minha vida passou diante de mim, os momentos bons e os ruins, com uma pausa entre cada evento.

Comecei a considerar o que meu filho pensaria do pai, que tipo de exemplo estaria dando. O que minha morte faria com meus pais, irmãos e amigos? Era uma saída covarde. Minha mão tremia tanto que não conseguia controlá-la. Abaixei a arma e chorei até não ter mais lágrimas. Emocionalmente exausto, caí no sono.

Em meu sonho, andava à noite em uma estrada de cascalho do interior sob um céu nebuloso de outono. A lua cheia entrava e saía de detrás das nuvens. Ansiava por encontrar minha casa, mas não sabia mais quem eu era nem de onde era. Caminhei quilômetros sem ver nenhuma fazenda. Se, ao menos, pudesse encontrar uma casa de fazenda e bater à porta, poderia perguntar a alguém a que lugar eu pertencia.

À distância, vi uma lâmpada de rua. A lua espreitou debaixo de uma nuvem e iluminou um banco de praça debaixo da lâmpada. Tinha alguém sentado no banco. Entusiasmado, corri a toda, gritando:

— Senhor, senhor! Pode me ajudar? Não sei quem sou e estou tão solitário. Preciso ir para casa.

A figura levantou-se quando me aproximei, mas seu rosto ficou escondido pelo capuz do manto. Quando pedi que me ajudasse, ele estendeu suas mãos, aproximou-me do seu peito e abraçou-me. Minha mente voou imediatamente para outra época em que estava só, mas não solitário, uma época em que estava rodeado de completa paz e amor.

O homem de manto disse suavemente:

— Meu filho, meu filho, seu nome é Timothy e eu o amo e vou levá-lo para casa. Você nunca ficará sozinho de novo!

Na manhã seguinte, acordei com um esmagador sentimento de fé, esperança, amor, perdão, paz e inspiração. Sabia que Deus nunca deixaria de me amar. Essa sensação foi idêntica às lembranças tranquilas e pacíficas que vivenciei na infância. O véu foi levantado e ficou claro que essas misteriosas memórias da minha juventude eram a voz latente de Deus revelando sua presença. Deus depositara-as na minha consciência como dinheiro no banco para os dias ruins — economias que me sustentariam durante os períodos críticos.

Houve outros métodos usados por Deus para conversar comigo. Estava programado para comparecer a uma conferência do sistema nacional de saúde de uma semana em Dallas, Texas. Tendo chegado atrasado para o jantar de domingo, comprei um livro na loja do hotel, pedi o serviço de quarto e fui para a cama com o livro depois de jantar. Para mim, ler na cama é como tomar um comprimido para dormir. Depois de ler algumas palavras, adormeci, roncando a plenos pulmões. Todavia, essa vez, foi uma exceção e li até tarde da noite.

Depois do final da conferência, embarquei de volta para casa. Depois da decolagem, acomodei-me para terminar o livro. Na última página, foi apresentado o ponto de que todos nós somos um com Deus. Fiquei lá, ponderando por um momento o pensamento antes de fechar o livro. Quando levantei os olhos, deparei-me com um jornal que estava sendo lido pelo passageiro sentado direto do outro lado do corredor na mesma fileira que eu. Na página estava impresso em letras garrafais: "SOMOS TODOS UM!" As palavras sacudiram-me como um choque elétrico, dando calafrio na minha espinha. Sabia intuitivamente que era a voz de Deus, mas, mais uma vez, não conseguia apreender sua relevância.

Minha mente foi levada de volta para meu encontro espiritual e o sonho que vivenciara. Minha fé e amor em Deus e em mim mesmo foram restaurados, mas ainda faltava algo. Queria aprofundar meu relacionamento pessoal com Deus e experimentar mais uma vez essa "UNIDADE" com ele, mas como fazer isso? Percebi que a única forma de estabelecer uma amizade mais profunda com Deus era ficar, de alguma maneira, mais familiarizado com ele. Isso exigiu uma discussão coração a coração que foi além das orações. Só Deus sabia quanto eu queria me reconciliar em relação às crenças tradicionais.

Foi naquele momento que ouvi uma vozinha em meu interior dizer:

— Por que você não escreve suas questões?

Ouvi e fiz exatamente isso. De uma forma muito peculiar, senti uma resposta intuitiva para cada questão, as quais também registrei. Cada resposta pedia outra pergunta, que era mais uma vez seguida de mais uma resposta intuitiva. Logo, percebi que quando abria meu coração e mente para ouvir, sintonizava na voz de Deus — voz que até aquela época pensava que só podia ouvir nas Escrituras. Contudo, o tempo todo, desde minhas experiências da infância aos meus momentos mais tenebrosos, Deus continuou a transmitir sua voz. Cabia a mim sintonizar a estação certa. Estava só, mas não solitário. Estava em casa com Deus.

Timothy J. Adams está aposentado da carreira profissional no ramo de sistema de saúde e vive com sua esposa em Woodinville, Washington. Ele devota boa parte de seu tempo para escrever e se comunicar com a família e amigos.

Tornando-se a mudança

JAMAIS PENSEI QUE FARIA AQUELA LISTA. Olhava fixo para os títulos de livro que tinha anotado para referência; cada um deles via o divórcio de um ângulo diferente: como contar aos filhos, como fazer um divórcio amigável, como manter a estabilidade financeira nessa vaga, como curar as cicatrizes emocionais. Meu medo aumentou só de pensar em considerar esse movimento depois de trinta anos de casamento. Mas sentia que minha corda estava no fim enquanto era arrastada cada vez para mais longe de qualquer esperança de restaurar a união que, uma vez, desfrutamos. O divórcio era o próximo passo lógico. A questão era: eu tinha coragem de fazer isso? Mais que isso, essa decisão drástica e alteradora de vida era realmente a solução?

Meditei sobre o que levou a esse esmagador sentimento de descontentamento. Meu marido e eu estávamos casados há 34 anos. Tínhamos construído muitas lembranças felizes — algumas das melhores de nossa vida. Tínhamos quatro filhas bonitas que se transformaram em adultas sensíveis, competentes e carinhosas. Nosso estilo de vida, embora não fosse opulento, era confortável e seguro. Sempre fôramos sólidos em nossas crenças espirituais e experimentávamos a fidelidade de Deus em nos auxiliar nos momentos difíceis. Com todos os altos e baixos, considerávamos um ao outro como nossos melhores amigos. Então o que havia agora que transformou toda essa história juntos insuficiente o bastante para me sustentar?

Quando ele perdeu o pai, pensei que meu marido nunca fosse se recuperar. Eles tinham um relacionamento tão especial, que ele precisou de mais de um ano para se recuperar desse baque emocional. Depois, ocorreu uma reestruturação em sua companhia que o forçou a assumir um trabalho que lhe dava pouco prazer e muita dor de cabeça por causa de um chefe que o menosprezava.

Achava, como sua esposa, que tinha de ser sua apoiadora como qualquer esposa amorosa seria na mesma situação. Fiz tudo que estava a meu alcance para ajudá-lo a se levantar acima das suas circunstâncias, mas nada parecia suficiente para manter seu espírito levantado. Ele daria mais uma vez um passo adiante em uma percepção mais positiva do futuro só para dar dois ou três para trás em que as antigas lembranças dominavam seu pensamento. Ele começou a beber mais e se comunicar menos. À medida que ele ficava mais desesperado, comecei a ressentir-me com o fato de ele fazer papel de vítima e de que não poderia, ou não conseguiria, transcender suas circunstâncias.

Comecei a achá-lo fraco. Meu respeito por ele diminuiu. Uma barragem de conversa interior negativa dominava minha mente todos os dias: por que ele não podia simplesmente superar isso e seguir em frente? Por que eu sempre tinha que ser a chefe da torcida? Já criara quatro filhos, por que ele tinha de ser meu quinto filho? Por que ele não percebia que estava permitindo que outras pessoas e circunstâncias fora do controle dele determinassem seu futuro? Conseguiria olhá-lo nos olhos de novo?

Assim, lá estava eu, confrontada com uma decisão que não queria tomar. Queria ser feliz, mas com a forma como as coisas andavam, minha felicidade parecia condenada. Queria que ele fosse feliz, mas nada que tentei adiantou. Acabei por me tornar ressentida e amarga porque tudo que sugeria ou de que reclamava parecia cair em ouvidos moucos. O tumulto interior era maior do que gostaria de ter de lidar.

Mas teria coragem de seguir em frente e aguentar as consequências de escolher terminar um relacionamento que afetaria tantas pessoas? Minha mente disse-me para me render e seguir em frente, mas meu coração disse-me para não desistir ainda.

Com frequência, navego na internet em *sites* que alimentam meu desejo de conseguir crescimento espiritual e aumento de minha consciência. Em uma dessas ocasiões, visitei um *site* promovendo bonitas estampas artísticas que ressaltavam citações de grandes sábios e mestres da nossa época. Enquanto via estampa por estampa, uma destacou-se como se só estivesse esperando que eu absorvesse as palavras de sabedoria que adornavam o trabalho de arte:

"Você deve ser a mudança que deseja ver no mundo."

Já ouvira a citação, atribuída ao filósofo místico oriental Mahatma Gandhi. Mas, nesse dia, ela falou diretamente a *mim*. Um arrepio atravessou meu corpo, e meu coração disparou enquanto o dito sábio se estabelecia. Ali, uma corajosa revelação apresentada em palavras simples, mas impressionantes, quando menos esperava por isso, foi a resposta que estivera procurando. Um impressionante dom de clareza fora especialmente transmitido a mim, e, de repente, o sentimento de superioridade moral atrás do qual estivera me escondendo ruiu.

Naquele momento, percebi como estivera errada. Ao tentar forçar meu conselho e filosofias sobre meu marido, tratara-o como uma criança perdida e necessitada de orientação dos pais. Ao vê-lo assim, perdera meu respeito por ele como homem e marido. Agora, podia ver claramente que fora *minha percepção* das falhas dele que me trouxera até aqui e só eu podia mudar isso. Podia continuar a reagir a ele como estivera fazendo com desdém e desrespeito ou responder com compaixão a um homem temporariamente lutando para se encontrar. Um sentimento de paz acompanhou a inegável certeza de que tinha de começar uma jornada interior em *mim mesma* e *me tornar* a mudança que queria ver. Meu marido era digno disso e eu também.

Pouco a pouco, trabalhei para permitir que meu marido "seguisse adiante" da sua maneira, no seu ritmo. Fazia todo esforço para pensar antes de deixar comentários críticos saírem da minha boca. Tomara a decisão de apoiar qualquer tentativa que ele fizesse de superar seu comportamento que limitava a ele mesmo. E mais importante, esforçava-me para parar de julgá-lo, algo que andara fazendo com frequência demais ultimamente.

Com o tempo, comecei a notar uma mudança no nosso relacionamento. Começamos a discutir menos e a nos comunicar mais. Nossa casa voltou a ser alegre e despreocupada. Começamos a desfrutar da companhia um do outro de novo. Compartilhar oração, meditação e pensamento positivo tornou-se parte da nossa vida. Embora soubesse que *minha* mudança de atitude contribuíra para a mudança, foi a *dele* que o capacitou a seguir adiante na realização da ação orientada de seus pontos fortes. Sua confiança retornou em medida exponencial aos recém-abraçados esforços para melhorar sua vida.

Nesse processo, o dom inesperado é que toda nossa família se beneficiou. Juntos, meu marido e eu tornamo-nos uma equipe em liderança, liderando pelo exemplo tanto quanto fornecendo orientação em princípios morais que consideramos ser verdade. O resultado é que nossos filhos e também os membros da nossa família estendida estão colhendo os frutos que nossa experiência nos ensinou.

Enquanto revia o último ano, vi com nova e perfeita percepção e fui dominada pela gratidão por tudo que passamos para chegar exatamente ao ponto em que devíamos estar neste momento. E sorrio porque, finalmente, entendi.

Vecchi Talarico está casada com seu marido Pete há 35 anos. Ela tem quatro filhas e três netas. Vecchi foi cabeleireira por 25 anos, mas atualmente é voluntária no programa *Look Good Feel Better* [Boa Aparência, Sinta-se Melhor], em que ensina mulheres em tratamento de câncer a como superar os efeitos relacionados com a aparência de seu tratamento com a maquiagem, a peruca e outros meios para cobrir a cabeça.

Siga-me para casa

Em abril de 2002, minha esposa Lynne e eu vivíamos em Somerset, Inglaterra, próximo de Glastonbury, lugar conhecido nos círculos espirituais e coberta de lendas e mitos. Por capricho, Lynne reservou-nos uma viagem à Alemanha para ver uma mística indiana chamada mãe Meera. Sabíamos pouco a respeito dela, mas o itinerário incluía uma visita às ruínas de um mosteiro em Disabodenberg, onde Hildegard von Bingen, mística do século 12, vivera parte de sua vida. Isso intrigou-nos quando lemos sobre sua vida e passamos a admirar sua música.

Cerca de cinquenta de nós viajamos de ônibus ou balsa para a vilinha chamada Oberdiebach, um vale escarpado logo na saída de Rhine. O grupo ficou em um *ashram*, mas Lynne e eu pegamos um quarto no hotel da vila. Rhine, os idílicos castelos assentados sobre as altas colinas contemplando o rio, as escarpadas vinhas e as belas vilas eram um deleite. A semana foi dedicada a meditações em grupo, refeições comunais, danças de paz, sessões de cura e turismo.

O principal propósito da viagem era ter quatro audiências silenciosas, conhecidas como *darshan*, com mãe Meera. *Darshan* é uma palavra sânscrita que quer dizer "visão do divino" ou "epifania". Essas audiências aconteceram em quatro noites consecutivas e foram conduzidas em um salão de um grande castelo. Cerca de 250 pessoas compareceram a cada *darshan*. Quando você se sentia preparado, entrava na fila de pessoas que, sentadas ou ajoelhadas, arrastavam-se para frente até chegar sua vez de se aproximar da mãe Meera.

O protocolo era ajoelhar-se aos pés da mãe com os olhos abaixados e pôr as mãos sobre seus chinelos cobertos com tecido de sári. Então, a mãe punha os dedos contra sua têmpora e, depois de alguns segundos, tirava-os. Esse era o sinal para levantar os olhos e fazer contato visual, o qual durava apenas alguns segundos. Então, a mãe abaixaria seus olhos, e a *darshan* acabara.

Não senti nada incomum até a terceira *darshan*. Estava determinado a ver algo profundo nos olhos dela, mas, em vez disso, por um breve momento, minha visão voltou-se para o meu interior e vi o interior da minha mente cheio de água translúcida como cristal.

A última reunião do grupo na *ashram* foi à véspera do meu sexagésimo aniversário. Todos do grupo foram convidados a falar de sua experiência na *darshan*. Muitos falaram de emoções, percepções, experiências ou de coisas engraçadas e profundas. Decidi ser leve e divertido e compartilhar alguns dos acontecimentos cômicos da semana. Também tentei arrancar uma gargalhada quando disse que realmente quisera encontrar o esclarecimento antes dos quarenta anos, depois, antes dos cinquenta anos e, agora, antes dos sessenta anos. Como sabiam que meu aniversário era no dia seguinte e faltavam apenas duas horas para ele, quando olhei para meu relógio e levantei as sobrancelhas em resignada zombaria, consegui a gargalhada.

Lynne e eu retornamos ao hotel e fomos para a cama. No início da noite, acordei com o relógio da igreja tocando. Estava muito escuro para enxergar alguma coisa. A noite não tinha lua, e as vinhas erguiam-se inclinadas atrás do hotel, impedindo que a luz penetrasse no quarto. Fiquei deitado, meditando, pensando se realmente brincara quando dissera que queria encontrar o esclarecimento antes dos quarenta anos, depois, antes dos cinquenta e, agora, antes dos sessenta anos.

Depois de alguns momentos desse pensamento, comecei a sentir uma sensação de formigamento nos dedões do pé, o formigamento avançou vagarosamente até meu tornozelo, depois se espalhou pelas pernas. Embora achasse a sensação estranha, decidira conscientemente não fazer nada que pudesse prejudicar a sensação; só observá-la. A sensação espalhou-se por meu corpo e, em cinco minutos, formigava inteiro, do topo da cabeça aos dedos dos pés. Formou-se uma imagem na minha mente de mim mesmo suspenso em um casulo de prata. Lembro-me de pensar que tudo isso era muito agradável, mas evitava questionar ou adjudicar qualquer valor. Estava lá, isso estava acontecendo, e eu simplesmente observava.

De repente, totalmente do campo esquerdo, veio o pensamento: *Isso é esclarecimento?* Lembrei-me de imediato de pensar que esse era um pensamento estúpido. Não estava acontecendo nada que pudesse, nem mesmo remotamente, sustentar essa pergunta. Então, uma voz que reconheci de experiências anteriores falou como se houvesse alguém ali além de mim:

— Sim, isso é esclarecimento.

Houve um tremendo movimento de energia através do meu corpo e do topo da minha cabeça. Depois, a voz falou de novo:

— O caminho foi aplainado para que você me siga para casa.

Com isso, estiquei o braço na cama à procura da mão da minha mulher e irrompi em lágrimas. Chorei muito e alto pelo que pareceu séculos. Não conseguia falar nem explicar o que estava acontecendo. Lynne abraçava-me e confortava-me, dizendo:

— Está tudo bem, está tudo certo.

Uma inundação de emoção carregou anos e anos de sofrimento e estresse. O pesar e a preocupação coletivos de uma vida inteira foram embora em um momento, e senti um alívio incrível, como se um grande peso tivesse sido tirado de mim. A emoção foi tão forte que ao escrever isso, seis anos depois, as lágrimas marejam meus olhos e minha pele fica formigando.

Depois do que pareceu uma hora, meu choro transformou-se em lágrimas silenciosas, e voltamos para a cama. Não conseguia dormir. Minha mente estava em um torvelinho de alegria, algo que jamais vivenciara antes, em uma efusão de amor que nunca poderia adivinhar que existia. Tudo era alegria, tudo era amor, e as lágrimas silenciosas continuavam a cair.

Na manhã seguinte, levantamos cedo para encontrar o orientador da nossa jornada de volta. Evitei conversar com todo mundo e fiquei sentado olhando pela janela. Meditei por longos períodos ou fingi meditar, só para evitar conversas. Ainda estava tão emotivo que, até mesmo, quando Lynne falava comigo, só conseguia dar respostas monossilábicas ou frases curtas. Demorou quatro dias para que pudesse explicar para Lynne o que acontecera.

Nasci para um novo mundo. Até mesmo o familiar era novo. Via com olhos novos e nítidos que deixavam tudo brilhante e limpo. Transbordando com a mais ridícula alegria, todo minuto era cheio de amor, todo instante era santo. Quando, por fim, contei minha história aos soluços, Lynne perguntou-me como era o esclarecimento. Surpreendi-me ao responder:

— Não é nada demais.

Então, percebi que, embora esse tenha sido o evento mais extraordinário da minha vida, descrevera-o como "nada demais" porque as sensações eram muito reconfortantes e naturais. Mesmo com a inesperada chegada, o extraordinário impacto e a limpeza purgativa das sensações, de repente, elas pareciam normais. Contudo, continuou a completa e plena experiência de amor incondicional e a presença de um júbilo quase desenfreado que tomou conta de mim. Minha mente sentia-se como vivendo totalmente no presente momento, não mais presa a emoções passadas, a eventos ou medos traumáticos. Lembrava o passado e, com certeza, sabia que tinha acontecido, mas sua importância desvanecera-se, e com isso fora-se todo sentimento de culpa.

Ponderei por que essa experiência acontecera. Ela devia-se à mãe Meera? Não tinha certeza, mas meu coração dizia-me que foi a voz de Jesus que me libertou e que as transformações drásticas, provavelmente, deviam-se a ter sido a primeira vez na minha vida que não julguei. Não houve avaliação, nenhum preconceito quanto ao que estava acontecendo. Nesse estado de inocência, minha mente abriu-se para a verdade.

John Wilcox, inglês nativo, é casado e tem um filho, Matthew. Mora na Nova Zelândia desde 1974, trabalha na construção civil e na manutenção de propriedade e gosta de escrever poesia.

Faço isso por você

Minha minivan borbulhava com o entusiasmo das adolescentes com sua recente vitória no softebol no início da noite. Guiava em meio a uma cacofonia de música retumbante, vozes altas e gargalhadas. Poderia ter me juntado à celebração se não estivesse tão imersa em meus sombrios pensamentos.

Mais cedo naquele dia, os corpos de dois soldados jovens, mutilados de maneiras indescritíveis, foram descobertos no Iraque. Meu coração partiu-se quando vi no noticiário fotografias deles quando estavam vivos. Meu Deus, eram apenas crianças — jovens bonitos, com rosto vivo, tão cheios de vida e promessa! Tão corajosos! Mortos no momento em que estavam na idade de se apaixonar, forjar uma carreira e iniciar sua vida como jovens adultos. Em vez disso, sua vida fora muito abreviada. Eles não morreram rapidamente em batalha, mas de uma forma extremamente cruel e vagarosa enquanto eram torturados por monstros que não davam a mínima importância para a juventude, promessa ou humanidade deles.

Na minha mente, meu coração partido gritava com Deus: *Como pôde deixar isso acontecer? Onde o Senhor está? Por que eles? Sei que não devia culpá-lo, mas é tão difícil não culpar, Deus. Eles eram crianças. Amedrontados, longe de casa, longe da família que amavam. O Senhor ajudou-os? Eles puderam sentir que o Senhor estava lá com eles?*

Estava ficando muito aborrecida para dirigir de forma racional. Enquanto diminuía a marcha por causa de um farol quebrado à frente, algo inesperado aconteceu: minha percepção normal da realidade mudou de repente. Tudo a minha volta ficou em câmera lenta — todas as meninas rindo no banco de trás da minivan, a senhora mais velha andando de bicicleta na calçada, as pessoas no carro à minha esquerda, e o homem comendo batata frita no carro à minha direita.

Enquanto passava pelo carro do homem, pude ver que o sol baixara além do horizonte a oeste. O céu estava pintado com tons vermelhos e laranjas fortes, e pinceladas de cor púrpura e da cor da alfazema, quase como se o céu estivesse arranhado e, ao mesmo tempo, em fogo. O céu, inundado de sua vibrante glória, contrastava com a cena urbana em câmara lenta da realidade que acontecia à minha volta.

Em vez de isso levantar meu espírito e iluminar minha disposição, senti-me ainda mais triste e mais deprimida. O pôr do sol só aumentou minha frustração e o senso de futilidade. Sentia-me estando em um mundo que obviamente seguia um caminho muito errado. Não aguentava o pensamento de que aqueles pobres soldados mortos não veriam mais nenhum pôr do sol como esse nem envelheceriam com suas famílias. O mundo ficaria mais triste com a perda deles.

Lágrimas correram de meus olhos enquanto contemplava o pôr do sol. *Por que, Deus? Por que você faz isso? Por que você se incomoda? Olhe em volta. Ninguém se importa. Ninguém está prestando atenção a toda beleza que você nos fornece. Todo mundo está ocupado demais — irremediavelmente tomado e distraído por todas as questões e dramas que acompanham a vida.*

Sem aviso, senti um calor crescer em meu peito, espalhar por todo meu corpo. Essa sensação apagou qualquer traço da dor emocional que sentia. Minha percepção distorcida do tempo acabou completamente. Senti como se estivesse flutuando em um ventre acolhedor de puro amor. Gentilmente, esse acolhimento transformou-se em uma voz falando em meu interior e à minha volta toda. Podia ouvi-la em minha mente. Podia senti-la em cada poro da minha pele como uma vibração tátil ou um zunido. Ela trouxe o mesmo êxtase delicioso, como uma brisa fresca, suave e aromática que roça sua face e seus cabelos quando fica na campina de olhos fechados e sua face volta-se para o sol. A voz era tão gentil quanto o olhar amoroso da mãe para seu bebê adormecido, contudo era tão poderosa e intensa como um relâmpago em uma tempestade de verão.

— Faço isso por você — disse a voz.

Uma profunda compreensão do termo *você* acompanhou essas palavras. Era eu, eram todos — a humanidade toda. As palavras carregavam só a intenção curadora do amor, e soube, naquele momento, que Deus via e se importava muitíssimo com cada indivíduo e com todas as pessoas de todos os lugares. Esse conhecimento trouxe-me grande paz e, naquele momento, transformei-me para sempre. Quer minhas necessidades sejam monumentais quer irrelevantes, Deus está lá, em todos os minutos, com seu amor sustentador. Em meio a meu enorme pesar, senti-me verdadeiramente abençoada.

Yolanda Tims mudou da Espanha para os Estados Unidos quando tinha doze anos. Abençoados com três lindas filhas e com um pacote de quatro cachorrinhos briguentos, ela e o marido Christopher têm um negócio de consertos e esperam mudar para a área rural do Kentucky para ficar mais perto da natureza e ter espaço para seus quatro cachorros correrem.

Cura para um coração ferido

Quando meu marido e eu estávamos perto da cidade de Junction, Kansas, a caminho de uma reunião militar em Nevada, vimos uma placa que dizia: "Memorial dos veteranos do Vietnã." Com frequência, quando viajamos, paramos nesses lugares para prestar nossas homenagens ao "irmão caído". Meu marido, que serviu na Quarta Divisão de Infantaria no Vietnã em 1967 e 1968, saiu da estrada, dizendo-me que ia olhar o lugar.

Entramos na cidade, sede do posto militar de Fort Riley e encontramos o memorial em um parque no centro da cidade. Era um lugar bonito feito de granito e bronze, homenageando os heróis caídos do estado do Kansas. Minha atenção foi atraída por um pequeno e belamente arranjado canteiro de flores, em cujo centro destacava-se uma miríade de pequenas cruzes brancas. Em um exame mais de perto, vi nomes e fotografias de homens e mulheres jovens em cada uma delas. O símbolo disse-me que o memorial era dedicado aos "heróis caídos" nas guerras do Iraque e do Afeganistão enviados do Fort Riley. De repente, deparei-me com um rosto muito familiar, Jonathan Melchora.

Participo ativamente de um projeto intitulado "Marine Confort Quilts" ["Colcha de Conforto Fuzileiros Navais"] que fazia colchas de quadrados para enviar para as famílias que tinham perdido um filho ou filha no Afeganistão ou Iraque. As colchas eram uma forma de as pessoas demonstrarem o amor que sentiam pelas famílias que tinha sofrido essa trágica perda. Os quadrados de pano utilizados na confecção das colchas eram enviados de muitos estados e locais com mensagens de amor e solidariedade para serem costurados nessas colchas. É nossa esperança que as colchas transmitam a cada família o profundo amor, carinho e gratidão da nossa nação e nosso reconhecimento pelo sacrifício supremo de seus entes queridos. É indescritível a energia amorosa e poderosa incorporada nesses trabalhos de arte.

Olhava fixo para a pequena cruz diante de mim. Jonathan Melchora foi um dos soldados em honra da memória de quem fizera uma colcha de consolo dos Fuzileiros Navais. Lágrimas corriam dos meus olhos enquanto tirava uma foto da cena para o álbum que mantinha com foto de cada colcha e informação da pessoa em honra de quem ela fora feita.

Dezoito meses depois, em outubro de 2006, pediram-me para falar sobre o projeto Marine Confort Quilt [Colcha de Conforto Fuzileiros Navais] para um grupo de importantes cidadãs idosas de uma cidade perto de casa. Como a história das colchas é muito mais real e eficaz quando as pessoas podem tocar de verdade em uma delas e ver a fotografia da pessoa homenageada, levei uma colcha que acabara de costurar junto com a foto do pequeno canteiro de flores de Fort Riley com as cruzes brancas. Minha audiência foi muito receptiva ao que tinha a lhes contar. Algumas das mulheres tinham, até mesmo, preparado quadrados de tecido para as colchas e exibiram alguns deles.

A viagem seguinte da nossa programação foi para Fort Leonard Wood, no Missouri, onde ajudaríamos a fazer e a servir uma refeição para a celebração de boas-vindas para o Quinto Batalhão de Engenheiros. Seria uma cerimônia enorme para os soldados que retornavam e suas famílias.

Na nossa chegada, fui "posicionada" em uma mesa no centro de recreação para entregar umas brochuras aos soldados que retornavam, convidando-os a se juntarem a uma associação de companheiros veteranos. Esperávamos uma multidão por volta de mil e quinhentas pessoas, e os homens estavam ao ar livre manejando churrasqueiras imensas.

Tomando fôlego, dei a volta no saguão, onde, de repente, minha atenção foi atraída por um homem grande sentado perto da passagem e segurando o fio de dois balões de cores vivas. Em qualquer outro dia, dificilmente o notaria — talvez até passasse por ele sem vê-lo. Mas a sensação que senti não podia ser ignorada. A voz de Deus falou enfaticamente a meu coração, dizendo:

—Veja os balões.

Em vez de passar por ele, cumprimentei-o e mencionei como ele ficava bem segurando aqueles balões coloridos. Pude ver que ele era algum oficial graduado e, quando passei em frente a ele, minha atenção foi atraída pela etiqueta com o nome. Continuei, percebendo, de repente, que seu nome era familiar — um nome incomum, mas que já vira antes. Voltei e disse-lhe que seu nome me parecia familiar.

— É possível que você tenha um parente que morreu no Iraque? — perguntei.

Para meu assombro, ele respondeu:

— Sim, meu filho!

— O nome dele era Jonathan?

Ele pareceu chocado com minha pergunta.

— Sim — disse ele — como você sabe?

— Você recebeu uma colcha de consolo em homenagem a seu filho? — perguntei suavemente. Podia sentir meu coração bater mais rápido.

Os olhos do homem giraram.

— Sim, mas como você sabe disso?

— Porque sou a mulher que fez a colcha — Minha resposta o surpreendeu.

Se já duvidara que Deus fala comigo e guia meu dia, não tinha mais nenhuma dúvida. As lágrimas correram livremente enquanto esse oficial graduado Melchora e eu nos abraçamos e permanecemos abraçados pelo maior tempo possível. Aproveitei a oportunidade para lhe dizer o quanto lamentava a perda de seu filho amado e como me sentia honrada por ter feito um dos quadrados da colcha. Melchora disse-me que lera muitas vezes cada palavra da colcha e a mantinha na sala de estar embaixo de uma fotografia do filho.

Senti uma forte sensação da presença de Jonathan enquanto nos abraçávamos e quase pude ouvi-lo dizer a seu pai que, na verdade, ele estava bem e estava na hora de seu pai deixar a tremenda dor que carregava. Começara o tempo de cura. Seu pai tinha estado no Iraque com a unidade quando Jonathan foi morto. Como deve ter sido doloroso para ele. A dor fora internalizada enquanto ele terminava o trabalho que tinha de fazer. Agora, ela repentinamente veio à tona para ser curada naquele segundo em que nos encontramos. Por fim, Jonathan estava livre para seguir em frente, sabendo que seu pai encontrara a paz.

Que planos elaborados Deus preparou a fim de facilitar nosso encontro naquele dia. Que honra para mim ser incluída nesse processo.

Jamais esquecerei aquele momento especial e o dom que recebi por fazer parte do processo. Ainda não consigo contar essa história sem que as lágrimas inundem meus olhos. Mas são lágrimas de gratidão por ser tão abençoada pelo Espírito.

Sue Gass celebrou seus setenta anos pouco antes da viagem para Fort Leonard Wood, Missouri. Agora, faz três anos que ela trabalha no projeto Marine Confort Quilt [Colcha de Conforto Fuzileiros Navais] e completou a construção de quarenta colchas.

O leilão

Dois anos e meio atrás, o rumo da minha vida não era claro, focado nem intencional. Sonhava acordar de verdade e ser feliz, próspera e construir, deliberadamente, minha vida momento a momento. Infelizmente, estava quase tão distante do meu objetivo quanto podia estar. Ao procurar respostas em seminários, livros e conversas, fiz algum progresso, e minha vida começou a melhorar, contudo ainda tinha dificuldades. Ainda faltava uma peça do quebra-cabeça. Percebi que o lado lógico do meu cérebro só podia me levar até ali e que se fosse para conseguir alguma coisa diferente, precisava pensar e fazer algo diferente.

Pouco depois, minha irmã enviou-me o endereço de um *site* que achava que podia me interessar. Ela sabia melhor que ninguém sobre minha busca contínua para entender como a vida funcionava. Começava a confiar em meus pensamentos e intuição e a agir de acordo com eles, porém havia muitos momentos em que entrava em pânico, e minha confiança desaparecia. Experimentava pouca paz ao longo do caminho. Minha irmã sabia que estava em busca de mais segurança, clareza e fé.

De imediato, o programa de trinta dias do *site* para ouvir a voz de Deus intrigou-me. No décimo quinto dia do programa, ouvi uma das mensagens mais poderosas que já escutara. O instrutor disse que o motivo para ele não ouvir a voz de Deus como uma voz separada da dele era porque ouvi-la dessa maneira traria ainda mais separação em seu interior. Estava chocada e aceitei completamente essa ideia. Acabara de me dar conta de como meu ego ocupava um lugar imenso em minha vida, e ouvir essa mensagem a transformou.

Milhões de ideias iam e vinham enquanto permaneci sentada ali, quieta. Mesmo quando os pensamentos eram bons, amorosos, encorajadores ou sugeriam que mudasse alguns hábitos antigos que não me serviam mais. Pensava que eles eram frutos de minhas próprias ideias. Por conseguinte, não prestei muita atenção a eles. Por algum motivo, não fiz a ligação de que meus pensamentos amorosos eram de Deus.

Depois dessa revelação, comecei a ouvir a voz de Deus em minha vida pelo que parecia ser a primeira vez. Esperava uma voz distinta e retumbante que realmente chamasse minha atenção, e, o tempo todo, todo pensamento bom, amoroso e inspirador que tinha era Deus em meu interior.

Durante meses, meu noivo Patrick e eu estivéramos procurando seriamente investir em um bem imóvel. As oportunidades iam e vinham, as negociações fracassavam, nossa escolha do momento estava fora — e, portanto, como se fosse o momento certo, algo novo e diferente começou a acontecer.

Jogávamos fora sem nem mesmo abrir um jornal gratuito que era deixado na nossa porta todas as quartas-feiras. Dessa vez, "algo" inspirou-me a ler o jornal. No seu interior, destacaram-se anúncios de leilões de imóveis com se fosse a única coisa escrita na folha. Li todos os detalhes do anúncio. Alguns anúncios eram para fazendas imensas, fora do nosso alcance e interesse. Mas havia um anúncio de uma casa, só a três quarteirões da nossa casa, de uma família que estava vendendo a propriedade por leilão e deveria acontecer em quatro dias, no domingo.

Nossa estratégia começou imediatamente. Conhecendo a vizinhança e os valores das propriedades, calculamos que a casa valeria, aproximadamente, quinhentos mil reais. Estabelecemos nossa oferta máxima em 392 mil reais, incluindo qualquer taxa e comissão.

O domingo chegou rápido. Peguei meu talão de cheques e fui para o leilão. Uma vez lá, dei uma rápida volta pela casa e confirmei que era um investimento sólido. Enquanto lia as regras postas no lugar, meu plano sofreu uma hesitação com a simples sentença: "Faça seu cheque pagável a..." Entrei em pânico. A realidade da situação ficou evidente. Todo pensamento dormente em meu interior em relação ao temor de comprar uma casa em leilão veio à superfície. Nunca fizera algo assim antes, e meu ego ficou aflito. A voz do meu ego rugia na minha mente:

— Você não pode fazer isso! Você não sabe o que está fazendo! Nem sequer já preencheu um cheque nesse valor!

Agarrei uma cadeira e tentei controlar o tremor dos meus joelhos. Fazendo meu melhor para me acalmar, ouvi uma voz calma em minha mente que soava como meus próprios pensamentos. Ela dizia:

— Você não tem de dar lance. Você pode manter a boca fechada. Apenas preencha o cheque, registre seu nome e passe para a etapa seguinte.

Deus juntara-se a mim exatamente onde eu estava; ele conhecia meu lado lógico. Ele conhecia meu lado prático. Ele sabia exatamente o que dizer e como dizer isso.

Pensei: *Posso fazer isso. Isso faz sentido. Tudo que quero fazer é manter minha opção de oferta aberta e se não preencher o cheque, o jogo acaba.*

Meu breve momento de pânico logo passou com o pensamento lógico. Conseguiria meu depósito de volta no fim do leilão se não fosse aquela afortunada arrematadora da casa. Para mim, isso era bastante seguro.

O leilão estava para começar. Com meu cartão numerado pronto, nervosamente postei-me onde o leiloeiro pudesse me ver. Estava preparada para jogar se sentisse que estava certo.

O lance inicial foi de seiscentos mil reais. Nenhum comprador.

Então, o lance caiu para quinhentos mil reais. A partir daí, ia caindo quarenta mil reais de cada vez até chegar a trezentos mil.

As ofertas começaram. Permaneci quieta até o alvoroço inicial de ofertas acalmar. Entrei com 350 mil. Depois, alguém ofereceu 360 mil. Subi para 370 mil.

Os lances pararam.

O leiloeiro disse que entraria para falar com a família e ver o que queriam fazer. Eles tinham o direito de rejeitar todas as ofertas se o preço não fosse alto o bastante. Naquele momento, percebi que o leiloeiro entrou na casa com o MEU LANCE! Telefonei para o Patrick no trabalho e contei a ele que estávamos no jogo.

O leiloeiro voltou e disse:

— A família quer ver se conseguimos aumentar mais.

Ele começou o leilão de novo e o preço subiu outros 10 mil reais passando para 380 mil. O leiloeiro olhou direto para mim para ver se chegaria a 390 mil. Sacudi a cabeça fazendo sinal de não. Minha voz interior dizia-me:

— Não, fique quieta.

O leiloeiro tentou e tentou subir para 390 mil. Ninguém deu o lance. Ele foi lá dentro de novo com o lance de alguém de 380 mil. Descobri-me surpreendentemente calma com a possibilidade de que estava para perder a casa.

O leiloeiro voltou com uma mensagem da família.

— A família decidiu vender hoje. Tenho um lance de 390 mil?

De novo, ninguém deu o lance.

— Está bem, e que tal 392 mil?

Como se agisse por conta própria, minha mão levantou-se. Algo em meu interior disse:

— Dê o lance.

Naquele exato momento, Patrick e seu filho chegaram bem a tempo de me ver levantar o cartão de lance.

O leiloeiro pesquisou a plateia para um lance maior.

— 384 mil. Ouvi 384 mil?

Nada. Foi um daqueles momentos em que o tempo para.

Ele disse mais uma vez.

— 384 mil. Ouvi 384 mil? — Ele examinava os rostos da multidão na esperança de ter outro lance. — Está bem, 384 mil, dou-lhe uma. 384 mil, dou-lhe duas. Vendido para a senhora por 382 mil.

Fiquei parada lá, atônita. Trezentos e oitenta e quatro mil reais mais 2,5% de comissão dava R$391.550,00. Meu lance final foi 450 reais abaixo do nosso teto original de 392 mil reais.

No momento em que o martelo bateu no púlpito, um cavalheiro idoso, alto e distinto aproximou-se de mim, apertou minha mão e disse:

—Você acaba de fazer um ótimo negócio. Parabéns! Essa é uma bela propriedade.

Foi como se Deus tivesse enviado um mensageiro para dizer:

— Fez bem.

O homem sumiu com a mesma rapidez que aparecera.

Dias depois, descobrimos que o valor que calculamos para a propriedade era baixo e que teríamos, aproximadamente, 160 mil reais de lucro com essa casa — cinquenta mil a mais do que projetáramos. E ouvirei a orientação da voz de Deus em meu íntimo até o fechar das cortinas.

Jennifer Monahan gosta de viajar e de escrever. Ela vive na zona rural da Pensilvânia com seu marido, três enteados e dois gatos muito legais.

Encontrando paz em meio ao desespero

— Sra. Laferty, a senhora tem uma filha chamada Sarah?

Recebi esse telefonema às 7 horas da manhã do departamento de polícia local. No mesmo instante, senti o medo que revolve as entranhas, um medo que sempre senti por minha filha e que sussurrava esse pressentimento em meu coração.

— Sou sim. O que aconteceu com ela? Onde ela está? Por que você está telefonando para mim?

Meu coração batia acelerado em meu peito. Será que o pior finalmente ocorrera? O policial explicou calmamente que Sarah fora presa por estar com drogas. Na verdade, ela disse à polícia que era a prima de Sarah que mora em Iowa e estava apenas usando a carteira de identidade de minha filha. No entanto, Sarah não tem nenhuma prima que mora em Iowa. Esse foi o início da longa e dolorosa estrada da dependência das drogas, mas também foi como vim a encontrar a paz e a voz do Espírito.

No momento em que recebi esse telefonema, Sarah já era dependente de heroína havia muitos anos. Ao olhar em retrospectiva, podia ver que havia algo errado. Houve uma mudança em seu comportamento tão gradual que era fácil dar uma desculpa para ele, dizendo para mim mesma que ela só tivera um dia ou uma semana em que tudo dera errado. Sempre que perguntava sobre sua saúde ou seu comportamento, era fácil aceitar sua desculpa de que não se sentia bem ou não dormira bem. Ela não morava em casa e viajava bastante, assim não tinha contato diário com ela. Ela garantia para mim que tudo estava bem, e eu, com boa disposição, convencia-me de que ela estava dizendo a verdade.

Agora, não poderia mais desviar o olhar nem fingir que tudo estava bem. Havia aquela parte de mim que queria culpar todos — qualquer pessoa — por aquilo que estava acontecendo com minha filha. Senti-me dominada pela culpa, pela raiva e pelo medo de que, de alguma forma, falhara com minha filha, embora soubesse bem no meu íntimo que não tinha culpa por essa situação. Ainda assim, tive dificuldade em deixar a culpa aos pés de Sarah. Quem fizera isso para minha filha amada? O que eu poderia ter feito para interromper essa decaída progressiva até a loucura?

Algumas vezes, senti o perigo de ficar louca por não ter meios de interromper essa jornada. Não conseguia comer nem dormir e passava horas andando de lá para cá, tentando juntar as peças para realmente compreender o fato de que minha filha estava enfrentando problemas sérios. Culpei o namorado, que também era dependente, por não protegê-la. Como ele pôde deixar isso acontecer com minha Sarah? Tentei não imaginar como as escolhas e as ações de Sarah impactariam sua saúde e seu futuro e chorei por aquilo que achei que perdera. Frustrada com minha ignorância e minha inabilidade de impedi-la de parar de usar um tipo de droga que poderia facilmente acabar com sua vida, sentia-me totalmente desamparada e sozinha. Embora eu tivesse de continuar vivendo, trabalhando e pondo um pé à frente do outro para passar de um dia para o outro, não passava de uma morta ambulante. A dor era tão profunda e tão aguda que se tornou parte permanente de minha vida diária.

Houve alguns breves momentos quando parecia que Sarah estava melhorando, mas depois ela telefonava da delegacia, e minhas esperanças naufragavam. Ela sempre pedia desculpas por me fazer sofrer e me pedia para perdoá-la. Toda vez que ela iniciava um programa de tratamento, ela contrabandeava drogas — qualquer tipo de droga — para a clínica. Ela, até mesmo, alimentava sua dependência ao frequentar vários hospitais, descrevendo sintomas falsos e inventando dores imaginárias para as quais os médicos prescreviam narcóticos. Achei que havia chegado ao fim do poço e não tinha mais ninguém a quem poderia recorrer. Parece que cheguei ao fundo do poço antes de Sarah. Foi nesse momento que comecei a passar tempo meditando, buscando, pela primeira vez, por uma fonte em meu íntimo.

Por vários anos, tentei a meditação, e, embora a tenha achado razoavelmente confortadora, não consegui experimentar a maravilhosa comunicação que outros, segundo relatavam, recebiam do Espírito. Eles falavam sobre os lugares bonitos que viam e os sentimentos de alegria sem fronteiras que experimentavam. Isso, todavia, não acontecia comigo, e, embora a sensação fosse de calma e serenidade, minha inabilidade para alcançar os estados de alegria ou iluminação deixou-me triste e não realizada com a experiência. Cheguei, até mesmo, a pensar que Deus escolhia aqueles com quem queria se comunicar e que ele não queria falar comigo. Mergulhei em profundo e doloroso desespero, uma desesperadora sensação de perda e isolamento.

Manhã após manhã, sentava-me em calma antecipação de que encontraria uma resposta que me ajudaria a suportar a dor em minha vida. Daí, certo dia, na quietude de minha meditação, repentinamente parecia que o tempo tinha parado. Meu corpo parecia leve, sem forma ou contorno, como se estivesse flutuando em uma vasta nuvem de paz enquanto uma sensação de espaço infinito parecia encher minha mente. Naquele momento, experimentei um profundo conhecimento de que o Espírito não só estava *com*igo, mas era *quem eu era*. Senti uma profunda conexão com todos e com tudo, o calor de um amor vasto e que envolvia tudo. Naquele momento de profunda união, não sentia mais minha dor, frustração e medo, porque percebi que *era* a extensão divina e infinita do amor de Deus. As lágrimas começaram a brotar livremente à medida que a intensa reverência e gratidão enchiam meu ser e uma paz perfeita invadia meu ser. Essa paz amorosa infundiu em mim a vontade de seguir em frente com o conhecimento de que minha filha, minha menininha, ficaria bem independentemente do aparente rumo dos fatos. Não precisava me preocupar mais, porque ela fazia parte do mesmo poder imutável e infinito do Espírito. Peguei nas mãos do Espírito que me levou a esse lugar da paz perfeita em meu íntimo e abrira espaço para Sarah crescer em Espírito quando ela estivesse pronta. Isso representou tudo que sempre precisei como resposta.

Minha filha teve muitos altos e baixos nos últimos anos e, até mesmo, passou algum tempo presa. Pensei muitas vezes que não seria capaz de suportar a dor se o "pior" acontecesse, mas aprendi a deixar as coisas correrem seu curso e confiar na paz de meu Espírito interior, e isso me deu a serenidade pela qual ansiava. Agora eu sei que, independentemente do que aconteça neste mundo, a mesma fonte de Espírito cuida da Sarah e se importa com ela. No momento oportuno, ela também encontrará a paz. Há dias em que o mundo parece tão inseguro, mas o que eu descobri naquele dia durante minha meditação tem me sustentado nos dias mais difíceis. Tenho consciência de que posso ajudar minha filha e cuidar dela; agora, posso amá-la sem limites.

Sarah acabou agora seu primeiro programa de tratamento para dependência e está morando conosco e estudando. Sou muito grata a ela, pois foi por intermédio dela que pude encontrar a orientação e a voz do Espírito. O amor imutável de Deus mostrou-me que posso perdoá-la, e esse conhecimento permite que eu ame, tenha paz e sinta alegria. Ela é minha perfeita Filha de Deus.

Marie Lafterty — esposa amorosa, mãe de duas filhas e avó de quatro netos — encontra alegria em participar de todas as fases de crescimento de sua família. Ex-cabeleireira, instrutora de hidroginástica, gerente de uma piscina, ela agora gosta de dirigir uma pequena clínica de psicologia.

Apaixone-se por você mesma

No dia 11 de setembro de 2001, estava sentada na minha sala de estar com o engenheiro e observava as torres gêmeas desmoronarem. Não fazia a menor ideia de que essa imagem se tornaria uma metáfora para minha própria vida. Semanas mais tarde, dois dias antes de assinar um empréstimo para uma reforma radical de minha casa, meu mundo desmoronou. Meu marido telefonou-me para dizer que estava a caminho de casa para sempre; ele e sua equipe foram dispensados quando a nova gerência assumiu o cargo depois de uma reorganização na firma.

Senti como se alguém tivesse me dado um soco no estômago. Os luxos de um estilo de vida de um alto executivo com excelente salário, repentinamente, eram coisas do passado. Em meu desespero, não poderia saber que esse era o início de uma longa jornada de autodescoberta que, conforme descobri, foi muito mais gratificante que uma casa nova ou um bom salário.

Depois do choque inicial, convenci-me de que tudo ficaria bem; um de nós encontraria trabalho no momento perfeito ou, até mesmo, nós dois conseguiríamos uma colocação. Era fácil sentir-me segura porque todas as facetas de minha vida externa pareciam seguras. Tínhamos bastante dinheiro para sobreviver por um tempo e decidimos que, antes de procurar qualquer emprego, passaríamos algum tempo juntos em casa, curtindo a companhia um do outro.

Esse otimismo começou a desintegrar gradualmente nos três anos seguintes, à medida que o dinheiro acabou, as dívidas aumentaram, e não encontramos nenhum trabalho. Meu humor começou a deteriorar até que comecei a perder a fé em minhas crenças — de que simplesmente por ter fé tudo daria certo. O tempo estava provando que eu estava enganada. O que pareceu ser uma oportunidade para algo positivo e novo transformou-se em um fardo, um lugar pavoroso e cheio de questionamentos sem quaisquer respostas.

Usei cartões de crédito para pagar os alimentos e as roupas. Gastar dinheiro me fazia ficar doente em meu íntimo. Comecei a conversar com o Ser Supremo, com Deus, fazendo perguntas sobre como mudar o que parecia ser uma situação que ficava cada vez pior.

À medida que meus temores se acumulavam, ficou mais difícil de escondê-los e, assim, passei a evitar a família e os amigos. Era mais reconfortante ficar sozinha, orar e meditar; descobri que isso me ajudava a viver o momento e me impedia de pensar em qualquer outra coisa. Quando não estava sozinha, desmoronava em meu íntimo enquanto fingia que tudo estava bem. Embora pedisse a Deus que me ajudasse, não escutava suas respostas.

Apesar das aparências, senti que, se permanecêssemos verdadeiros a nós mesmos, ficaríamos bem. Não sabia exatamente o que isso queria dizer, mas senti um fio de esperança. Todos nos diziam para conseguir um trabalho — qualquer trabalho — mas algo parecia muito errado com esse plano. Confusa, ainda não sabia o que fazer. Algumas vezes, quando ficava sozinha em meu carro, gritava e chorava de agonia, berrando com Deus, exigindo uma resposta. Meu cérebro, constantemente, escaneava a lista de conhecidos para ver se tinha alguém para quem poderia telefonar, alguém para quem poderia pedir ajuda, mas não havia ninguém. Ninguém, exceto eu mesma.

Certa noite, depois de um dia em que tudo dera errado, minha lavadora de pratos quebrou. Não tínhamos dinheiro para consertá-la. Não tínhamos dinheiro para consertar nada, e minha vida parecia quebrada e sem conserto como a lavadora de pratos. Caí, toda encolhida, no sofá, sentindo-me totalmente perdida e sem esperança. Meu corpo estava inerte. As lágrimas já não brotavam. Sentindo-me totalmente só no universo, comecei a falar em voz alta com Deus. Meu medo mais profundo estava se tornando verdade — perderíamos tudo, e minha família e eu passaríamos a viver nas ruas. Disse a Deus que não tinha controle sobre nada disso, que estava cansada e deixava tudo nas mãos dele para que ele me mostrasse o que deveria fazer.

Quando terminei de falar, tomei consciência repentinamente de uma voz suave, mais parecida com a voz de um pensamento, falando comigo em minha mente. As palavras sussurradas eram tão sutis que mal podia discerni-las mas o sentido delas inundou meu ser: mudar minha vida, precisava mudar a forma como eu a concebia e falava sobre ela. Quando perguntei como fazer isso, ouvi muito claramente em minha mente: "Apaixone-se por você mesma." Levantei-me do sofá e fui para a cama sentindo como se já tivesse me conectado verdadeiramente com Deus, que havia uma resposta para mim e que eu era apoiada e amada. Pela primeira vez, desde o dia 11 de setembro, sentia esperança.

No dia seguinte, recebi um poderoso sinal. Recebi vários *e-mails*, todos anunciando um novo livro escrito por Immaculée Ilibagiza, a mulher de Ruanda que passara três meses em um banheiro mínimo com várias outras mulheres, todas sobreviventes do holocausto ocorrido em seu país.

Depois de ler a história dessa mulher, já não conseguia mais sentir pena de mim mesma. Comecei a apreciar conscientemente a abundância em minha vida, desde a grama do jardim e as árvores até a disponibilidade de crédito para me ajudar a pagar minhas dívidas. Continuei meu diálogo mental com Deus, pedindo orientação e expressando gratidão pelo amor e apoio recebidos. A cada dia, perguntava a Deus como passar do medo para a confiança ao fazer mentalmente essa pergunta para Deus ou ao escrevê-la em meu diário à noite.

No dia seguinte, eu lia ou ouvia as palavras de alguém que tratava diretamente de minha pergunta. Era como se uma pequena luz se acendesse — experimentava uma repentina consciência de que aquelas palavras eram dirigidas para mim, que elas foram enviadas porque pedira por elas. Elas vinham na forma de conversas, *e-mails*, um trecho da letra de uma música, uma fala em um filme, um adesivo e, até mesmo, um estranho no mercadinho. Algumas vezes, quando não tinha certeza sobre qual era a resposta, eu a recebia de duas ou três formas distintas em um mesmo dia. Deus dava-me sinais diretos ao apresentar-me a histórias edificantes, pessoas sábias e oportunidades diárias, abrindo-me para toda uma nova experiência de vida. Todo sinal que recebia fortalecia minha fé. A cada dia que passava, passei a me sentir um pouco menos temerosa, um pouco mais esperançosa.

Certo dia, percebi que, por ter seguido a orientação amorosa de Deus, acabei por verdadeiramente me apaixonar por mim mesma. Essa transformação em meu ser levou a uma mudança em toda minha família, e nossa vida, por fim, começou a mudar.

Agora, sei o que representa ouvir a voz de Deus, aceitar a orientação que ele oferece continuamente, ficar conectada à fonte de energia, como também expressar e receber amor. Registro diariamente em meu diário minha carta contínua a Deus sobre tudo pelo que sinto gratidão em minha vida. Estou constantemente sintonizada à abundância à minha volta e aproveito toda oportunidade para apreciar a graça de Deus. Continuo a ser orientada em direção aos pensamentos, às palavras e às ações inspiradas. Minha recuperação começou com a entrega. Desisti de controlar tudo e comecei a ouvir, confiar e a recriar deliberadamente minha vida permitindo que Deus me assista ao mudar minha energia para um lugar positivo. Aprendi a amar o que sou e a confiar em mim mesma e em Deus. Minha vida jamais será a mesma novamente.

Shannon Oakley é artista, esposa e mãe. Ela mora em New Jersey com o marido e dois filhinhos. Ela gosta de jogar tênis, jogar jogos de tabuleiro com a família e viajar.

O encanto da terceira vez

Sempre pressupus que a vida continuaria com os mesmos padrões familiares. Talvez, eu experimentaria algumas poucas surpresas aqui e ali, mas, felizmente, nada que abalasse a Terra nem nada muito traumático. Como muitas pessoas, amava minha família, enfrentava meus desafios e celebrava meus sucessos. A vida continuava. E, um dia, descobri um minúsculo caroço em meu seio em 1983. Era câncer. Você nunca sabe como responderá a um evento que ameace sua vida até que ele o atinge. Depois das lágrimas no consultório do médico, disse: "Bem, se tiver apenas seis semanas de vida, estas serão as melhores seis semanas de minha vida." Naquele momento, deixei de lado meu medo de morrer. Quando voltei para casa para contar para meu marido e filho, já havia me recuperado do choque e pude até fazer uma brincadeira, dizendo: "Bem, o negócio é o seguinte, eles eram um casal que combinavam." Estava tentando deixar o ambiente leve a fim de ajudá-los a não se preocuparem em demasia.

Retirei o caroço, fiz radioterapia e voltei ao "normal", fazendo só os exames de acompanhamento. Seis anos mais tarde, o mesmo pequeno caroço apareceu novamente. Dessa vez, só retirei o caroço, mas não fiz radioterapia. Era uma mulher forte e saudável que amava a Deus, tinha fé e confiava no Senhor, além do amor que sentia por minha família. Fazia exercícios físicos, comia só produtos saudáveis, tinha um olhar positivo em relação à vida e amava livros e músicas inspiradores. Exceto por esse pequeno probleminha, tudo o mais corria muito bem em minha vida.

Sempre que algo sério acontecia em minha vida, procurava a Deus e a Jesus com minhas lágrimas e pedia ajuda. E foi para o Senhor que me voltei novamente. Senti que só preocuparia minha família e amigos se eu compartilhasse meus problemas com eles, e, além disso, havia depositado minha vida nas mãos de Deus. Também tinha a atitude de que se saísse por aí pensando que o câncer voltara toda vez que sentisse uma dor ou ficasse um pouco doente, então seria melhor morrer de imediato e acabar com essa história. Isso, para mim, não era viver. Então essa atitude positiva era muito adequada para mim e desfrutava enormemente minha vida.

Em 1991, outro caroço foi encontrado no mesmo seio. Esse era o terceiro caroço cancerígeno, e não posso descrever o terror que senti só de pensar na cirurgia, na dor, nas agulhas e na incerteza, tudo se repetindo mais uma vez. Não era medo de morrer, mas não conseguia lidar com o medo de sentir a dor horrível e ininterrupta antes de eu morrer. Minha família era muito amorosa e me apoiava bastante, mas não conseguiria transferir esse fardo de meus sentimentos para eles, assim me voltei para minha única fonte de esperança — Deus.

Cerca de uma semana antes da operação, entreguei-me totalmente do fundo do meu coração e de minha alma a Deus. Dormi em paz toda a semana, confiante de que Deus estava no comando e de que ele tomaria conta de mim. Não fazia a menor ideia do evento notável e maravilhoso que estava para acontecer.

Acordei na sala de recuperação sentindo-me enjoada por causa da anestesia. Sozinha e zonza, minha mente parecia vazia quando ouvi claramente uma voz interna dizendo: "Não olhe para o sangue, as agulhas, os tubos, os maquinários. Pense nas férias e em coisas positivas."

Obedeci a essa voz, adormeci e já não sentia mais enjoo. Quando acordei, a voz voltou. Estava confusa, porque não conseguia me lembrar de ouvir uma voz como essa nas outras vezes em que fiz essa cirurgia. Ela parecia vir de meu interior, de fora e de todos os lugares. Assim que o efeito da anestesia passou, pensamentos e sentimentos surpreendentes me invadiram. Experimentei uma profunda sensação de paz como jamais sentira antes. Sentia amor por Deus que excedia o amor que sentia por minha família. Estava esfuziante de alegria, e essa alegria não tinha nada que ver com meus arredores. Tudo brotava do meu interior. A seguir, algumas frases da Bíblia encheram minha mente: "Seu Pai sabe do que vocês precisam, antes mesmo de o pedirem"; e: "Vocês me procurarão e me acharão quando me procurarem de todo o coração." Também: "Por isso lhes digo: Peçam, e lhes será dado; busquem, e encontrarão; batam, e a porta lhes será aberta." Canções de amor soavam como canções sobre Deus, em vez de sobre meu marido ou minha família.

Percebi que estivera buscando a Deus toda a minha vida, e o Senhor estivera em meu íntimo todo esse tempo. Ele estivera esperando pacientemente pelo momento certo para tornar sua presença conhecida. Sentia como se não tivesse necessidades e devesse usar um cartaz que dizia: "Encontrei-o! Encontrei-o!" A sensação de que "conhecia" também era proveniente de um Deus que não era um Deus raivoso que buscava se vingar e que vivia irado com a humanidade. Acredito que o fato de "ter deixado de lado" fora a chave para essa experiência, junto com a fé e a confiança em Deus, que eu sempre tivera.

Houve um tempo quando costumava sentir coisas negativas como ciúmes, raiva e, em especial, medo. Tudo isso desaparecera. Não havia arrependimentos em relação ao meu passado. Embora não fosse à igreja todas as semanas, não lesse a Bíblia todos os dias nem tivesse nenhum conhecimento ou treinamento teológico, percebi que apenas ser eu mesma fora o suficiente para que esse evento maravilhoso acontecesse comigo. O maravilhamento dessa experiência jamais me abandonou nesses dezenove anos após o ocorrido.

Andei por todo o hospital depois da cirurgia, sentindo-me eufórica, conversando com todos sobre a paz, o amor e a alegria que encontrara em Deus. Contei minha experiência para muitas pessoas — minha família, as enfermeiras, o médico, outros pacientes, qualquer pessoa que passasse pelo meu caminho — sempre desejando compartilhar essa experiência com elas. O câncer era totalmente irrelevante. Minha família e os amigos estavam confusos e tiveram dificuldades em lidar com essa "nova" pessoa que estava constantemente falando sobre paz, amor e alegria à medida que se recuperava de um câncer de mama.

Hoje, a vida voltou ao "normal" em relação à família, aos amigos, aos concertos, às férias e ao trabalho, mas a paz, o amor e a alegria em meu íntimo jamais me abandonam. Por causa dessa experiência, vejo todos os eventos que acontecem em minha vida como uma lição para meu mais sublime bem. Também percebi que, de uma forma ou de outra, a voz de Deus — quer pela intuição, quer por intermédio de meus pensamentos, quer como uma voz interior característica — sempre esteve comigo durante toda minha vida, embora nunca a tenha reconhecido como a voz de Deus naquela época.

Patricia Ann Cahill é esposa, mãe, avó e cidadã sênior que ama a vida. Ela tem três filhos, oito netos e ama viajar, concertos com bandas de *rock* e de *blues* e, em especial, o tempo que passa com sua família.

Moedas do coração

Por muito tempo, lutei com a ideia — e a realidade — da oração. Jamais tive uma crença clara sobre Deus, embora tenha certeza de que há uma força maior que eu mesma no universo. Após tentar muitos caminhos para a oração ao longo dos anos, tenho participado de orações coletivas nos últimos meses em nossa sinagoga, principalmente por intermédio da meditação, em vez de ler e seguir as orações em nosso livro de orações. Alguns meses atrás, durante um período de oração silenciosa, olhei através de uma enorme janela e vi o céu e as árvores balançando ao vento, então abri minha mente e meu coração plenamente sem ter quaisquer pensamentos em particular. De repente, ouvi uma voz clara e marcante em minha mente. Não era minha voz nem qualquer voz que reconhecesse. Era profunda e firme. Ela disse: "Vá ao banco e retire duzentos reais em moedas de um real e distribua-as. Isso mudará sua vida."

A voz se repetiu uma vez. Não sabia de onde a voz — ou a ideia — era proveniente, porque jamais tivera esse pensamento antes. Uma vez, muitos anos atrás, tive a experiência de ouvir uma voz, definitivamente não a minha, falando alto em minha mente, direcionando-me a fazer algo em particular. No entanto, naquela época, como agora, não tinha certeza sobre qual era a fonte. Nas duas ocasiões, tive a sensação que vinha de um lugar "de fora" de mim e que podia confiar nessa voz. Senti que estava sendo guiada por um poder ou sabedoria maior que eu mesma e que era muito importante ouvir e fazer o que eu fora instruído a fazer. Conforme já fizera antes, depois de ouvir a instrução ser repetida, pensei: *Tudo bem, farei isso.*

Na semana seguinte, fui ao nosso banco e retirei duzentos reais em moedas de um real. O caixa disse que não tinham tantas moedas e que precisaria fazer um pedido de no mínimo dois mil reais em moedas. Fiquei, momentaneamente, confusa, mas, a seguir, o caixa explicou que tinham outros tipos de moedas. Fiquei com todas elas, totalizando cento e cinquenta reais, pois achei que, embora não fosse exatamente o que a voz dissera para eu fazer, essas moedas serviriam para o fim desejado. Avisei o caixa que voltaria em algumas semanas para conseguir o resto.

Desde essa época, jamais saio de casa sem levar comigo algumas moedas. Sempre que vejo alguém passando necessidade, dou a essa pessoa uma moeda. Vivo na cidade de São Francisco, Califórnia, cuja população de sem-teto é enorme, então é raríssimo chegar em casa com todas minhas moedas. Quase sempre, a pessoa que recebe o dinheiro fica muito agradecida. Algumas vezes, há até mesmo um momento de conexão real entre nós.

Ao longo dos anos, sempre tive sentimentos mistos sobre os pobres que vivem nas ruas e seus apelos — algumas vezes, exigências — por trocado. Por muito tempo, lutei com as ideias e os sentimentos conflitantes sobre doar. Meu coração me diz que a pessoa diante de mim é um ser humano como eu que está passando necessidades, independentemente de como ele gaste o dinheiro, e minha religião me diz que não devo dar as costas àqueles que vêm a mim em busca de ajuda. No entanto, algumas pessoas dizem que dar dinheiro apenas encoraja o pedir esmolas e que é melhor doar para agências ou organizações que ajudam os pobres. A maioria das vezes, olhava de lado — tentando evitar o olhar da pessoa ou fingir que não ouvia — ou dava um rápido sorriso e dizia: "Desculpe-me, mas não tenho nada." E, com frequência, dizia a mim mesma que essa ajuda não serviria para aliviar a necessidade dessas pessoas e que não era possível eu ajudar a todos que se aproximavam de mim. Ao mesmo tempo, meu coração sempre sentia a dor de dar as costas para outro ser humano.

Desde que recebi minha "orientação" para dar moedas de um real, não me preocupo mais se a atitude de doar dinheiro para uma pessoa na rua é correta ou errada. Independentemente da reação da pessoa, a minha é de alegria por doar. Sei que não é muito dinheiro, mas percebo que faz diferença para a pessoa que a recebe. Paro, olho nos olhos da pessoa e digo algumas palavras. O contato humano que demonstra cuidado representa tanto quanto a moeda para muitos, e eu não mais rejeito essas pessoas nem aos apelos de meu coração. Meu marido, que costumava detestar quando essas pessoas se aproximavam de nós, respondendo com frequência com impaciência ou raiva a essa intrusão, agora aponta alguém que estou prestes a ignorar por minha atenção estar em outro lugar. E, em uma ocasião em que já havia dado todas as minhas moedas, ele abriu sua carteira para tirar uma nota de um real, algo que jamais fizera antes.

Sei que isso é uma coisa pequena, mas, de alguma forma relevante, *mudou* minha vida, exatamente como a voz disse que faria. Toda vez dou uma moeda para alguém e falo com essa pessoa, meu coração se abre. E embora meu senso do divino não seja mais certo nem mais claro do que o era antes, realmente sinto a presença em meu coração e sei que farei isso pelo resto de minha vida.

Judith McCullough é editora e ama música clássica. Ela mora com seu marido em São Francisco. Os principais professores em sua vida foram a família, em especial as filhas gêmeas. Judith sente-se abençoada por compartilhar sua vida há vinte anos com o marido, como também com as filhas e genros, os dois lindos netos e os amigos.

Conselho de um amigo querido

Minha igreja estava sediando um grupo de discussão dirigido por uma equipe de casais a respeito de ouvir a voz de Deus. Embora tivesse decidido participar da aula, Deus não esperou que eu recebesse instruções. Talvez por estar tão receptiva e ansiosa por ouvir sua voz, ele entabulou conversa comigo no fim de semana anterior ao programado para começar o grupo de discussão — algo que, depois, soube que é bastante comum de acontecer quando alguém faz o firme propósito de ouvir a voz de Deus.

Na época, participara de um *site* de encontros *online*. Entrara em contato com um homem cujo perfil me interessara, mas a resposta dele fora um tanto brusca. Senti-me um pouco ferida por ele não corresponder ao meu interesse, e minha reação foi enviar uma réplica raivosa e acusatória a ele.

Quando comentei minha resposta com minha amiga Diane, ela admoestou-me:

— Julie, por que você fez isso? — perguntou ela. — Por que você fica com tanta raiva e tem uma reação tão desagradável quando alguém faz algo assim?

De início, fiquei perplexa com essa pergunta, mas, depois, ao pensar no assunto, percebi que Diane tinha razão. Esse padrão específico de comportamento tem sido uma parte tão integrante da minha habilidade social que não sei sua origem nem conseguia imaginar uma forma de acabar com esse padrão. Por fim, orei ao Espírito Santo por uma resposta para o motivo para esse padrão negativo e instintivo ter tal controle sobre mim.

Não recebi resposta durante diversos dias. Então, enquanto desempenhava algumas incumbências, ouvi uma voz distintiva dizer:

— Amada, não percebeu que você e esse homem estão no mesmo jogo?

A voz era muito gentil e amorosa. Embora ela parecesse audível em minha mente, sabia que não era uma voz normal. Jamais me tratara como "amada". Chocada, repliquei: *Desculpe-me?*

A voz continuou do seu jeito gentil.

— Amada, esse homem estava com medo de que você não estivesse realmente interessada nele, e sua resposta foi se afastar. Quando você sentiu ele se afastar, então percebeu que ele não estava interessado em você, e, aí, atacou-o. Vocês dois estão no mesmo jogo, só que jogam de maneiras distintas.

Mesmo jogo? Que jogo seria esse? Não entendia, então a voz deu um exemplo.

— Você lembra-se de quando jogava monopólio com sua mãe?

Comecei a rir, entendendo imediatamente o que me era dito. Minha mãe ensinara-me a jogar monopólio de forma muito agressiva. Era uma versão "sem prisioneiros". Como resultado disso, pessoas que, em geral, amavam o jogo recusavam-se a jogar comigo. Para elas, meu estilo agressivo de jogo tirava toda a diversão do jogo. A voz observava que esse homem que conhecera *online* jogava o mesmo jogo que eu. Apenas jogávamos de forma distinta.

A voz de Deus falou de novo:

— E de onde você acha que tirou esse padrão de atacar alguém quando percebe que a pessoa afastou sua energia de você, como esse homem parece ter feito?

Fiquei atônita ao perceber que também aprendera essa reação com minha mãe. Essa revelação espantou-me. Ela explicava um padrão de comportamento de muito tempo que nunca entendera nem tinha ideia de como consertar. Deus levou-me a uma maneira toda nova de ver uma situação que, no passado, trouxera-me dor.

A voz de Deus era gentil, amorosa e totalmente não julgadora. Ela não era crítica, apenas explicava algo de uma forma muito semelhante a que faria uma amiga muito querida. Com esse novo conhecimento, aos poucos, comecei a me curar. Não sentia mais necessidade de atacar os outros como antes. Quando o impulso de "atacar" vinha à tona, conseguia recuar, analisar minha reação padrão e mudar meu comportamento antes de ferir alguém.

Essa experiência abriu a porta para que a voz de Deus se tornasse parte integrante da minha vida. Às vezes, vejo um lado meu que nunca havia visto claramente; outras vezes, tive de encarar aspectos de mim mesma que não me eram adequados, mas, agora, minha vida foi enriquecida pela presença constante da voz de Deus. Sinto-me abençoada por conhecer essa fonte de amor, e a compaixão que me orienta acompanha-me em cada passo de meu caminho através da vida e está sempre pronta a oferecer um gentil conselho sempre que quero. Só preciso pedir.

Julie E. Bradshaw vive na Carolina do Sul com seu marido e dois gatos muito amados e mimados. Ela ama ler e é uma ávida adepta de caminhadas.

DavidPaul Doyle

Presente de aniversário transformador de vida

O SUBÚRBIO SOFISTICADO ONDE morava, um bairro de profissionais de classe média alta com seus utilitários esportivos novinhos, veículos sempre brilhantes e lindos, e com gramados impecáveis parecia ser o lugar dos sonhos para qualquer mãe. Tinha um pequeno negócio de esculturas em casa e trabalhava horas a fio até noite adentro. Meus dias eram salpicados com pequenas viagens até a reunião dos escoteiros, os treinos de ginástica, as aulas de dança e de música. No entanto, a fachada idílica de minha vida era uma fraude.

As pressões e o estresse tiravam o sono. Dores horríveis nas costas ou enxaquecas excruciantes que duravam vários dias faziam aumentar minha tensão, mas meu cronograma não permitia que tivesse tempo livre. Às vezes, minha mente se ocupava com meus filhos, atormentando-me com pensamentos amedrontadores, os quais me deixavam ansiosa sobre a segurança deles. Certa vez, acordei de um sonho, ensopada de suor, chorando incontrolavelmente porque sonhara que, de forma acidental, havia cozinhado um deles no micro-ondas. Até mesmo as férias não representavam descanso para mim. Comecei a ter muito medo de voar, e, nem mesmo, uma dose dupla de uísque antes dos voos era capaz de me ajudar, e isso fez com que sentisse vergonha e medo. Alguma coisa estava fora dos eixos, mas não conseguia entender o que era.

Sentia-me inferior e sem qualquer apoio, tanto emocional quanto financeiro. Meu marido estava desempregado havia anos e, além da depressão, sentia-se desanimado com a vida. Não havia mais comunicação entre nós — ele já não queria mais ouvir minhas reclamações cheias de ódio, e eu me afastava de seu silêncio ensurdecedor. Carregava muito mais peso sobre meus ombros que podia suportar. Mascarava a culpa e o buraco do mais terrível vazio que reduzia o enorme cânion aberto em meu interior. Esse abismo ficava cada vez mais profundo, revolvendo e corroendo minhas entranhas.

Estava prestes a fazer 44 anos. Achei que minha vida seria uma moleza nesse ponto de minha jornada física. Longe disso! Era sediada todos os dias pelo cronograma de outras pessoas, os prazos apertados de meus clientes, os horários do ônibus escolar de meus filhos e a administração de minha pequena empresa com vários empregados. Era eu quem ganhava dinheiro em casa e que, aparentemente, levava uma vida feliz, enquanto em meu interior estava trôpega e perdendo o controle.

Apesar de tudo isso, seguia em frente. O fim de semana de meu aniversário chegara. Isso, como sempre, representava convidar minha família para uma festa e ficar exausta graças aos muitos preparativos na noite anterior. Fazer as compras no mercado, encomendar o bolo e comprar as velinhas, os chapeuzinhos de papel, as bexigas, os copos de plástico e uma toalha de mesa. Levantei-me bem cedinho no dia da festa. Preparei tudo para o almoço. Depois de as crianças tomarem banho e se vestirem, pus um vestido e terminei os últimos preparativos. A festa foi como todas as outras — com gritos e risos de crianças, correndo de lá para cá, e todos os familiares adultos mastigando e conversando.

Servi inúmeras xícaras de chá e café para os familiares mais velhos e, quando todos já tinham comido e estavam conversando confortavelmente, era hora de acender as velas do bolo de aniversário. Apesar de ainda estarmos no meio da tarde, apagamos as luzes da cozinha. Até as crianças já sabiam: "Oba! Chegou a hora do bolo!" Em meio a todo aquele burburinho e barulho das crianças arrastando cadeiras para cá e para lá para conseguir uma boa visão do centro das atenções, algo muito estranho aconteceu.

Ouvia todos cantando: "Parabéns para você", quando, repentinamente, o som ficou obscurecido, como se alguém tivesse desligado o microfone da caixa de som. Houve um completo silêncio. Os lábios e a face de todos continuavam a se mover no espaço. E eu, como se obedecesse a um comando, inclinei-me para a frente em câmara lenta para começar a soprar as velinhas, quando, na minha frente, à esquerda da minha testa, uma voz reverberante penetrou meu ser. Ela disse: "Agora, você chegou à metade do caminho." Naquele instante sagrado, o tempo parou. Um relâmpago de eletricidade atravessou meu corpo. Uma energia densa e amorosa apoderou-se de mim. Senti, de imediato, minha conexão com uma realidade maior que a minha e sabia que essa voz fazia parte disso. Um senso da verdade onisciente inundou minha consciência e *sabia* que um reino glorioso estava de alguma maneira estendido em camadas abaixo de meus pés e que eu fazia parte disso, destinada a ficar comigo por toda a eternidade, embora meus anos aqui na Terra estivessem contados.

Isso era TREMENDO! Algo fora da realidade havia se inserido em meu mundo. Ninguém ali ao meu lado, nenhum dos convidados, sabia o que estava acontecendo em meu íntimo. Toda essa experiência durou apenas um instante, do momento em que estava de pé até me inclinar para apagar as velinhas, mas ele durou muito mais em minha experiência. Estava perplexa. Repentinamente, o barulho da festa voltou a soar e deixei escapar a seguinte pergunta: "Alguém escutou aquela voz?"

Ninguém entendeu por que estava fazendo aquela pergunta tão estranha.

Assoprei as velinhas, a festa acabou como sempre, e minha vida continuou como antes. Não poderia imaginar que demoraria muitos anos para realmente incorporar o verdadeiro sentido desse evento.

Pouco tempo depois da festa, uma colega de trabalho notou um ponto vermelho na minha pálpebra inferior. Corri para o banheiro e logo percebi que era sangue. Depois de uma consulta ao médico, fui diagnosticada com câncer. Meus olhos eram uma necessidade em meu negócio de escultura, e o pensamento de perder minha visão me aterrorizava. A parte inferior de minha pálpebra foi removida.

Depois, uma tomografia de ressonância magnética revelou que tinha um tumor do tamanho de um rolo de filme em meu pescoço. O médico, por não saber se era maligno ou não, avisou-me que a cirurgia poderia resultar na perda de minha voz. Fiquei apavorada imaginando que o câncer voltara e que poderia morrer e jamais ver meus filhos novamente. No entanto, enquanto estava ali tremendo de frio em uma maca um pouquinho antes de ser transferida para a mesa de cirurgia, lembrei-me da voz dizendo: "Agora, você chegou à metade do caminho." A paz, imediatamente, envolveu-me. Sabia que a operação seria um sucesso, e continuaria minha vida com minha família. A voz me deu uma dádiva preciosa — o conhecimento prévio do futuro.

Essa voz, no entanto, viu muito mais. Em minha fome para explorar a fonte dessa voz magnífica que penetrara em meu coração e minha mente como nada fora capaz de fazer antes, cheguei a experimentar que sou um ser eterno, profundamente amada e que sempre estive conectada a Deus. Cheguei até mesmo a participar de um programa que ensinava um processo específico para acessar a voz a qualquer hora, de forma deliberada e consciente e "de acordo com a minha vontade".

Como permiti que essa conexão fosse parte de minha vida diária, esta se tornou mais elegante, serena e simples. Exteriormente, nada mudou, mas o antigo vazio que esperava preencher com alimentos, dinheiro, coisas e inúmeros dramas foi preenchido com a pessoa de Deus.

Certamente, a vida continua com todas suas mazelas — pneus furados, familiares doentes, pagamento do empréstimo que fizemos para comprar nossa casa, celulares quebrados — mas agora consigo desligar o barulho do mundo da tomada a qualquer momento para me unir àquela voz amorosa e onisciente que habita em mim. Até mesmo em meio à intensidade da vida, sou capaz de ficar quieta, imóvel e conectada. Lembro-me da voz e de sua mensagem.

Fui transformada pela voz de Deus naquele dia. Fui libertada gradualmente das correntes de uma existência que me deixava confusa para passar a viver em um mundo belo que agora vejo à minha volta. Agora sei que estou segura em grandes e amorosos braços.

Sandra Bilotto é mãe de duas crianças e tem três poodles. Depois de trabalhar como protética por muitos anos, ela agora se especializa em esculturas de brinquedos e bonecas.

DavidPaul Doyle

Ele estava ali o tempo todo

Siga em paz em meio ao barulho e à correria e lembre-se da paz que pode encontrar no silêncio
— DESIDERATA

PODERIA SER TÃO FÁCIL, PENSEI enquanto dirigia o caminhão. Cansada de uma tarde exaustiva de um trabalho que desprezava e triste por causa da carta que recebera um pouco antes dizendo que me recusavam para o emprego para o qual me candidatara recentemente, meus sentimentos de desespero me sobrepujaram. *Apenas uma viradinha da direção para a direita. Apenas um minuto para perder o controle do carro,* pensei, *e poderia acabar com minha luta constante contra a depressão.*

A depressão sempre fora constante em minha vida, uma sombra que me acompanhara em minhas lutas contra os muitos desafios que tinha de enfrentar. Quando enterrei minha filhinha, ainda bebê, a dor foi muito intensa para compreender, então também enterrei a dor e comecei a ficar extremamente melancólica. Quando meu filho ficou seriamente doente, com meningite, e, depois, durante o período de recuperação, engoli a dor e intensifiquei meu relacionamento com a depressão. Quando meu casamento se arruinou e, a seguir, durante os anos desafiadores em que estava sozinha para criar quatro crianças, continuei a caminhar em direção à depressão. Nessa noite, a depressão era extremamente intensa para suportar.

Agarrei a direção, e a escuridão da noite e de minha alma parecia dar as boas-vindas a essa ideia. Certamente, seria considerado um acidente. Tão simples. Olhei para o céu estrelado e, por um momento, as cadeias da depressão se abriram à medida que a lua surgiu por detrás de uma nuvem e iluminou a escuridão.

Depois de chegar em casa, fui à estante procurar por sabedoria que pudesse dar um fim a essa tristeza constante. Ali, naquelas prateleiras, estavam todas as respostas que achei que precisava: a Bíblia e uma grande variedade de livros de oração, cura e autoajuda. Conseguira comprar essa quantidade incrível de conhecimento, mas não conseguia senti-lo em meu coração. A mensagem simples de que "Jesus me ama, eu conheço, pois a Bíblia me diz isso", mas ela se perde em algum lugar no caminho entre o cérebro e meu coração.

Agarrei meu diário e comecei a escrever, murmurando sobre como a vida fora injusta comigo, do desvario do caos em que minha vida caíra, exigindo que o fardo da depressão fosse retirado de mim. Depois de expressar toda minha raiva e frustração, pausei em minha escrita. A seguir, escrevi: "Psiu, fique quieta e saiba que você é uma filha de Deus."

Deixei minha caneta cair e olhei fixamente o que acabara de escrever. Uma sensação avassaladora de paz inundou meu ser à medida que relia o que acabara de escrever. Folheei rapidamente as páginas de meu diário até a página em que havia escrito algo marcado pela raiva e encontrei no fim: "Seja gentil com você mesma. Caminhe com confiança." A seguir, procurei outros diários que guardei ao longo dos anos e comecei a lê-los. Um padrão emergiu. Quase todas as entradas com as maiores dores e tristezas acabavam com uma mensagem de amor e de afirmação.

Deus estivera falando comigo ao longo desses anos todos, em meio às minhas lutas, por intermédio do processo de escrever meu diário. Eu não estivera ouvindo. Pus meu diário sobre meu colo, fechei meus olhos e descansei na calmaria do início da manhã.

De todos os livros em minha estante, os mais relevantes de todos para mim eram meus diários, pois ali estava a voz de Deus. Se eu apenas escutá-la.

A vida de Connie Killgallon está voltada para a educação dos quatro filhos. À medida que as crianças saem para viver sua própria vida e a casa dela fica vazia, ela planeja continuar seus estudos. O mundo está aberto para suas descobertas.

Conclusão

Espero que tenha aproveitado essas histórias tanto quanto eu.

Quando compartilhamos uns com os outros nossas experiências pessoais de conexão com Deus, acontece alguma coisa mágica. Em nosso momento de rememoração, nossa consciência dessa conexão volta à vida em nosso interior; e, quando compartilhamos essa experiência com outro, nossa consciência torna-se um catalisador que ajuda o outro a também ter consciência de sua conexão com Deus. É mais que provável que você tenha tido suas experiências de conexão com Deus — talvez até mesmo enquanto lia este livro.

Agora, você deve estar se perguntando: mas como posso vivenciar minha conexão com Deus o tempo todo e em todas as áreas da minha vida?

Na verdade, essa é a questão.

Depois de ler essas histórias várias vezes, descobri que essas experiências diferentes e pessoais de ouvir a voz de Deus eram como peças de um quebra-cabeça gigante que, quando montado, apresenta um retrato da dinâmica por trás de nossa capacidade de ouvir a voz de Deus no mundo.

Há centenas de mensagens e percepções inspiradoras reproduzidas nesses relatos pessoais de ouvir a voz de Deus, mas há algumas características-chave as quais gostaria de compartilhar e as quais parecem ligar essas experiências. Na verdade, essas características podem ajudá-lo a ouvir a voz de Deus mais plenamente e de forma mais consistente.

Talvez a mais importante delas seja a natureza incondicional do amor de Deus. Nem uma única pessoa vivenciou um Deus julgador, raivoso ou vingativo. De fato, a profundidade do amor incondicional, da paz e da alegria que toda pessoa experimenta de uma forma ou de outra é tão distinto de tudo que já vivenciaram no mundo que a vida dela é transformada para sempre.

Amados, amemos uns aos outros, pois o amor procede de Deus. Aquele que ama é nascido de Deus e conhece a Deus. Quem não ama não conhece a Deus, porque Deus é amor.

— I João 4:7,8

Para a maioria, seu momento de ouvir a voz de Deus veio como resultado de uma enorme dificuldade ou sofrimento. Das muitas diferentes formas de ouvir a voz de Deus que foram descritas, cada caso resultou em uma transformação extraordinária da percepção ou consciência *distante* do medo, do julgamento e de outros pensamentos e emoções dolorosos *para* um ou mais aspectos ou qualidades de Deus, como amor, compaixão, compreensão, alegria e união.

O que aconteceu no interior deles para estimular essa poderosa abertura para voz de Deus?

Quer eles estivessem nos espasmos do desespero logo antes de ouvir a voz de Deus quer em estado de mente calmo e pacífico, cada pessoa revelou um conjunto de qualidades mentais e emocionais semelhantes em seu verdadeiro momento de ouvir. Essas qualidades em comum incluem, entre outras, desejo, disposição, entrega e não conhecimento — quatro características-chave que ajudaram a abrir cada um deles para a experiência de Deus.

Em certo grau ou outro, cada pessoa que vivenciou ouvir a voz de Deus desejava fazer isso. Para algumas, esse desejo era latente, há muito enterrado debaixo de anos de culpa, medo ou desmerecimento, só à espera de chegar o momento em que a dor deles se tornasse tão grande que não desse para aguentar. Não obstante, para muitos, esse desejo não estava escondido, mas, ao contrário, estava logo à frente na consciência deles. Eles oraram e conversaram abertamente com Deus sobre suas vontades e necessidades. Eles foram sinceros e devotados em sua busca e nunca desistiram de seu desejo de ter a ajuda, a compreensão e o apoio de Deus. Eles queriam verdadeiramente ouvir a voz de Deus. Eles tiveram a intenção de ouvir a voz de Deus. E eles buscaram ouvir a voz de Deus de todas as formas que conheciam.

Pois todo o que pede, recebe; o que busca, encontra; e àquele que bate, a porta será aberta.

— Mateus 7:8

A disposição foi outra característica em comum. Embora muitos lutassem com o próprio fim de se agarrar àquilo que tinham medo de perder, em seu momento de ouvir a voz de Deus, cada um deles abriu corajosamente seu coração e mente para algo maior. Eles estiveram por um breve momento querendo estar disponíveis, e foi esse pequeno ato de disponibilidade que provou ser poderoso o bastante para abrir a porta da comunicação.

Porque, se há prontidão, a contribuição é aceitável de acordo com aquilo que alguém tem, e não de acordo com o que não tem.

— 2 Coríntios 8:12

Além da disponibilidade, o entregar-se também desempenhou um papel importante para abrir a porta para Deus. A circunstância de cada pessoa era única, mas cada uma delas, em seu momento de se abrir para ouvir a voz de Deus, entregou-se a algo maior. Elas abriram mão de suas ligações e programações. Elas liberaram suas expectativas e desejos dolorosos. Elas entregaram-se ao que isso é. Elas entregaram-se à vontade de Deus. Enquanto muitas, com disposição, vivenciaram tremendo sofrimento que levou ao seu momento de entrega; muitas sentiram o desespero que vem de chegar ao fundo do poço antes de, finalmente, desistir de tudo que as fazia resistir a Deus; todavia, assim que fizeram isso, o Deus Confortador estava lá para ajudá-las.

Ou, qual é o rei que, pretendendo sair à guerra contra outro rei, primeiro não se assenta e pensa se com dez mil homens é capaz de enfrentar aquele que vem contra ele com vinte mil? Se não for capaz, enviará uma delegação, enquanto o outro ainda está longe, e pedirá um acordo de paz. Da mesma forma, qualquer de vocês que não renunciar a tudo o que possui não pode ser meu discípulo.

— Lucas 14:31-33

Por fim, cada pessoa também vivenciou um momento de não conhecimento, algum momento de reconhecimento em que talvez não soubessem a verdade, em que não sabiam como proceder nem o que era melhor para elas ou que talvez houvesse uma maneira melhor. Ao se abrir para a possibilidade de uma verdade maior ou de uma forma mais sábia, mais amorosa e graciosa de abordar seu desafio ou situação, essas pessoas se abriram para receber a sabedoria e a orientação do Espírito Santo. Foi por meio da disposição delas para não conhecer que, finalmente, conseguiram abrir a porta para que o conhecimento maior lhes fosse concedido.

> *Mas o Conselheiro, o Espírito Santo, que o Pai enviará em meu nome, lhes ensinará todas as coisas e lhes fará lembrar tudo o que eu lhes disse.*
>
> — João 14:26

Desejo, disposição, entrega e não conhecimento — essas quatro qualidades podem ser encontradas em praticamente cada experiência de ouvir a voz de Deus. Elas são as características que liberam nosso medo e limitações ignorantes e abrem-nos para o amor e a sabedoria de Deus. E melhor, essas quatro qualidades de coração e mente estão escondidas, envoltas em mistério ou são muito sublimes para ser alcançadas. Elas são simples e estão disponíveis para todos.

Se você deseja se juntar a Deus e ouvir sua voz sábia e amorosa em sua vida:

- Sinta seu desejo por isso de todo o coração.
- Esteja disposto a abrir seu coração e mente para Deus.
- Entregue e libere seus medos, ligações, julgamentos e tudo que pode impedi-lo de ter consciência de Deus.
- Deixe de lado o que pensa que sabe do mundo para que possa se abrir ainda mais para a verdade que Deus lhe concederia.

Essas quatro qualidades — desejo, disposição, entrega e não conhecimento — trabalham lado a lado para abrir a porta para Deus. Seja paciente e constante em sua busca, e isso acontecerá.

E eu pedirei ao Pai, e ele lhes dará outro Conselheiro para estar com vocês para sempre, o Espírito da verdade. O mundo não pode recebê-lo, porque não o vê nem o conhece. Mas vocês o conhecem, pois ele vive com vocês e estará em vocês.

—João 14:16,17

Saiba em seu coração que a vontade de Deus para você é que ouça a voz dele. A voz do Espírito foi dada a você por Deus para que possa restaurar sua consciência em relação a ele, para trazer conforto e paz para você nos momentos de desespero; amor e tranquilidade quando você está com medo; e orientação e sabedoria quando se sente confuso e inseguro. Essa voz e Conselheiro de Deus fazem parte de você. Você merece ouvir a voz de Deus. Você é capaz de ouvir a voz dele. E você a ouvirá. Tudo que é necessário é desejo e disposição para fazer isso. Se o desejo e a disposição estiverem presentes, o resultado é garantido.

Sobre o autor

Em 1989, aos 21 anos, DavidPaul Doyle sabia a direção que estava dando para sua vida. Desde o colegial, suas paixões eram tornar-se piloto de guerra, astronauta ou, finalmente, candidato ao senado dos Estados Unidos. Estudou na Rússia e trabalhou na embaixada norte-americana em Moscou e, quando faltavam dois meses para terminar o terceiro ano na Academia da Força Aérea, sua vida virou de cabeça para baixo devido a um evento extraordinário. Enquanto dirigia, ouvindo um de seus saxofonistas favoritos, David foi repentinamente envolvido por uma onda poderosa de amor. Essa experiência foi diferente de tudo que já experimentara em sua vida ou imaginara que fosse possível. Em razão dessa infusão de amor, uma questão surgiu em sua mente: "Se eu estivesse em meu leito de morte, do que eu poderia me arrepender?"

A pergunta foi respondida na forma de uma luz brilhante que se materializou em sua mente. Raios dessa luz difundiram-se para alcançar outras luzes, e uma visão vívida de seu futuro e de seu verdadeiro propósito se tornaram claras. Essa visão mostrou que ele escreveria livros que impactariam a vida das pessoas de todo o mundo.

A ideia de se tornar escritor jamais lhe ocorrera. Embora não tivesse a menor ideia de como essa previsão tomaria forma nem que tipo de livros ele escreveria, David foi transformado por esse fenômeno inexplicável. Deu as costas para o sonho de se tornar piloto e decidiu deixar a Academia da Força Aérea. Acabou seus estudos universitários em Berkeley, dedicou-se de corpo e alma a essa aspiração sincera de compreender e experimentar a fonte desse profundo amor e verdade que transformara tão radicalmente sua vida.

Depois de anos de estudo e compromisso devotados ao caminho espiritual, DavidPaul Doyle dedicou a vida a ajudar os outros a se abrir para a voz de Deus e a descobrir sua verdadeira natureza. Ele viajou o mundo inteiro realizando seminários e oficinas sobre como ouvir a voz de Deus, é coautor de *The Voice for Love: Accessing Your Inner Voice to Fulfill Your Life Purpose* [A voz do amor: acessando sua voz interna para realizar o propósito de sua vida] e ministra telecursos; publica diariamente mensagens inspiracionais online e produziu um curso de trinta dias, *How to Hear the Voice of God* [Como ouvir a voz de Deus].

O coração de DavidPaul Doyle está no ensino. Sua paixão é alcançar o maior número de pessoas possível com o dom da descoberta espiritual, e ele espera que este livro inspire os leitores que quiserem aprender mais sobre como ouvir a voz de Deus e reconhecer as muitas maneiras como o Senhor age em suas vidas.

Para mais informações, visite www.thevoiceforlove.com
http://www.thevoiceforlove.com

Este livro foi composto em Bembo 12/15 e impresso
pela Edigráfica sobre papel Offset 63g
para a Thomas Nelson Brasil em setembro de 2012.